Wilhelm Berger (1861–1911)

Beiträge zur Kulturgeschichte der Musik
Herausgegeben von Rebecca Grotjahn
Band 6

Wilhelm Berger (1861–1911)
Komponist – Dirigent – Pianist

Vorträge der Tagung 2011, veranstaltet von der Sammlung Musikgeschichte der Meininger Museen/Max-Reger-Archiv in Kooperation mit dem Musikwissenschaftlichen Seminar Detmold/Paderborn

Herausgegeben von Irmlind Capelle und Maren Goltz

Allitera Verlag

Weitere Informationen über den Verlag und sein Programm unter:
www.allitera.de

Februar 2013
Allitera Verlag
Ein Verlag der Buch&media GmbH, München
© 2013 Buch&media GmbH, München
Umschlaggestaltung: Kay Fretwurst, Freienbrink, unter Verwendung der Fotografie von Johannes Lüpke, Berlin, um 1903, in: Universitätsbibliothek Frankfurt am Main, Sammlung Manskopf, S36_F08202.
Herstellung: Books on Demand GmbH, Norderstedt
Printed in Germany · ISBN 978-3-86906-491-8

Inhalt

Abkürzungsverzeichnis 6
Vorwort 7

Maren Goltz
Die Berger-Rezeption im Spiegel der Korrespondenz von
Herzog Georg II. von Sachsen-Meiningen mit
Max Reger und weiterer Quellen 11

Robert Pascall
Wilhelm Berger, der Symphoniker 37

Irmlind Capelle
Komponieren in Meiningen – Zum Einfluss von Richard Mühlfeld
und Johannes Brahms auf Wilhelm Bergers späte Kammermusik 77

Christoph Flamm
Sonate und Variation: Wilhelm Bergers Klaviermusik in großen Formen .. 103

Alexander Butz
Wilhelm Bergers *Gesang der Geister über den Wassern*
für Chor und Orchester op. 55 121

Gesine Schröder
Kaiser Wilhelms Orient.
Zu den Männerchorsätzen von Wilhelm Berger 149

Wolfgang Schult
Per aspera ad astra – durch Nacht zum Licht
Große Musik zu seltsamer Textauswahl.
Wilhelm Bergers Musik für gemischten Chor a cappella 167

Hendrik Bräunlich
Wilhelm Bergers Lieder und Gesänge –
Gedanken aus der Sicht eines Musikers und Lehrers 177

Nikolaus Müller
Wilhelm Berger als Dirigent der Meininger Hofkapelle 189

Register 199

Abkürzungsverzeichnis

Altmann	Wilhelm Altmann, *Wilhelm Berger-Katalog. Vollständiges Verzeichnis sämtlicher im Druck erschienenen Tonwerke und Bearbeitungen Wilhelm Bergers mit Preisangabe nebst systematischem Verzeichnis und Registern aller Titelüberschriften, Textanfänge u. Dichter, deren Dichtungen Berger vertont hat, nebst einer Würdigung Bergers*, Leipzig 1920.
Ernest	Gustav Ernest, *Wilhelm Berger. Ein deutscher Meister*, Berlin 1931.
Finscher	Ludwig Finscher, Art. »Berger, Wilhelm«, in: *MGG²*, Personenteil 2, Kassel 1999, Sp. 1266–1267.
Kahl	Willi Kahl, Art. »Berger, Wilhelm«, in: *MGG¹*, Kassel u. Basel 1949–1951, Sp. 1693–1695.
Krause	Emil Krause, »Wilhelm Berger«, in: *Monographien moderner Musiker*, Bd. II, Leipzig 1907, S. 41–51.
Reinhardt1	Klaus Reinhardt, *Eine Musiker-Jugend in Bremen. Die Wiederentdeckung des Komponisten Wilhelm Berger (1861–1911.) Nach Dokumenten des Nachlasses und zeitgenössischen Quellen. Mit Chronik des Lebens und Schaffens, Abbildungen und Notenteil sowie einem literarischen Anhang*, Bremen 1989.
Reinhardt2	Klaus Reinhardt, »Zu Leben und Schaffen des Komponisten Wilhelm Berger«, in: *Friedrich-Kiel-Studien* 3 (1999). S. 149–163.
Reinhardt3	Klaus Reinhardt, »Unbekannte Briefe des Herzogs Georg II. von Sachsen-Meiningen aus den Jahren 1904–1910 an den Hofkapellmeister Wilhelm Berger«, in: *Mf* 40 (1987), S. 135–149.
ThStAMgn	Thüringisches Staatsarchiv Meiningen
PrAdK	Preußische Akademie der Künste

Im Übrigen werden die üblichen Abkürzungen nach *MGG²* verwendet.

Vorwort

Werden bei »großen« Komponisten Jubiläen Jahre im Voraus geplant und Feierlichkeiten, Symposien und Kongresse vorbereitet, so muss man bei »unbekannteren« hoffen, dass aufmerksame Musiker und Wissenschaftler rechtzeitig an sie erinnern, so dass eine wissenschaftliche Tagung und Begleitveranstaltungen geplant werden können. Wir danken dem 1. Solovioloncellisten des Gewandhausorchesters Leipzig, Christian Giger, dass er in diesem Sinne an das Doppeljubiläum von Wilhelm Berger (150. Geburtstag, 100. Todestag) gedacht und Kontakt mit den Veranstaltern aufgenommen hat, ebenso den beteiligten Institutionen, der Sammlung Musikgeschichte der Meininger Museen/Max-Reger-Archiv und dem Musikwissenschaftlichen Seminar Detmold/Paderborn, dass sie bereit waren, diese Idee zu unterstützen.

Wilhelm Berger ist in der musikwissenschaftlichen Forschung bislang schlichtweg »übersehen« worden. Dabei war er in seiner Zeit ein höchst anerkannter Musiker und Komponist. Um es an dieser Stelle kurz zusammenzufassen: Mit 17 Jahren nahm Berger sein Studium an der Musikhochschule in Berlin auf und studierte Klavier bei Ernst Rudorff, Partiturspiel bei Woldemar Bargiel und Komposition bei Friedrich Kiel. Er entwickelte schon während des Studiums eine rege Tätigkeit als Klavierlehrer und Begleiter und erhielt 1888 eine Anstellung am Scharwenka-Konservatorium, die er bis 1893 inne hatte. 1899 übernahm Berger als Nachfolger von Heinrich von Herzogenberg die Leitung des Berliner Oratorienchors »Musikalische Gesellschaft«. 1903 erhielt er den Professorentitel und wurde Mitglied der Königlichen Akademie in Berlin. Bereits Ende 1902 hatte sich Berger auf Anregung von Fritz Steinbach um dessen Nachfolge als Kapellmeister der Meininger Hofkapelle beworben. Er konnte sich gegen 18 Mitbewerber durchsetzen (darunter Waldemar von Baußnern, Dresden), trat die Stellung im Herbst 1903 an und behielt sie bis zu seinem Tode im Januar 1911. Berger wurde Chef eines Ensembles in bester Verfassung, nahm die Meininger Hofkapelle doch durch ihre intensive Brahms-Pflege und ihre zahlreichen, höchst erfolgreichen Konzertreisen einen Spitzenplatz unter den deutschen Orchestern ein. Ihm folgte im Amt des Sachsen-Meiningischen Hofkapellmeisters zuletzt nur noch Max Reger.

Nach der Uraufführung von Bergers *Sonnenhymnus* durch Siegfried Ochs mit dem Philharmonischen Chor und Orchester in Berlin am 29. Januar 1917 plante der Dessauer Hofkapellmeister Arthur Dette eine Ausgabe der Werke von Wilhelm Berger und eine Biographie. Beide Projekte wurden trotz prominenter Unterstützung durch »Männer vom Range eines Weingartner, Nikisch, Wendel, Scheinpflug usw.« nicht ausgeführt.

Wilhelm Berger hatte seit seiner Kindheit komponiert und sein op. 1 (*Vier Lieder für eine Singstimme*) bereits 1878 veröffentlicht. Lag der Schwerpunkt seiner kompositorischen Arbeit anfangs auf kleineren Besetzungen (Lieder, Klaviermusik, Chorwerke), so wandte er sich bald größer besetzten Werken bzw. anspruchsvolleren Gattungen zu. 1898 erhielt er zwei bedeutende Auszeichnungen: einerseits wurde das Werk *Meine Göttin* op. 72 für Männerchor und Orchester (Text von J. W. von Goethe) mit dem Preis der Stadt Königsberg ausgezeichnet, andererseits das Streichquintett op. 75 mit dem 1. Preis des Beethovenhauses Bonn. Außerdem brachte in diesem Jahr Fritz Steinbach mit der Meininger Hofkapelle Bergers 1. Symphonie op. 71 zur erfolgreichen Uraufführung.

Wie schnell gerade die Werke der Meininger Zeit Eingang in das aktuelle Musikleben fanden, sei stellvertretend an den *Variationen und Fuge über ein eigenes Thema* op. 97 (1907) erläutert. Die Uraufführung fand am 12. Februar 1909 in Dresden unter Adolf Hagen statt. Wenig später führte Arthur Nikisch das Werk mit dem Gewandhausorchester Leipzig auf und telegraphierte anschließend: »Außerordentlicher glänzender Erfolg. Beglückwünsche Sie herzlich«. Im Dezember 1912 stand das Werk unter Max Reger dann auch auf dem Programm der Meininger Hofkapelle. Eine besondere Pflege erlebten die Werke Bergers bei den Tonkünstlerversammlungen des Allgemeinen Deutschen Musikvereins.

Doch trotz dieser steilen Karriere als Komponist ist nicht zu leugnen, dass Wilhelm Bergers Werke sehr bald nach seinem Tod in Vergessenheit gerieten. Über Gründe hierfür lässt sich (bislang) nur spekulieren. Mit verantwortlich sein könnten seine schwere Erkrankung ab 1907, sein früher Tod zu einer Zeit als sich gerade erst seine Stellung zu festigen schien. In Frage kämen ferner Einschränkungen des Kulturlebens während des 1. Weltkriegs, die kompositorischen Umwälzungen um 1910, welche sein eher konservatives Werk verdrängten u. a. m. Dennoch ist es bemerkenswert, wie nachhaltig in seinem Fall das Verschwinden aus dem Konzertleben ausfiel und dass heute nur noch wenige begeisterte Musiker und Musikwissenschaftler seine Werke kennen.

Eine generelle musikhistorische Einordnung wagte zuletzt Ludwig Finscher:

> Berger gehört zum Kreis der sog. ›Berliner Akademiker‹, wie vor ihm sein Lehrer [Friedrich] Kiel und gleichzeitig mit ihm H[einrich] von Herzogenberg, und entsprechend deutlich ist in seinem Vokal- und vor allem seinen Instrumentalwerken die Nähe zu Brahms. [...] In der Instrumentalmusik zeigen sich am deutlichsten die Tendenzen der zweiten Berliner Generation, die über Brahms hinausweisen, und auf diesem Weg geht Berger wesentlich weiter als etwa Herzogenberg: chromatisierte Harmonik, dissonanzreicher Kontrapunkt, überladen vielstimmiger Satz,

barockisierende Formen [...] und Monumentalisierung der Dimensionen, getragen von wilhelminischem Pathos, aber auch von stupendem Handwerk.

Diese Stichworte waren für viele Beiträger bei dem Symposion Ausgangspunkt der eigenen Überlegungen. Doch bedurfte auch die Biographie Wilhelm Bergers ergänzender Untersuchungen, wobei sich diese vor allem der Meininger Zeit zuwenden. Maren Goltz (Meiningen) veranschaulicht diese Zeit auf Grund der Korrespondenz zwischen Herzog Georg II. von Sachsen-Meiningen und Max Reger und beleuchtet auch die spätere Rezeption. Nikolaus Müller (Leipzig), gelingt es, gerade im Vergleich mit Bergers Vorgänger, Fritz Steinbach, und seinem Nachfolger, Max Reger, ein differenzierteres Bild von Berger als Dirigenten zu zeichnen.

Wenn bei der Beschäftigung mit den Kompositionen Bergers die späten Werke im Vordergrund stehen, so ist dies eine Folge der Quellenlage: Obwohl seine Kompositionen fast alle gedruckt wurden, so sind sie doch heute zum Teil schwer zugänglich. Drei Beiträge widmen sich der Instrumentalmusik. Robert Pascall (Nottingham) zeigt auf, dass die beiden Sinfonien, die zwischen 1896/97 und 1900, also zwischen Mahlers 3. und 4. Sinfonie entstanden, mit vielfältigen Mitteln als Gesamtzyklus präsentiert werden. Außerdem betont er, dass Berger sich in diesen Werken als ebenso abhängig von Wagner und Bruckner erweist wie von Brahms, dabei aber zu einem ganz eigenen Stil findet. Irmlind Capelle (Detmold/Paderborn) weist die Abhängigkeiten der späten Kammermusikwerke (Klarinettentrio op. 94 und Klavierquintett op. 95) von Kompositionen von Johannes Brahms nach. Christoph Flamm (Saarbrücken) beschäftigt sich vor allem mit den späten, großangelegten Klavierwerken von Berger: Erweisen sich dabei die Variationen und Fuge op. 91 als sehr viel komplexer als die Variationen op. 61, so sperrt sich andererseits die Klaviersonate als Einzelwerk in einer Klaviersonaten-armen Zeit einer endgültigen Einordnung.

Berger schrieb darüber hinaus sehr viele Vokalwerke. Alexander Butz (Kiel) stellt Bergers *Gesang der Geister über den Wassern* op. 55 in die von Brahms wesentlich geprägte Tradition des »Sinfonischen Chorstücks«, die in besonderer Weise das Musikverständnis des Bürgertums am Ende des 19. Jahrhunderts bestimmt. Den »kleinen« Vokalgattungen wenden sich Gesine Schröder (Leipzig) und Wolfgang Schult (Dillenburg) zu. Schröder zeigt exemplarisch – neben der Analyse etlicher kompositionstechnischer Details –, dass Bergers Kompositionen vor allem von Maß und Haltung bestimmt sind, z. B. bezüglich der Darstellung des Exotismus, aber auch der »gefühlvollen Männlichkeit«. Wolfgang Schult verdeutlicht die in mehreren Referaten beschriebene rasante kompositorische Entwicklung Bergers von den ersten bis zu den letzten Werken für gemischten Chor: Sind die frühen Chöre eher unspektakulär, so präsentieren sich die drei letzten Chöre op. 103 aus der Meininger Zeit dagegen als hoch anspruchsvoll und dissonanzenreich, so dass hier die Grenzen der Tonalität erreicht werden. Hendrik Bräunlich (Leipzig) entwirft ein eindrucksvolles Bild von der Vielfalt und Qualität der 200 Lieder und Duette, die Berger komponiert hat. Lassen sich auch hier immer wieder Vorbilder (Schumann, Brahms) erkennen, so bleibt Berger in der harmonischen Sprache hinter seinen Chören zurück und gerät damit in Konflikt mit der musikalischen Entwicklung nach 1900.

Basierend auf einer ersten intensiveren Beschäftigung mit dem Werk von Wilhelm Berger kann dieser Band selbstverständlich kein neues Gesamtbild seines Schaffens bieten. In den an die Referate anschließenden lebhaften Diskussionen wurde bei der Tagung versucht, die Individualität der einzelnen Werke oder Gattungen noch genauer zu fassen und die bislang verbreitete Zuordnung Bergers zu den »Berliner Akademikern« zu differenzieren. Doch konnte hierbei nur ein Diskussionsprozess in Gang gesetzt werden. Zu groß sind noch die Lücken in der Kenntnis seines Schaffens. Die hier veröffentlichten Beiträge bieten hoffentlich vielfältige Anregungen für die weitere, dringend notwendige und lohnende Beschäftigung mit den Werken Wilhelm Bergers. Vielleicht gelingt es dann, die zum Teil höchst qualitätvollen Kompositionen Bergers wieder stärker im Musikleben zu verankern.

Wir danken allen Beteiligten, dass sie sich auf das Experiment der Wiederentdeckung Wilhelm Bergers unvoreingenommen eingelassen haben. Die Deutsche Forschungsgemeinschaft half uns bei der Finanzierung der Tagung. Frau Prof. Dr. Rebecca Grotjahn danken wir für die Aufnahme des Tagungsberichtes in die Reihe »Beiträge zur Kulturgeschichte der Musik«, und Alexander Strathern vom Allitera Verlag München sorgte für ein rasches Erscheinen des von den Meininger Museen und dem Musikwissenschaftlichen Seminar Detmold/Paderborn auch finanziell geförderten Bandes.

Irmlind Capelle und Maren Goltz
Detmold und Meiningen, Januar 2013

Maren Goltz
Die Berger-Rezeption im Spiegel der Korrespondenz von Herzog Georg II. von Sachsen-Meiningen mit Max Reger und weiterer Quellen

»Wäre Berger von Meiningen und mir anerkannt worden, würden die Gehässigkeiten gegen Sie wahrscheinlich nicht losgelassen worden sein ...«[1] Wie diese Äußerung von Herzog Georg II. von Sachsen-Meiningen vom Juli 1912 gegenüber Max Reger nahelegt, zählte Wilhelm Berger nicht zum »inneren Kreis« der von ihm hochgeschätzten Hofkapellmeister. Wie schwer es generell war, in diesen Kreis zu gelangen und die Gunst des 1866 bis 1916 regierenden Herzogs zu erlangen, umschrieb 1884 schon Hans von Bülow mit einer Mischung aus Zerknirschtheit und Resignation. Gehörte der Herzog für ihn doch »[...] zu jenen verwittert gebornen problematischen Autoritätsnaturen, welche keinen divus anerkennen, so lange er vivus«.[2]

Wohl überhaupt nur drei zeitgenössische Komponisten erlangten die (doch von allen ersehnte) Anerkennung: der sich 15 Jahre im Kreise der Herzoglichen Familie und der Hofkapelle heimisch fühlende Johannes Brahms, dem man nach seinem Tod 1899 das weltweit erste Denkmal im Meininger Englischen Garten setzte und von dem man 1909 eine Büste im neuen Herzoglichen Hoftheater aufstellte. Auch vor dem »Bayreuther Meister« Richard Wagner verbeugte man sich, obwohl dieser bekanntermaßen nicht zu den von Georg II. besonders geschätzten Konzertkomponisten zählte.[3] Darüber hinaus erstaunt es immer wieder, in welchem Maße es mit Max Reger einem angestellten Hofkapellmeister gelang, vom Herzog wahrgenommen zu werden. An ihm imponierte dem Regenten – übrigens Jahre nach dem Abschluss sämtlicher Denkmals-Projekte – vor allem dessen enormes Leistungsethos und die aus eigener Kraft erarbeitete Position. Davon, dass er den 1873, im Jahr der Ehe-

---

1   Brief Herzog Georg II. an Max Reger, 26. März 1912, zitiert nach: Hedwig Mueller von Asow und Ernst Hermann Mueller von Asow (Hrsg.), *Max Reger. Briefwechsel mit Herzog Georg II. von Sachsen-Meiningen*, Weimar 1949, S. 175-177, hier 176.
2   Brief Hans von Bülow an Johannes Brahms, 12. Januar 1884, zitiert nach: Hans-Joachim Hinrichsen (Hrsg.), *Hans von Bülow. Die Briefe an Johannes Brahms*, Tutzing 1994, S. 47f., hier 48.
3   Maren Goltz, »Feine Unterschiede: Komponisten, Dichter und Interpreten in der Memorial-Ikonographie Meiningens«, in: *Imago Musicae – International Yearbook of Musical Iconography* 25 (2012), S. 145-186.

schließung mit Ellen Franz geborenen Komponisten, im besonderen Maße in sein Herz schloss, zeugt die erhaltene Korrespondenz mit all ihren oftmals so wenig »höflichen« bzw. höfischen Facetten und der Themenbreite von Konzert bis Darmkatarrh[4]. An die bei aller Verschiedenheit im Detail erreichte Intensität der geschilderten persönlichen Verbindungen der Herzoglichen Familie zu diesen zeitgenössischen Künstlern reichten Pianisten und Komponisten wie Franz Liszt, Eugen D'Albert und Richard Strauss längst nicht heran, ebenso wenig Wilhelm Berger.

Der Schüler von Friedrich Kiel (Kontrapunkt), Ernst Rudorff (Klavier) und Woldemar Bargiel (Partiturspiel) war in Berlin höchst aussichtsreich gestartet. Kompositorisch auf den Gebieten der Kammermusik, Vokalmusik und Sinfonik profiliert und zum Zeitpunkt seiner Amtsübernahme in Meiningen gerade zum Professor ernannt, war der 42-Jährige am 24. Januar 1903 gemeinsam mit Eugen d'Albert in die Königlich Preußische Akademie der Künste aufgenommen worden[5]. Sein Vorgänger Fritz Steinbach war es gewesen, der nach der von ihm selbst geleiteten Uraufführung von Bergers *1. Sinfonie* B-Dur beim Mainzer Musikfest das Werk im Konzert am 11. Oktober 1898 in Meiningen dirigierte. Zwar scheiterte nach einem Kammermusikkonzert zu Beginn des Jahres 1899[6] zunächst die Aufführung von Bergers 2. *Sinfonie* in Meiningen,[7] doch Steinbach setzte sich in der Folge vehement für die Wahl Bergers zu seinem Nachfolger als Hofkapellmeister[8] ein. Nur Berger und der Bielefelder Konzertvereins-

---

4   Asow/Asow; Susanne Popp, »*Max Reger – Accordarbeiter*«. *Max Reger in den Sammlungen der Bayerischen Staatsbibliothek München und des Max-Reger-Instituts Karlsruhe. Ausstellung in der Bayerischen Staatsbibliothek vom 21. Januar bis 6. März 2011, Erstausgabe von 39 Briefen an Herzog Georg II. von Sachsen-Meiningen*, München 2011.
5   Archiv der Akademie der Künste, in: Preußische Akademie der Künste (im Folgenden PrAdK), Mu 13. Zur Wahl standen unter den ›Einheimischen‹ Wilhelm Berger, Gustav Holländer, Robert Kahn, Georg Schumann und Richard Strauss sowie unter den ›Auswärtigen‹ Eugen d'Albert, Karl Adolf Lorenz, Charles Villiers Stanford und Fritz Volbach. Ebd., PrAdK 0703, Bl. 163–168.
6   In einem Kammermusik-Konzert im Reunionssaal am 24. Januar 1899 wurden Bergers Streichtrio op. 69 und die Sonate für Violine und Klavier g-Moll op. 70 mit Eldering und Berger aufgeführt. Außerdem erklang Schuberts Oktett D 803.
7   »Im Übrigen rase ich ganz unter dem deprimierenden Eindruck, daß meine Symphonie nicht gemacht wird! Ich kann es nicht fassen, daß die Aufführung durch 2 Bläser gefährdet werden konnte! – Nun, Steinbach hat ja alles Mögliche gethan, aber die Enttäuschung ist bitter genug.« Brief Wilhelm Berger an Karl Piening, 13. Oktober 1900, in: Sammlung Musikgeschichte der Meininger Museen, Br. 338.
8   In: ThStAMgn, Hofmarschallamt 1792.

Die Berger-Rezeption

Foto anlässlich der Uraufführung von Bergers 1. Sinfonie B-Dur beim Mainzer Musikfest am 11. Oktober 1898. Obere Reihe: (v.l.n.r.) Wilhelm Berger, Herr von Haase, Emil Steinbach jr., Herr Lessmann, untere Reihe: (v.l.n.r.) Fritz Steinbach, Frau von Haase, Frau Berger, Clara Steinbach, Frau Steinbach (Emil), Photographie, Künstler: Emil Steinbach, 26. Juni 1898 (Meininger Museen, C 164)

Vorsitzende Wilhelm Lamping[9] wurden im Januar 1903 zu einem Probespiel[10] eingeladen und am Ende setzte sich Berger gegenüber 18 Mitbewerbern durch, darunter Waldemar von Baußnern, Franz von Blon und Traugott Ochs.[11] Ab dem 1. September 1903 wurde ihm die Stelle des Herzoglichen Hofkapellmei-

---

9 Wilhelm Lamping (1861–1929) besuchte bis Ostern 1881 das Gymnasium, studierte von 1881 bis 1885 an der Kullakschen Akademie der Tonkunst Klavier, Orgel und Komposition und nahm 1886 einen Ruf an den Bielefelder Musikverein an. Nach seinem Rücktritt 1889 übernahm er 1892 wiederum dessen Leitung und hatte jährlich eine Reihe von Sinfoniekonzerten zu leiten. Brief Wilhelm Lamping an die Intendanz der Hofkapelle, 31. Oktober 1902, in: ThStAMgn, Hofmarschallamt 1792, Bewerbung Nr. 18.
10 Brief Fritz Steinbach an das Hofmarschallamt, 6. Januar 1903, in: ThStAMgn, Hofmarschallamt 1792; Brief Fritz Steinbach an Oberhofmarschall, 7. Januar 1903. Ibid.
11 Dazu ThStAMgn, Hofmarschallamt 1792.

sters sowie des Intendanten der Hofkapelle zunächst bis 15. April 1904 provisorisch übertragen[12], danach auf Anfrage des Hofmarschallamtes definitiv[13].

Trotz größtem Bemühen haftet Bergers Amtszeit kein vergleichbarer Glanz an wie den Meininger Hofkapellmeistern vor und nach ihm. Wilhelm Berger hatte ein Image-Problem. Auch knapp zwei Jahre nach Bergers Amtsantritt unterstellte Georg II. ihm ganz offen Defizite als Dirigent und im Umgang mit dem Orchester einen Mangel an Autorität. Noch mehr: er äußert seine Sorge um das künstlerische Niveau der Hofkapelle.[14] Unter diesem mangelnden Vertrauen litt Berger offenbar sehr, heißt es doch in einer undatierten Briefpassage:

> Euer Hoheit möchte ich es aussprechen, wie stark ich wieder die große, bedeutende Leistungsfähigkeit der Kapelle empfand. Ich habe viele Kapellen gehört – keine ist dem innersten Kenner nach das, was Euer Hoheit Kapelle bedeutet – Für mich ist es ein großer Schmerz u. ich bedaure es täglich, daß mein kunstsinniger Fürst durch mich nicht überzeugt werden kann, daß der alte Geist in der Kapelle lebendig ist.[15]

Die Antwort des Herzogs fiel für den um Anerkennung bemühten Hofkapellmeister keineswegs tröstlich aus:

> Sie sollten, lieber Berger, es aufgeben, mich überzeugen zu wollen; denn Sie sind der Kapellmeister u[nd] sprechen pro domo u.[nd] selbst mich zu überzeugen, auf welcher Höhe das Institut steht, ist mir benommen.[16]

Wenn auch kausale Verbindungen zwischen seiner unbefriedigenden Situation und seiner schweren Erkrankung schwerlich plausibel zu beweisen sein mögen, manifestierte sich doch in zeitlicher Nähe zu den beruflichen Schwierigkeiten

---

12 Anstellungs- u. Besoldungs-Decret für den Herzoglichen Kapellmeister Herrn Wilhelm Berger, 6. Januar 1903, in: ThStAMgn, Staatsministerium Abt. I, Herzogliches Haus und Äußeres, 887, Bl. 2f.

13 Anfrage des Hofmarschallamtes an Herzog Georg II., 19. Mai 1904 und Notiz des Herzogs vom 21. Mai 1904, in: ThStAMgn, Staatsministerium Abt. I, Herzogliches Haus und Äußeres, 887, Bl. 1. Eine Gehaltssteigerung erhielt Berger erst ab dem 1. Januar 1908, von jährlich 5000 M gegenüber 4800 M bis zu diesem Zeitpunkt. Brief v. Schleinitz an das Herzogliche Staatsministerium, 23. Dezember 1907, in: ThStAMgn, Staatsministerium Abt. I, Herzogliches Haus und Äußeres, 887, Bl. 9.

14 Brief Herzog Georg II. an Wilhelm Berger, 11. Dezember 1904, zitiert nach Reinhardt3, S. 138.

15 Briefauszug Wilhelm Berger an Herzog Georg II., undatiert, zitiert nach: Reinhardt3, S. 147.

16 Briefauszug Herzog Georg II. an Wilhelm Berger, undatiert, zitiert nach: Reinhardt3, S. 147.

nachweislich im Sommer 1907 Bergers Magenkrebs-Erkrankung[17], an deren Folgen er schließlich verstarb. Zwar attestierten Steinbach im Jahre 1906 wie ebenso fünf Jahre später Max Reger die Qualität des Klangkörpers.[18] War es doch bekanntlich Regers »größter Wunsch«, Meininger Hofkapellmeister und damit – wenn auch in Bülows, Strauss' und Steinbachs Fußstapfen – Wilhelm Bergers direkter Nachfolger zu werden[19]. Nach seinem Tod gab der Meininger Regent die unmissverständliche Maxime aus, die Hofkapelle sei wieder auf die Höhe unter Bülow und Steinbach zu bringen.[20]

Die Gründe für die mangelnde Anerkennung Bergers sind denkbar vielfältig. Diese liegen u. a. in seiner Person, die offenbar mehr dem sensiblen Komponisten und Kammermusiker als dem mit allen Wassern gewaschenen Orchesterchef zuneigte, in seinem betagten Arbeitgeber bzw. der Herzoglichen Familie, darüber hinaus in Teilen des Orchesters[21] sowie des Meininger Publikums[22] und im übermächtigen Schatten seines Amtsvorgängers Fritz Steinbach begründet.[23] Christian Mühlfeld bringt die Sachlage auf den Punkt, wenn er schreibt:

> Nach Steinbachs Weggang von Meiningen – Ende Februar 1903 – kam der Pianist und Komponist Prof. Wilhelm Berger aus Berlin als Hofkapellmeister nach Meiningen. Berger ist als schaffender Künstler und als Klavierspieler viel bedeutender

17 Christian Mühlfeld, *Die Herzogliche Hofkapelle in Meiningen. Biographisches und Statistisches*, Meiningen 1910, S. 33. Durchschossenes Exemplar mit hs. Ergänzungen (Meininger Museen, Manuskript XI-5/719).
18 Vgl. den Brief Fritz Steinbachs an Helene Freifrau von Heldburg, 26. Dezember 1906, in: ThStAMgn, Hausarchiv 29 und den Brief Hans Treichlers an Herzog Georg II. von Sachsen-Meiningen vom 13. April 1911, Asow/Asow, S. 5–7, bes. S. 6. Auch die Verstärkung des Orchesters um drei Violinen im Oktober 1907 und die Gehaltszulage für die festangestellten Hofkapell-Mitglieder im Januar 1908 gehen auf Bergers »Konto«. Dazu Christian Mühlfeld, *Musikalisches von Meiningen*, Meiningen o. J., in: Meininger Museen, Manuskript XI-5/712, S. 337 bzw. 339.
19 Herta Müller, »›... daß ich nie mehr in eine Stadt gehen werde, wo ein ›Hof‹ ist ...‹: Max Reger am Meininger Hof im Konflikt zwischen Zielen und Pflichten«, in: *Reger-Studien 7. Festschrift für Susanne Popp*, hrsg. von Siegfried Schmalzriedt und Jürgen Schaarwächter (= Schriftenreihe des Max-Reger-Instituts Karlsruhe 17), Stuttgart 2004, S. 391–456, hier S. 391.
20 Vgl. Brief Herzog Georg II. an Max Reger, 13. Mai 1911, Asow/Asow, S. 18f.
21 Vgl. Brief Max Reger an Herzog Georg II. von Sachsen-Meiningen, 2. Juli 1912, Asow/Asow, S. 275–277, hier S. 276.
22 Vgl. Brief Herzog Georg II. von Sachsen-Meiningen an Max Reger, 2. März 1912, Asow/Asow, S. 135–137, hier S.136.
23 Maren Goltz, »Wilhelm Berger (1861–1911) – Der Meininger Hofkapellmeister im Schatten Fritz Steinbachs«, in: *Friedrich Kiel Forschungen* 2 (2011), S. 39–52.

als Steinbach, als Dirigent jedoch fehlte ihm vorerst dessen langjährige Erfahrung, dessen große, umsichtige Routine und dessen, durch das öftere Zusammensein und Zusammenwirken mit Brahms erlangte Vertrautsein mit den gerade in Meiningen bevorzugten Brahms'schen Kompositionen.[24]

Der Tod des vertrauten Freundes Richard Mühlfeld, der ihm wohl auch in dienstlichen Belangen hilfreich zur Seite gestanden hatte, ging ihm nach Aussage Christian Mühlfelds überdies »ungeheuer nahe«.[25] Der verheerende Theaterbrand vom 5. März 1908 sowie die anschließenden Bemühungen um den Neubau kosteten ihn vermutlich weitere Kraft.

Ob und mit wem sich der Herzog über die *causa Berger* austauschte, bleibt unklar. Die erwähnte Korrespondenz mit Max Reger gibt fast im gesamten ersten Jahr von Regers Meininger Tätigkeit Aufschluss über die Ära aus der Sicht von Herzog Georg II. Es ist erstaunlich und überdies auch einzigartig, in welchem Maße sich der Herzog in seiner Sicht auf Berger von Max Reger »in die Karten schauen« ließ und wie ungefiltert er den Nachfolger mit Informationen versorgte. Reger gelang es offenbar, den Regenten nach den Jahren rapide schwindender Aufmerksamkeit wieder für die Hofkapelle und ihren Chef zu interessieren. Der Eintritt Bergers in den Briefwechsel verläuft ebenso drastisch wie symptomatisch, berichtete doch der Herzog dem eben eingesetzten Hofkapellmeister Reger Anfang Januar 1912: »Die Kapellisten, die kürzl. noch unter Berger eine Sinfonie von Schubert in der Probe so schlecht spielten, daß meine Tochter aufsprang und indigniert auf u. ab lief, fühlen sich jetzt [sic!] und glauben, sie seien es, während nicht sie sondern S i e das Spiel der Kapelle gehoben haben.«[26] Allein schon deshalb, weil Berger am 15. Januar 1911 verstorben war und Konzertmeister Hans Treichler über ein Jahr die Kapelle gemeinsam mit dem Solovioloncellisten Karl Piening geleitet hatte, die besagte Probe also wenigstens über ein Jahr zurücklag, kann von »kürzlich« überhaupt keine Rede sein. Symptomatisch sind jedoch die besagte Vehemenz der Äußerung wie übrigens auch die Überlieferungssituation durch die Tochter. Der bei Bergers Amtsübernahme 1903 77 Jahre alte Herzog war zu diesem Zeitpunkt schwerhörig und konnte sich in musikalischen Angelegenheiten längst kein eigenes Urteil mehr bilden. Mehr als 12 Jahre zuvor hatte er sich

---

24 Maren Goltz und Herta Müller, *Der Brahms-Klarinettist Richard Mühlfeld. Einleitung, Übertragung und Kommentar der Dokumentation von Christian Mühlfeld / Richard Mühlfeld, Brahms' Clarinettist. Introduction, Transcription, and Commentary of the Documentation by Christian Mühlfeld*, Balve 2007, S. 106.
25 Goltz/Müller, S. 112.
26 Brief Herzog Georg II. von Sachsen-Meiningen an Max Reger, 6. Januar 1912, zitiert nach: Asow/Asow, S. 88f.

hinter seinem Sitz im Theater-Parkett eine Vorrichtung für eine Gasflamme anbringen lassen; so wie im Orchester. Seine Begründung lautete damals:

> Ich höre zu schlecht, um Sätze, welche nicht virtuos deutlich auf der Bühne gesprochen werden, zu verstehen. Ich will daher nachlesen. Nur so kann ich angeben, was auf der Bühne gemacht werden soll. Das Verstehen wollen und nicht können versetzt mich in einen ganz nervösen Zustand, in dem ich mir, Ihnen, meiner Frau u. Allen unausstehlich bin, und womit nur übel gewirkt, nicht aber genutzt wird.[27]

Der Herzog, der selbst schon geraume Zeit keine Konzerte mehr besuchen konnte, hörte Bergers Dirigate und seine Musik vermutlich niemals mit eigenen Ohren. Im September 1905 schrieb er:

> Lieber Berger / Ich gratuliere zu Ihrer Produktivität in Mgn u. / bedauere, Ihre Compositionen nicht hören zu / können / Ihr treuer Georg.[28]

Und im Februar 1909 ist zu lesen:

> Ich gratulire zu dem so schönen künstlerischen Erfolge Ihrer Reise mit der Kapelle u. zu der Aufführung Ihres bedeutenden Tonwerks [Variationen und Fuge op. 97], das nicht anhören zu können, mir sehr leid thut.[29]

Wenn auch von wissenschaftlicher Seite die Bedeutung der Hofkapelle angemessen gewürdigt wird – Martin Thrun bezeichnete sie in jüngerer Zeit als »Licht aller Lichter«[30] –, so kommt man nicht umhin zu betonen, dass der Herzog auf dem Gebiet des Schauspiels über einen langen Zeitraum persönlich engagiert bzw. involviert und die Bedeutung dieses Ensemble seiner Aktivitäten wohl auch höher einschätzte. Erinnert sei nur an die äußerst gereizte Reaktion, als Reger die Mitglieder einmal als »Die Meininger« bezeichnete:

> Hören Sie mal, Theuerster, zupfen Sie mir nicht am Ruhme meines Theater's herum, damit treffen Sie direct meine Wenigkeit u n d a u f d i e s e m P u n k t e e r l a u b e i c h m i r k i t z l i c h z u s e i n. Die eigentlichen »Meininger«

---

27 Brief Georg II. von Sachsen-Meiningen an Ludwig Chronegk, 8. März 1891, in: ThStAMgn, Hausarchiv 227.
28 Briefauszug Herzog Georg II. an Wilhelm Berger, 9. September 1905, zitiert nach: Reinhardt3, S. 146.
29 Briefauszug Herzog Georg II. an Wilhelm Berger, 15. Februar 1909, zitiert nach: Reinhardt3, S. 147.
30 Martin Thrun, »Rang und Bedeutung des Hofkapellkonzerts im 19. Jahrhundert«, in: Stefan Keym und Katrin Stöck: *Musik in Leipzig, Wien und anderen Städten im 19. und 20. Jahrhundert: Verlage – Konservatorien – Salons – Vereine – Konzerte* (= Musik – Stadt. Traditionen und Perspektiven urbaner Musikkulturen 3), Leipzig 2011, S. 520.

bleiben die Mimen oder bleibt vielmehr mein Theater [...] Das, was Sie mit meiner Kapelle leisten, ist so, daß Sie rasend stolz darauf sein können, es ist aber nicht nöthig, daß das, was von mir in schauspielerischer Hinsicht geleistet wurde, der Kapelle als Folie dient. Beide Institute haben nebeneinander sich des Ruhm's zu erfreuen, ohne gegen einander los zu gehen.[31]

Wie Martin Thrun schrieb, verfolgte der Regent das Gedeihen seiner Hofkapelle zu diesem Zeitpunkt seit fast 20 Jahren aus der Perspektive von Verwaltungsprozeduren.[32] Sehr wahrscheinlich beeinflusste die Schwerhörigkeit nach den ereignisreichen musikalischen Glanzzeiten unter den charismatischen Persönlichkeiten Bülow, Brahms und Steinbach sein schwindendes Interesse an der Hofkapelle und an Berger. Er hielt zwar an seinem Orchester und den gewachsenen Strukturen fest. Aber ein Anzeichen dafür, wie fern Georg II. Mitte 1908 auch intellektuell jeglicher musikalischen Äußerung war, zeigt die Tatsache, dass der Kanon denkmalswürdiger Persönlichkeiten für das Empire-Foyer des 1909 eröffneten Theaterneubaus neben Lessing zunächst lediglich auf die Textdichter Goethe, Schiller und Kleist beschränkt war und erst im Verlauf von mehreren Jahren auch um Komponisten wie Bach, Beethoven, Brahms und Wagner bereichert wurde.[33]

Statt selbst hören zu können, war er auf die Berichte seiner Ehefrau Helene von Heldburg und seiner Tochter angewiesen, die bekanntlich stark an Bülow, Brahms und Steinbach orientiert waren, was ihr Urteil in Sachen Berger möglicherweise zeitweise trübte. Im März 1912 schrieb Georg II. jedenfalls:

[...] den nach Allem, was ich über sein Dirigieren zu hören bekom[m]en habe, von meiner Tochter u[nd] meiner Frau, muß es gründlich langweilig gewesen sein, wollte Letztere doch gar nicht mehr seine Concerte besuchen![34]

Das Fehlen einer Korrespondenz zwischen der am Meininger Musenhof so wichtigen Helene von Heldburg und Wilhelm Berger markiert eine immense Fehlstelle. In Helene von Heldburgs Briefband »Fünfzig Jahre Glück und Leid« wird Wilhelm Berger nicht einmal erwähnt.[35] – Ende März 1912 gab der Herzog erstaunlich offen zu:

31 Brief Herzog Georg II. von Sachsen-Meiningen an Max Reger, 14. April 1913, zitiert nach: Asow/Asow, S. 460–461, hier S. 460.
32 Thrun, S. 521.
33 Dazu ausführlich Goltz, *Feine Unterschiede*.
34 Brief Herzog Georg II. von Sachsen-Meiningen an Max Reger, 26. März 1912, zitiert nach: Asow/Asow, S. 175f.
35 Else von Hase-Koehler (Hrsg.), *Freifrau von Heldburg (Ellen Franz) Gemahlin des Herzogs Georg II. von Sachsen-Meiningen. Fünfzig Jahre Glück und Leid – Ein Leben in Briefen aus den Jahren 1873–1923*, Leipzig 1926.

Er war mir unsympathisch. Deshalb kannte ich ihn wenig, auffallend war mir nur sehr, seine wirkl.[ich] große Meinung von sich selbst. Wenn er eine Größe war, hatte er nicht unrecht, groß von sich zu denken.[36]

Geradezu reflexartig kehrte er im nächsten Satz die Aussage um, wenn er beinahe unsicher fragte: »– aber war er eine ›Größe‹?«

Die angesprochene Antipathie wirkte nach Bergers Tod in Regers Amtszeit weiter, wo er eine Projektionsfläche für anfallenden Ärger um die Hofkapelle und ihre Kritiker blieb. So vermutete der Herzog hinter einer schlechten Kritik für ein Reger-Konzert in Meiningen sogleich Bergers Anhänger:

> Wer mag der Kritiker sein, der in Mgn über die Concerte referirt? Das scheint mir auch ein alberner Besserwisser! Sollte Mühlfeld dahinter stecken? Berger hatte wenig Anhang, die aber, die ihn verehrten, hielten ungeheure Stücke von ihm, wie ich annehme, ganz über Gebühr, und möchten sein Licht immer wieder durchleuchten lassen, darum manchmal diese Nadelstiche.[37]

Über die Meininger Rezensenten äußerte Georg II. generell:

> Was unsere Kunstkritik betrifft, so sind es 3 Personen nur, welche sie handhaben, für's Theater zwei und für die Musik einer. Für sie ist das Publikum nicht verantwortlich. Wie die Kritik bezüglich der Musikaufführungen war, nachdem ich Mgn verlassen hatte, weiß ich nicht, vorher, vor Februar, war sie, dächte ich, so, daß man sich nicht beklagen konnte, im Gegentheil habe ich mich gewundert, daß sie in dem Grade anerkennend war; denn der Betreffende war Intimus von Berger. Er heißt Menzel und ist Oberförster. Er interessirt sich so für gediegene Musik, daß er zu jedem Concerte aus seinem Reviere im thüringer Walde nach Mgn kom[m]t. Sie sollten suchen, seine Bekanntschaft zu machen; da würde er sich persönl. für Sie interessiren. Er soll auch componiren, hörte ich. Ich kenne

---

36 Brief Herzog Georg II. an Max Reger, 26. März 1912, zitiert nach: Asow/Asow, S. 175–177, hier S. 176.
37 Brief Herzog Georg II. an Max Reger, 2. März 1912, zitiert nach: Asow/Asow, S. 135–137, hier S. 136. Dazu auch den Brief Herzog Georg II. an Max Reger, 15. Januar 1912, in: Asow/Asow, S. 158–160. Max Reger antwortete Tage später: »Die Clique Berger's ist es nicht, von der der ›famose‹ Artikel in Eisenach ›inspiriert‹ war; ich hab' so eine Ahnung, von welcher Seite der ›Hieb‹ kam; beweisen kan[n] ich noch nichts; aber Äußerungen, die da Schlüsse zu lassen, weiß ich. Die Urheber sind in den Kreisen zu suchen, die es mit Neid und Scheelsucht ansehen müssen, wie unendlich huldvoll und gütig Ew. Hoheit zu meiner Frau u. mir sind. Das Eine ist sicher: musikalische Einflüsse schalten da vollständig aus! Es ist nur Neid, daß Ew. Hoheit einem ›bürgerlichen‹ Musiker – einem Musiker!!!! – so viel Huld u. Gnade erweisen. Aber Beweise hab' ich noch nicht; nur Vermutungen.« Max Reger an Herzog Georg II., 18. März 1912, zitiert nach: Asow/Asow, S. 167–170, hier S. 167.

ihn n i c h t. Die Th[eater]-Kritiker verstehen viel weniger von ihrem Métier als der amateur Menzel vom Seinen.[38]

Auch noch nachdem zu Regers Eisenacher Konzert mit der Hofkapelle am 10. März 1912 in der »Eisenacher Tagespost« eine miserable Kritik erschien, machte der Herzog eine »Clique von Berger'schen Anhängern« verantwortlich. Herzog Georg vermutete, dass zu diesen neben dem komponierenden sowie als Rezensent tätigen Oberförster Adolf Menzel sowohl Brahms-Klarinettist Richard Mühlfeld als auch dessen Bruder Christian gezählt haben.

> Welch' schauderhafte Ueberraschung war uns heute der Artikel in der Eisenacher Tagespost vom 12ten März, den Sie sandten!!! Wir sind außer uns, daß Ihnen in Mgn diese Unbill wiederfahren kon[n]te. Diese ganz infamen Machinationen scheinen mir von einer kleinen Clique auszugehen, die zu den Bewunderern Berger's gehörte, welche nicht vertragen kann, daß die Mgr Ihnen mit Kopf und Herz zufallen u. die Aera Berger vergessen haben; denn es ist wirkl.[ich] so, daß Sie bei uns eine geliebte Persönlichkeit geworden sind. Außerordentlich – innigst – bedauern wir, daß der gegen Sie gerichtete Schlag Sie Beide in dem hohen Maaße aufgeregt hat; denn zu unserer höchsten Freude gereichte uns die Sicherheit, daß Sie in Ihrer neuen Stellung sich glücklich fühlten und daß Sie Beide gern in Mgn waren.[39]

Ähnlich verlief die Sache nach dem Berliner Konzert vom 19. März 1912, wo Reger tatsächlich herausfand, dass der Rezensenten in persönlicher Beziehung zu Berger gestanden hatte, denn der Kritiker des Berliner Tageblattes, Dr. Leopold Schmidt, war Taufpate bei einem Sohne Wilhelm Bergers. Der Herzog schrieb zunächst:

> Ihre Indignation über den Theil der berliner Kritik, der sich durch, der Himmel weiß was, bewogen findet, giftig und ganz grundlos zu hacken, (Sie characktеrißiren dieses Berlinerthum in Ihrem vorletzten Briefe,) ist allerdings gerechtfertigt. Es gab aber auch gute und sehr gute Kritiken. In dem Mgr Tageblatt sind welche abgedruckt. Berger muß in Berlin gute Freunde haben, die es übel genommen haben werden, daß ich ihn nicht mit der Kapelle sich dort blamieren ließ; den nach Allem, was ich über sein Dirigieren zu hören bekom[m]en habe, von meiner Tochter u meiner Frau, muß es gründlich langweilig gewesen sein, wollte Letztere doch gar nicht mehr seine Concerte besuchen! Daß der Kritiker des berliner Tageblatt's Ihnen vorwirft, nicht Berger'sche Compositionen statt Reger'sche producirt zu haben, ist wirkl. großartig. Berger soll ein guter Musiker gewesen sein, wie's mit seinen Orchesterwerken aussah, habe ich aber von k o m p e t e n t e r Stelle [nicht] nie gehört, merkwürdiger Weise. In einer der ungüngstigen Kritiken wird auch mir vorgeworfen, den[n] um vorzuwerfen is's gesagt, ich sei ihm nicht gewogen gewe-

---

38 Brief Herzog Georg II. an Max Reger, 30. August 1912, zitiert nach: Asow/Asow, S. 312-313, hier S. 313.
39 Brief Herzog Georg II. an Max Reger, 15. März 1912, zitiert nach: Asow/Asow, S. 158-160, hier S. 158.

sen. Das ist richtig: Er war mir unsympathisch. Deshalb kannte ich ihn wenig, auffallend war mir nur sehr, seine wirkl. große Meinung von sich selbst. Wenn er eine Größe war, hatte er nicht unrecht, groß von sich zu denken, – aber war er eine ›Größe‹? Na, jedenfalls schüren seine Anhänger und nicht unmöglicher Weise seine Wittwe am Bergerenthusiasmus in Berlin. Wäre Berger von Meiningen und mir anerkannt worden, würden die Gehässigkeiten gegen Sie wahrscheinlich nicht losgelassen worden sein, so bin ich vielleicht noch mit Anlaß dafür, daß diese Gehässigkeiten stattgefunden haben.[40]

Reger antwortete vier Tage später:

Heute früh erhielt ich Ew. Hoheit huldvollen Brief vom 26. III. u. danke Ew. Hoheit unterthänigst! Was nun die Berliner gehässigen Kritiken betrifft, so ist es sehr interessant, daß der Kritiker des B e r l i n e r T a g e b l a t t s intimst mit Berger befreundet war u. sogar T a u f p a t e bei einem Sohne Berger's ist!
›D a s s p r i c h t B ä n d e ‹! Ich habe es genau gewußt, längst e h e wir nach Berlin gingen, daß es so kom[m]en wird! Seit J a h r e n schon ist es im[m]er s o in der Berliner Presse: wen[n] ich kom[m]e, da geht der ›Tanz‹ los! Da werden die sich u n g l a u b l i c h s t widersprechenden und auch verlogensten Berichte geschrieben! Daß unser Erfolg in Berlin ein g r o ß e r, d u r c h s c h l a g e n d e r war, geht am Besten aus der Tatsache hervor, daß der Hofkapelle bereits j e t z t für n ä c h s t e n Winter ein Concert in Berlin im großen Saale der Philharmonie garantiert ist – also s ä m t l i c h e Kosten, die wir haben, g e d e c k t d. h. g a r a n t i e r t![41]

Und erneut vier Tage später triumphierte Reger:

Ich glaube, daß aus dem Vergleich der Berliner Kritiken das hervorgeht, daß wir g a n z g e h ö r i g i m p o n i e r t haben; ›geschimpft‹ haben alle jene Blätter, die zu Berger p e r s ö n l i c h e Beziehungen hatten! (z. B. Berliner Tageblatt, Lokal-Anzeiger!)[42]

Auch die von Georg II. in den Raum geworfene Bagatelle, Wilhelm Bergers Vorgehen, engagierten Solisten »mit Dekorationen zu winken«, habe ihm »manchen unangenehmen Verdruß« bereitet[43] nutzte Reger als »Steilvorlage« und berichtete prompt von Gesangsschülern Isabella Bergers, die behaupteten,

---

40 Brief Herzog Georg II. an Max Reger, 26. März 1912, zitiert nach: Asow/Asow, S. 175-177, hier S. 175f.
41 Brief Max Reger an Herzog Georg II., 30. März 1912, zitiert nach: Asow/Asow, S. 179-182, hier S. 180.
42 Brief Max Reger an Herzog Georg II., 4. April 1912, zitiert nach: Asow/Asow, S. 184-186, hier S. 185.
43 Brief Herzog Georg II. an Max Reger, 26. April 1912, zitiert nach: Asow/Asow, S. 201-203, hier S. 202.

Berger hätte ihnen Auftritte in Hofkapell-Konzerten versprochen[44]. Im Text selbst erfüllt die Passage freilich auch dramaturgisch ihren Zweck, weil anschließend noch größerer Ärger mit einem Konzertagenten geschildert wird.

Eine solche Funktion nahm Berger auch in Bezug auf die Anschaffung der Noten zu seinem *Symphonischen Prolog* op. 108, dem *Konzert im alten Stil* op. 123 sowie der *Nachtmusik* op. 125 ein:

> Jedes dieser drei Werke wird 200–250 M. kosten, also so gegen 700 M; dafür besitzt aber die Hofkapelle die drei Orchesterwerke für ewige Zeiten. Ich vermute wohl nicht mit Unrecht, daß jedes dieser drei Werke ein ›Schlager‹ werden wird, wie die ›Hillervariationen‹ für's Hoforchester geworden sind. Es rächen sich eben jetzt a l t e Unterlassungssünden; Jedes gute Orchester in Deutschland besitzt mein op. 100, op. 108, op. 120 schon längst; in Meiningen muß ich die Sachen erst anschaffen. Berger hat ja mal l e i h w e i s e die Hillervariationen einmal durchspielen lassen, das Werk aber sofort als ‚ungeeignet' etc. zurückgesandt. Der ›Humor der Geschichte‹ machte allerdings die ›Hillervariationen‹ in den Reisen des Hoforchesters unter meiner Leitung zu einem ›Schlager‹ für die Hofkapelle, wie Ew. Hoheit ja zur Genüge von den Kritiken wissen.[45]

Hinzuzufügen wäre dem freilich, dass Berger sich im September 1905 auch das Orchestermaterial zu Regers *Sinfonietta* leihweise vom Verlag Lauterbach & Kuhn aus Leipzig kommen ließ um es anzuspielen und möglicherweise anzukaufen.[46]

Im Sommer 1912 äußerte Georg II. gegenüber Max Reger: »Ich kann nicht beurtheilen, ob Berger's Compositionen der Mühe lohnen, sie aufzuführen. Ich hatte vielleicht zu Unrecht die Idee, die Berger'schen Sachen müßten langweilig sein.«[47] Reger war erklärlicherweise viel zu sehr an seinem eigenen Fortkommen interessiert, als daran, für seinen Vorgänger eine Lanze zu brechen bzw. die Berger-Rezeption zurechtzurücken und wich letztlich aus:

---

44 Vgl. Brief Max Reger Herzog an Georg II., 29. April 1912, (Asow/Asow, S. 204-209, hier S. 206).

45 Brief Max Reger an Herzog Georg II., 14. Mai 1912, zitiert nach: Asow/Asow, S. 232-234, hier S. 232f.

46 Postkarte Wilhelm Berger an Herren Lauterbach & Kuhn, 21. September 1905, in: Musikabteilung der Staatsbibliothek zu Berlin, Mus.ep. W. Berger 9.

47 Brief Herzog Georg II. an Max Reger, 1. Juli 1912, zitiert nach: Asow/Asow, S. 274. »So eben kommt mir wieder unter die Hände, was mir Frau verwittwete Hofkapellmeister Berger, statt es an Sie zu spediren, aufgeladen hat. Sie empfiehlt 2 Claviervirtuosinnen die sich auf Ausführungen von Compositionen zu 2 Händen eingeübt haben. Dabei sagt sie, was ich im Briefe angestrichen habe. Ich kann nicht beurtheilen, ob Berger's Compositionen der Mühe lohnen, sie aufzuführen. Ich hatte vielleicht zu Unrecht die Idee, die Berger'schen Sachen müßten langweilig sein. – Ihr treuer Georg.«

> Es werden im kom[m]enden Winter von Wilh. Berger zur Aufführung gebracht a.) seine Orchestervariationen und b.) mehrere Lieder. Ich habe mit Absicht im 1. Jahre meiner Wirksamkeit n i c h t s von Berger in Meiningen zur Aufführung gebracht, um mich nicht der Nachrede auszusetzen, daß ich mich à tout prix ›beliebt‹ machen wolle! – Was nun das Engagementangebot der beiden jungen »2 klavierigen« Damen betrifft, so ist es ein bißchen komisch: das 2 klavierige Spielen war sehr ›aus der Mode‹ gekom[m]en – da war ich es, der diese Spielweise wieder in Schwung gebracht hat. Ein Engagement der beiden jungen Damen im nächsten Winter in den Concerten der Hofkapelle ist unmöglich, da schon alles besetzt ist. Es bliebe nur möglich, die beiden jungen Damen in der Kam[m]ermusik in Meiningen spielen zu lassen! Aber da habe ich fast gar keinen Einfluß, und die Herren Treichler u. Piening geben höchst ungern da Honorar aus […] Also scheint es da auch aussichtslos zu sein.
> Ich bitte Ew. Hoheit unterthänigst, von mir k e i n Urtheil über W. Berger's Kompositionen zu erwarten. Ich gebe n u r dan[n] ein Urtheil ab, wen[n] ich aus vollster Überzeugung loben u. bewundern kan[n]. Und gerade betreff Berger ist für mich die Sache doppelt heikel, nachdem der Herr mein Vorgänger hier war.[48]

Sicherlich lohnte es sich aus rückwärtiger Perspektive auch, die von Max Reger gegenüber dem Herzog angesprochenen »Intrigen u. Umtrieben im Orchester«[49] näher zu beleuchten, um Bergers Situation einzuschätzen. Doch leider haben nahe stehende Musiker wie Richard Mühlfeld nur denkbar wenig Korrespondenz hinterlassen. So schrieb Reger immerhin in demselben Brief einigermaßen entsetzt an den Herzog, nicht ohne freilich am Ende ganz ungeschminkt wieder seine eigenen Ziele zu verfolgen:

> Ich hörte gestern viel von Berger's Leben in Meiningen erzählen; der Arme war ja totkrank u. da – es ist doch kein Wunder, wen[n] er als Dirigent einfach k ö r p e r l i c h nicht im Stande war. Auch hat er – wie mir scheint – mit viel Intrigen u. Umtrieben im Orchester selbst zu kämpfen gehabt. Wen[n] mir solche Intrigen u. Umtriebe im Orchester selbst passieren würden, so würde ich entweder mit eiserner Faust dazwischen hauen oder Ew. Hoheit mit genauer Angabe der Gründe um meine Entlassung bitten. Ich setze mich g a n z für das Orchester ein; ich habe es schon so oft gewagt, Ew. Hoheit mit den Angelegenheiten des Orchesters zu behelligen u. mich damit der Gefahr ausgesetzt, daß Ew. Hoheit mich vielleicht zudringlich finden – also verlange ich dafür von den Herren, daß sie durch dick u. dün[n] mit mir gehen; den[n]: Meiningen bedeutet für mich eine Stellung, die ich nur aus reinstem Idealismus bekleide; j e g l i c h e r Gedanke, meine pekuniäre

---

48 Brief Max Reger an Herzog Georg II., 2. Juli 1912, zitiert nach: Asow/Asow, S. 275–277, hier S. 275f.
49 Brief Max Reger an Herzog Georg II., 2. Juli 1912, zitiert nach: Asow/Asow, S. 275–277, hier S. 276.

Lage damit zu verbessern, lag mir vollständig ferne. – Es würde mir s e h r w e h e thun, wen[n] das Orchester mich da mal mißverstehen würde.⁵⁰

Reger war es wieder einmal gelungen, den Bogen zu sich selbst zu schlagen. Der Herzog nahm auf diese vergleichsweise lange Passage zumindest keinen schriftlichen Bezug. Und Wilhelm Berger, der bis dato als Projektionsfläche herhalten musste, verschwand mit Ausnahme von zwei kleinen Einlassungen am 30. August bzw. am 26. September 1912⁵¹ nahezu von einem auf den anderen Tag aus dieser Korrespondenz.

Musikalisches Profil

Betrachtet man Bergers Tätigkeit in der Rückschau, kommt man zu dem Ergebnis, dass der in Berlin vor allem als Kammermusiker, Komponist und Chordirigent profilierte Berger in Meiningen zwar ebenfalls die Kammermusik um die Exponenten Mühlfeld, Treichler und Piening förderte und mit der Übernahme des auch in Hofkapell-Konzerten auftretenden Singvereins Traditionen weiter verfolgte⁵², aber möglicherweise gerade bei der für Meiningen so wichtigen Brahms-Rezeption taktische Fehler machte. Auf dem Papier hatte sich Berger kurz nach der Amtsübernahme geradezu auf Brahms »eingeschworen«, als er an den Herzog schrieb:

> Als eine heilige Pflicht werde ich es betrachten die ruhmvollen Traditionen Eurer Hoheit Hofcapelle und deren bisherigen Leiter in gleicher Weise weiterzuführen. Insbesondere werde ich es mir angelegen sein lassen, wie in allen anderen Richtungen, auch hinsichtlich der Pflege des Chorgesanges den Wünschen Eurer Hoheit durchaus zu entsprechen.⁵³

Doch im Alltag widmete er sich dem Brahmsschen Œuvre offenbar nur zögerlich. Symptomatisch platzierte er in seinem Antrittskonzert am 3. März 1903 neben Werken von Händel, D'Albert, Spohr und Wagner an zentraler Stelle seine eigene *1. Symphonie*. Hinsichtlich der Gastspielreisen mit der Hofkapelle kann man sagen, dass er auf die intensive Brahms-Rezeption seines Vorgängers mit einer Verschlankung dieses Repertoires reagierte.⁵⁴ Überliefert ist

---

50 Brief Max Reger an Herzog Georg II., 2. Juli 1912, zitiert nach: Asow/Asow, S. 276.
51 Briefe Herzog Georg II. an Max Reger, 30. August 1912 bzw. 26. September 1912, zitiert nach: Asow/Asow, S. 212–213, hier S. 213 sowie S. 324–326, hier S. 325.
52 Mühlfeld, *Die Herzogliche Hofkapelle in Meiningen*, S. 74f.
53 Brief Wilhelm Berger an Herzog Georg II., o. D., in: ThStAMgn, Hausarchiv 1258.
54 Dazu Maren Goltz, *Die Brahms-Programme auf den Konzertreisen der Meininger Hofkapelle (1882–1914)*, Meiningen 2009. 16 S. <www.db-thueringen.de/servlets/DerivateServlet/Derivate-18050/goltz_brahmsprogramme.pdf>.

zumindest ein Beispiel, wo er versucht haben könnte, dem Meininger Brahms-Kult auf einer Konzertreise Einhalt zu gebieten. Offenbar argumentierte er gegenüber dem Herzog dagegen, dass bei dem Gastspiel am 8. Februar 1909 in Darmstadt eine Brahms-Symphonie gegeben würde, mit der Begründung, man werde dies »als eine Demonstration ansehen«. Der Herzog rückte dies zurecht, indem er herausfand, dass es wohl eher »nach Ueberdruß am zu Vielen« aussehe, als danach, dass Brahms »verabscheut« werde.[55]

Grundsätzlich konzentrierte er sich auf seinen Tourneen auf einzelne Brahms-Werke, die er vollständig aufführte. So forcierte er beispielsweise die *Serenade Nr. 1* op. 11, aus der Steinbach nur das Menuett musiziert hatte. Dass Berger neben der *Tragischen Ouvertüre* gerade die für Meiningen so symbolträchtig scheinende *3. Sinfonie*[56] nahezu gänzlich vernachlässigte, erwies sich für sein Ansehen in der Tat als unklug. Bülow hatte die Sinfonie nach der Uraufführung in Wien 1883 im darauf folgenden Winter bis zum November 1885 19-mal in die Gastspielprogramme aufgenommen und zu seinem 60. Geburtstag das Autograph vom Komponisten mit den Widmungsworten »Seinem herzlich geliebten Hans v. Bülow / in treuer Freundschaft. / Joh^s Brahms« geschenkt bekommen[57]. Damit hatte sich Brahms bedankt für das Engagement, das Bülow ihm mit der Meininger Hofkapelle zwischen 1881 und 1885 für sein sinfonisches Werk in den europäischen Konzertsälen entgegengebracht hatte. – Bergers Streben nach einem neuen Profil nahm sich für Herzog Georg II. wohl als Ignoranz gegenüber dem Brahmsschen Œuvre aus und bot ihm Anlass zu harscher Kritik. So hielt er ihm nachweislich im Mai 1906 die Tätigkeit des Amtsvorgängers vor. Steinbach sei »als intimer Freund von Brahms in deßen Musik ganz u. gar eingeweiht« gewesen und habe bei seinen Gastspielen in Berlin »eine Mission vollführt«.[58] Mit diesem Argument verbot er Berger schlichtweg weitere Konzerte in der Hauptstadt und frustrierte den Hofkapellmeister derart, dass dieser bereits damals den Weggang in Betracht zog.[59] Drei Jahre später kulminierte die Situation, als Steinbach zum 1. Deutschen Brahmsfest in München 18 Mitglieder der Meininger Hofkapelle zur Mitwirkung im dortigen Orchester einlud, nicht aber ihren musikalischen

---

55 Brief Herzog Georg II. an Wilhelm Berger, 24. Januar 1909, zitiert nach: Reinhardt3, S. 144.
56 Herta Müller, S. 422.
57 Hans-Joachim Hinrichsen, S. 135.
58 Randbemerkung Georg II. vom 17. Mai 1906 auf einem Brief Wilhelm Bergers an ihn vom 14. Mai 1906, in: Meininger Museen, Br. 190/3.
59 Ernest, S. 85.

Chef. Berger lehnte es bekanntlich ab, das unter dem Protektorat Georgs II. stehende Fest zu besuchen.[60]

Nach den Programmzetteln zu urteilen, gelangte »Aktuelles« daneben lediglich in Form von Appetithäppchen auf die Programme, die Berger übrigens ab dem Frühjahr 1905 dem Herzog im Entwurf vorzulegen hatte[61]. Bruckners 4. *Sinfonie* erklang mehrfach, jedoch anfänglich nur außerhalb Meiningens[62]. Bezeichnend ist die Frage von Georg II. vom August 1909 – nach immerhin fünf auswärtigen Aufführungen in Eisenach, Jena, Erfurt, Marburg und Darmstadt – : »Lebt Ihr Bruckner noch? Ist er Wagnerianer? Wo lebt er, wen[n] er noch lebt?«[63]

Von Richard Strauss spielte man *Aus Italien* op. 16 am 30. Januar 1910 in Mühlhausen; die Sinfonische Tondichtung *Don Juan* erklang 1908 in Hildburghausen, Marburg und Göttingen. Häufiger, aber ebenfalls nur außerhalb Meiningens erklang nur dessen mit Meiningen eng verbundene *Bläser-Serenade für 13 Blasinstrumente*. Waldemar von Baußnerns Konzert-Ouvertüre *Champagner* erklang am 11. Dezember 1909 in Mühlhausen und am Folgetag in Eisenach. Zu nennen ist noch Dukas' *Zauberlehrling*, der ebenfalls in Eisenach und Gotha erklang.

Am 19. Februar 1907 gelangte Wilhelm Mühlfelds *e-Moll-Sinfonie* unter Leitung des Komponisten zur Aufführung. Wie der Anhang zeigt, brachte Berger seine eigenen Kompositionen punktuell ins Spiel.

Berger war überdies stets um gute Solisten bemüht; so spielten in der Saison 1903/1904 u. a. Hugo Becker (Violoncellist, Frankfurt), Xaver Scharwenka (Pianist, Berlin), Hugo Herrmann (Violoncellist, Frankfurt) oder Frau Charlotte Huhn (Sängerin, München) und Bram Eldering (Violinist, Köln), in der Saison 1904/1905 u. a. Wilma Norman-Neruda (Violinistin, Asolo), Otto Neitzel (Pianist, Köln), Ludwig Heß (Sänger, Berlin), Clara La Porte-Stolzenberg (Sängerin, Düsseldorf) oder Julius Klengel (Violoncellist, Leipzig). In der Saison 1905/1906 u. a. Paul Knüpfer (Sänger, Berlin), Isabella Berger (Sängerin, Meiningen), Marie Götze (Sängerin, Berlin), oder auch das Vokalquartett

---

60 Ebd.
61 »Eurer Hoheit Wunsch entsprechend werde ich künftighin die Programm-Entwürfe vorlegen. Eure Hoheit bitte ich um Entschuldigung – ich kannte Eurer Hoheit Willen nicht.« Bittet um Genehmigung für die Konzerte in Berlin im nächsten Winter, obwohl Herr Lienau nicht garantieren will. Brief Wilhelm Berger an Herzog Georg II., 21. März 1905, in: ThStAMgn, Hausarchiv 1258.
62 Die Daten lauten: 21. Oktober 1906, Eisenach; 5. November 1906, Jena; 3. Dezember 1906, Erfurt; 6. Februar 1909, Marburg; 8. Februar 1909, Darmstadt.
63 Brief Herzog Georg II. an Wilhelm Berger, 24. Januar 1909, zitiert nach: Reinhardt3, S. 144.

Leipzig. 1906/1907 kamen Hugo Becker (Violoncellist, Frankfurt), Elise Zielke (Sängerin, Danzig), Henri Marteau (Violinist, Genf), Anna Schütte (Sängerin, Kopenhagen), Frieda Hallwachs-Zerny (Sängerin, Kassel). In der Saison darauf (1907/1908) kamen Olga Radetzky von Radetz (Sängerin, Riga), Max Pauer (Pianist, Stuttgart), Hjalmar Arlberg (Sänger, Berlin). Zu den während des Theaterneubaus im Schießhaus stattfindenden Abonnementskonzerten wurden keine Solisten eingeladen, danach kamen ab Januar 1910 u. a. Alfred Höhn (Pianist, Oberellau), Max Pauer (Pianist, Stuttgart), Selma vom Scheidt (Sängerin, Weimar) und Paula Weinbaum (Sängerin, Berlin).

Meininger Berger-Rezeption bis in die 1920er Jahre

Zur späteren Rezeption von Wilhelm Berger in Meiningen ist folgendes festzuhalten: Unmittelbar nach Bergers Tod wurde im Kammermusik-Abend am 1. Februar 1911 unter Mitwirkung des Pianisten Fritz von Bose (Leipzig) das *Klavierquintett f-Moll* op. 95 zur Aufführung gebracht. In der Gedächtnisfeier im Hoftheater unter der Leitung von Treichler und Piening am 17. Februar 1911 erklangen neben der *B-Dur-Sinfonie* op. 71 die *Orchestervariationen* op. 97. Dazwischen sang die Berliner Altistin Paula Weinbaum mehrere Lieder.[64] In Meiningen blieb es nach Regers Aufführung der *Orchestervariationen* op. 97 am 29. November 1912 und der Wiederholung am 1. Dezember in Eisenach relativ still um Berger. Lediglich Maria Eschment aus Berlin sang, wie von Reger angekündigt[65], im Kammermusik-Konzert am 13. Dezember 1912 unter Regers Klavierbegleitung das Lied *Bergnacht* op. 24, 1a. Von den hiesigen Gesangvereinen wurden Bergers Werke noch eine zeitlang aufgeführt. So trug der Köhlersche Gesangverein unter Leitung von Adolf Geuther im Abonnements-Konzert der Hofkapelle vom 23. November 1913 den gemischten Chor *Müde das Lebensboot weiter zu steuern*[66] vor. Ferner erklangen im Konzert am 30. Juni 1914 der gemischte Chor *Der Jäger längst dem Weiher ging* und die 3-stimmigen Frauenchöre *Es ging ein Duft durch die Frühlingsnacht* op. 92, 4 und *Schneewittchen in der Wiege* op. 92, 1.[67] Am 22. Januar 1916 sang Eli-

---

64 Zur Aufführung gelangten *Eisblumen* op. 83, 2, *Es war* op. 83, 3, *Im Sturm, Dämmerung, Opferschale, Ich liebe Dich, Christnacht* op. 73, 2. Der Ertrag des Konzertes wurde einem Grabstein-Fonds zugewiesen.
65 Brief Max Reger an Herzog Georg II., 2. Juli 1912, zitiert nach: Asow/Asow, S. 275–277.
66 Christian Mühlfeld, *Die in den Konzerten der Herzoglichen Hofkapelle in Meiningen aufgeführten Kompositionen*, Meiningen 1914, S. 128 (Meininger Museen, Manuskript XI–5/713).
67 Ebd.

sabeth Angelroth das Lied *Gefallen*, am 5. März 1919 gemeinsam mit ihrer Schwester Doris die Bearbeitung des Volksliedes *Die Blümelein sie schlafen* als Duett. Zwei Jahre später führte Geuther am 30. Oktober 1921 *An die großen Toten* für gemischten Chor und Orchester op. 85 auf.

Arthur Dettes Bemühungen nach 1917

Von Siegfried Ochs' Uraufführung des *Sonnenhymnus* mit dem Philharmonischen Chor und Orchester am 29. Januar 1917 gingen offenbar neue Impulse zur Pflege Berger'scher Werke aus. So widmete sich ihm der Dessauer Pianist und Musikschriftsteller Arthur Dette, der bis dato durch Werkeinführungen in Vokalmusik von zeitgenössischen Komponisten wie Felix Nowowiejski (1913), Otto Neitzel (1914), Franz Mikorey (1916), Felix Weingartner (1916), Albert Fuchs (1916) auf sich aufmerksam gemacht hatte, bevor er sich nach dem Ende des 1. Weltkrieges der Werke von Albert Thierfelder und Marziano Perozi (1919) annahm und 1922 mit einer Nikisch-Biographie hervortrat. 1923 gab er im Gohliser Eichblatt-Verlag unter dem Titel »Empor« »Worte deutscher Zuversicht« von Persönlichkeiten wie König Friedrich August von Sachsen, Fürst von Bülow oder General von der Goltz heraus.

In einem undatierten Bericht des Meininger Tageblattes vom April 1917 war davon die Rede, dass »in einem bekannten Verlagshause« mehrere Werke Bergers sowie eine Biographie herausgegeben würden.[68] »Männer vom Range eines Weingartner, Nikisch, Wendel, Scheinpflug usw.« stünden hinter dem Herausgeber.[69] Genannt werden hier die *Sonate für Violoncello und Klavier* [op. 28], das *Trio für Klavier, Violine und Violoncello*, das *Klavierquartett* op. 100, die *Serenade für 12 Blasinstrumente*, eine dramatische Tondichtung für großes Orchester, der Herzog Georg II. gewidmete Huldigungsmarsch für großes Orchester sowie das Klavierkonzert mit Orchesterbegleitung.

Zwar blieb es bei der Ankündigung, doch sind im Berger-Nachlass in der Musikabteilung der Berliner Staatsbibliothek von Dettes Hand drei Gutachten über ein *Klaviertrio* o. op.[70], das *Klavierquartett* op. 100[71] sowie die *Sonate*

---

68 Anonymer, undatierter Bericht im Meininger Tageblatt, April 1917, zitiert nach: Mühlfeld, Konzerte, S. 122.
69 Ebd.
70 Arthur Dette, [Gutachten über ein Klaviertrio o. op.]. Ohne Datum, in: Musikabteilung der Staatsbibliothek zu Berlin, Mus.ep. W. Berger varia 3.
71 Arthur Dette, [Gutachten über Wilhelm Bergers Klavierquartett]. Ohne Datum, in: Musikabteilung der Staatsbibliothek zu Berlin, Mus.ep. W. Berger varia 4.

für Pianoforte und Violoncello g-Moll op. 28[72] erhalten. Vom *Klavierquartett* op. 100 heißt es, dass es als eines der schönsten Kammermusikwerke Bergers und »überhaupt eines der tiefsten und edelst empfundenen der gesamten neueren Literatur« zu bezeichnen sei:

> Das Werk zeigt die bekannte sympathische Physiognomie des Bergerschen Schaffens: gediegene Faktur, frisch und natürlich fließende Empfindung, gewählte, alle billigen Effektmittel vorsichtig umgehende Ausdrucksweise.[73]

Zum *Klaviertrio* schreibt Dette in der Art eines Werbetextes für ein bereits erschienenes Werk[74]:

> Auch dies Werk zeig[t] alle Vorzüge der Berger'schen Muße. Ein schönes Ebenmaß der Form, feinsinnige Ausnutzung der einzelnen Instrumente, herrliche Klangkombinationen und ein üppig wuchernder Melodienreichthum. Dabei besitzt es keine großen technischen Schwierigkeiten, eignet sich also nicht nur für den Konzertsaal, sondern wird auch zu Haus mit seinen herzerquickenden Eigenschaften alles entzücken.[75]

Das von Dette und dem Berliner Komponisten und Musikpädagogen Friedrich Ernst Koch (1862–1927) für die *Sonate für Pianoforte und Violoncello* g-Moll op. 28 erstellte Gutachten[76] war wohl ebenfalls als begleitender Werbetext zur Herausgabe geplant, worauf auch hier der von fremder Hand modifizierte Titel hindeutet: »~~Von den~~ nachgelassenen Werken von / Wilhelm Berger (~~revidiert und herausgegeben von Arthur Dette erschien soeben in unserem Verlage [...]~~«. Datiert ist Kochs Bitte um »Vorlage der Revision« auf den 15. Dezember 1917. Für die Bemühungen sprechen, dass mehrere in den Meininger Museen überlieferte Manuskripte Bergers den Stempel des Berliner Afa-Verlages tragen, so die Kopistenhandschriften des *Konzertstückes für Klavier und Orchester* op. 43, zur *Dramatischen Tondichtung* op. 33, zur *Heldenklage* op. 36, das Autograph zum *Trio für Klavier, Violine und Violoncello* o. op. sowie eine Kopie des *Festmarsches* o. op. Auf der Kopistenhandschrift der *Serenade*

---

72 Arthur Dette/Friedrich Ernst Koch, [Gutachten zur Sonate für Pianoforte und Violoncello (G-moll) op. 28]. Ohne Datum, in: Musikabteilung der Staatsbibliothek zu Berlin, Mus.ep. W. Berger varia 2.
73 Arthur Dette, [Gutachten über Wilhelm Bergers Klavierquartett]. Ohne Datum, in: Musikabteilung der Staatsbibliothek zu Berlin, Mus.ep. W. Berger varia 4.
74 Der Titel heißt: »Nachgelassene Werke von / Wilhelm Berger / (revidiert und herausgegeben von Arthur Dette) / Trio für Klavier, Violine u. Violoncello«.
75 Arthur Dette, [Gutachten über ein Klaviertrio o. op.]. Ohne Datum, in: Musikabteilung der Staatsbibliothek zu Berlin, Mus.ep. W. Berger varia 3.
76 Arthur Dette/Friedrich Ernst Koch, [Gutachten zur Sonate für Pianoforte und Violoncello (G-moll) op. 28]. Ohne Datum, in: Musikabteilung der Staatsbibliothek zu Berlin, Mus.ep. W. Berger varia 2.

F-Dur für Blasinstrumente op. 102 ist der Stempel Afa-Verlag durchgestrichen, darüber steht »Afa's Musikverlag Hans Dünnebeil Berlin«, was deutlich macht, das noch Hans Dünnebeil, ehemals Mitarbeiter des Verlages Breitkopf & Härtel, in seinem um 1933 gegründeten Afa's Musikverlag die Publikation erwog.[77] Ob Dette möglicherweise in Beziehung zu dem Musikschriftsteller, Musiklehrer und Komponisten Gustav Ernest (1858–1941) stand, der nach seinen Biographien von Wagner (1915), Beethoven (1920) und Brahms (1930) im Berliner Hesse-Verlag 1931 sein Buch über Berger verlegte, ist momentan noch nicht klar. Erst 1948 erschien mit Paul Grümmers Bearbeitung des Scherzo d-Moll aus einer unvollendeten Sonate für Violoncello und Klavier nachweislich das einzige Werk Bergers im Afa's Musikverlag.

Ottomar Güntzels Bemühungen nach 1933

Während, wie sich etwa in Zusammenhang mit dem Büsten-Kanon für den hiesigen Theaterneubau ablesen lässt[78], auch in Meiningen zu Beginn des 20. Jahrhunderts vorrangig Komponisten mit Büsten geehrt wurden, rückte im »Dritten Reich« neben dem Komponisten auch hier der Dirigent und Ensemble-Leiter als »musikalischer Führer« in den Vordergrund.[79] In der Folge nahm das Interesse an in der Vergangenheit tätigen Chor- und Orchesterleitern im Nationalsozialismus zu: So wurde am 11. April 1937 in Anwesenheit des hochrangigen NSDAP-Kulturfunktionärs Dr. Hans Severus Ziegler im Englischen Garten das Denkmal für Max Reger eingeweiht. Die Enthüllung einer Gedenktafel an Bergers ehemaligem Wohnhaus in der Feodorenstraße 14 fand anlässlich des 75. Geburtstages im Anschluss an eine Morgenfeier am 9. August 1937 statt, welche Ottomar Güntzel in der *Zeitschrift für Musik* mit den Worten kommentierte: »Die überaus eindrucksvolle und erbauliche Stunde

---

77 Hans Dünnebeil, *Musikalienhandel in Krieg und Frieden. 50 Jahre Potsdamer Straße Berlin*, Berlin 1952, S. 29.
78 Vgl. Goltz, Feine Unterschiede.
79 Felix Oberborbeck, Direktor der Staatlichen Hochschule für Musikerziehung Graz (1939–45), fasste etwa zusammen: »Die Ziele, denen der Instrumentalist, der Dirigent und der Sänger heute wie ehemals zustreben muß, liegen so fest, daß auch eine Musikerziehung der Gegenwart daran nicht rütteln kann. Wesentlich verschoben hat sich lediglich das Berufsziel des musikalischen Führers, der sich heute nicht mehr auf den Typ des Chorleiters oder Kapellmeisters beschränken darf, sondern dem eine Reihe neuer Berufsformen aus den Notwendigkeiten der Zeit zugewachsen sind [...].« Felix Oberborbeck, »Gegenwartsaufgaben der Musikhochschule«, in: *Musik im Volk. Grundfragen der Musikerziehung*, hrsg. von Wolfgang Stumme, Berlin 1939, S. 89.

Enthüllung einer Gedenktafel am ehemaligen Wohnhaus Feodorenstraße 14 in Meiningen, 9. August 1937, Foto: Julius Greif (Meininger Museen, B 452)

umrahmte die Gedenkrede von Ottomar Güntzel mit dem Streichtrio op. 69 und dem Streichquintett op. 75.«[80] Zur eigentlichen Enthüllung sprach Theater-Intendant Dr. Rolf Prasch. Des 80. Geburtstages und 30. Todesjahres des ehemaligen Herzoglichen Hofkapellmeisters gedachte man 1941 mit seinem *Konzertstück für Klavier und Orchester* op. 43a, vorgetragen von dem Pianisten Prof. Kurt Schubert, einem ehemaligen Schüler von Xaver Scharwenka.[81]

Für das neue, von Ottomar Güntzel zusammengetragene »Musikgeschichts-Museum« gab Bergers Sohn Ernst 1939 eine Reihe von Dokumenten, Musikalien und Kunstobjekten nach Meiningen.[82] Dazu zählten neben Bergers Federhalter u. a. der Ehrenmitgliedsbrief vom Potsdamer Männer-Gesang-Verein, die vorläufige und definitive Anstellungsurkunde als Meininger Hofkapellmeister, die Verleihungsurkunde zum Ritterkreuz II. des Sachsen-Ernestinischen Hausordens, die Verleihungsurkunde zum Professorentitel, die Mitgliedsurkunde der Akademie der Künste, mehrere Bilder, das Manuskript des *Sonnenhymnus* und das Titelblatt des Manuskriptes *Huldigungsmarsch* an Georg II. In den ebenfalls 1941 eröffneten Räumlichkeiten[83] fanden neben zwei Briefen Bergers an Georg II. das Ölgemälde von Paul Spangenberg als Stiftung

---

80 Ottomar Güntzel, »Meiningen«, in: *Zeitschrift für Musik* 104 (1937), S. 1042.
81 Ottomar Güntzel, »Meiningen«, in: *Zeitschrift für Musik* 109 (1942), S. 467.
82 Brief Ernst Berger an Ottomar Güntzel, 6. Dezember 1939, in: Sammlung Musikgeschichte der Meininger Museen, Br. 277, 5.
83 Maren Goltz, »Ottomar Güntzels Rolle bei der ›Arisierung‹ des Meininger Musiklebens und seine stille Rehabilitierung nach dem Zweiten Weltkrieg«, in: *Jahrbuch des Hennebergisch Fränkischen Geschichtsvereins* 25 (2010), S. 253.

von Frau Isabella Berger (Berlin), die Ernennungsurkunde zum »Ordentlichen Mitgliede der Königlichen Akademie der Künste« in Berlin vom 9. Februar 1904, das Manuskript des *Sonnenhymnus* für Chor und Orchester sowie das Manuskript des Huldigungsmarsches zum Geburtstag Sr. Hoheit Georg II. am 2. April 1907 Platz.

2003 erhielten die Meininger Museen das Pendant zu dem seit 1941 in der Musikabteilung der Staatsbibliothek Berlin Preußischer Kulturbesitz befindlichen Teilnachlass (Mus ms. Autogr. 1941.1532) einen umfangreichen Teilnachlass an Manuskripten von Wilhelm Berger junior, dessen Inhalt auf der Homepage der Sammlung Musikgeschichte <www.musikgeschichte-meiningen.de> weltweit permanent einsehbar ist.

Anhang
Wilhelm Bergers Werke im Repertoire der Meininger Hofkapelle (1903–1920)[84]

Orchesterwerke

op. 71, *Sinfonie Nr. 1*

1898, 11. Oktober – Meiningen: Fritz Steinbach, Meininger Hofkapelle
1898, 27. November – Eisenach: Fritz Steinbach, Meininger Hofkapelle
1899, 5. März – Hildburghausen: Fritz Steinbach, Meininger Hofkapelle
1903, 1. März – Hildburghausen: Wilhelm Berger, Meininger Hofkapelle
1903, 3. März – Meiningen: Wilhelm Berger, Meininger Hofkapelle
1911, 11. Februar – Marburg: Hans Treichler, Meininger Hofkapelle
1911, 17. Februar – Meiningen: Karl Piening, Meininger Hofkapelle
1920, 9. März – Meiningen: Karl Piening, Meininger Hofkapelle

op. 80, *Sinfonie Nr. 2*

1905, 10. Dezember – Gotha: Wilhelm Berger, Meininger Hofkapelle

op. 97, *Variationen und Fuge für Orchester*

1898, 3. November – Berlin: Fritz Steinbach, Meininger Hofkapelle
1899, 5. März – Hildburghausen: Fritz Steinbach, Meininger Hofkapelle
1909, 18. März – Meiningen: Wilhelm Berger, Meininger Hofkapelle
1909, 21. März – Eisenach: Hans Treichler, Meininger Hofkapelle

---

84 Nach Mühlfeld, Konzerte, S. 124–128. Keine Berücksichtigung fanden in der Übersicht die Klavierlieder.

1910, 29. Januar – Eisenach: Hans Treichler, Meininger Hofkapelle
1911, 17. Februar – Meiningen: Hans Treichler, Meininger Hofkapelle
1911, 19. Februar – Hildburghausen: Hans Treichler, Meininger Hofkapelle
1912, 29. November – Meiningen: Max Reger, Meininger Hofkapelle
1912, 1. Dezember – Eisenach: Max Reger, Meininger Hofkapelle

Huldigungsmarsch, Herzog Georg II. gewidmet

1907, 1. April – Meiningen: Wilhelm Berger, Meininger Hofkapelle

Kammermusik

op. 69, *Trio für Violine, Viola, Violoncello*

1899, 24. Januar – Meiningen: August Funk, Alphons Abbass, Bram Eldering
1907, 7. Februar – Bradford: Adolph Brodsky, Simon Speelman, Carl Fuchs

op. 70, *Sonate g-Moll für Violine und Klavier*

1899, 24. Januar – Meiningen: Bram Eldering, Wilhelm Berger

op. 75, *Quintett für 2 Violinen, Viola, 2 Violoncelli*

1905, 7. Februar – Meiningen: Hans Treichler, August Funk, Alphons Abbass, Karl Piening, ? Kühn

op. 76, *Klavier-Sonate*

1905, 16. Februar (Rondo) – Erfurt: Wilhelm Berger

op. 91, *Variationen und Fuge für Klavier*

1905, 10. Januar – Meiningen: Otto Neitzel

op. 94, *Trio g-Moll für Klavier, Klarinette, Violoncello*

1905, 24. Oktober – Meiningen: Wilhelm Berger, Richard Mühlfeld, Karl Piening
1905, 28. Oktober: Wilhelm Berger, Richard Mühlfeld, Karl Piening
1906, 22. Februar – Freiburg: Wilhelm Berger, Richard Mühlfeld, Karl Piening

1906, 5. April – Kassel: Wilhelm Berger, Richard Mühlfeld, Karl Piening

1906, 8. April – Reichenberg: Wilhelm Berger, Richard Mühlfeld, Karl Piening

1906, 29. Dezember – Köln: Wilhelm Berger, Richard Mühlfeld, Karl Piening

op. 95, *Klavierquintett*

1907, 26. März – Meiningen: Wilhelm Berger, Hans Treichler, August Funk, Alphons Abbass, Karl Piening

1911, 1. Februar – Meiningen (Fritz von Bose, Hans Treichler, August Funk, Alphons Abbass, Karl Piening

op. 100, *Klavierquartett*

1908, 29. Oktober – Meiningen: Wilhelm Berger, Hans Treichler, August Funk, Alphons Abbass, Karl Piening

Chorwerke

op. 10, *Nixenreigen*, für gemischten Chor und 4-händiges Klavier

1909, 19. Mai – Meiningen: Wilhelm Berger, weitere Ausführende nicht bekannt

op. 11, Nr. 4, *Lenznacht*, Gesang mit Orchester

1905, 18. März – Saalfeld: Wilhelm Berger, Meininger Hofkapelle Hjalmar Arlberg

op. 26, Nr. 4 *Sommernacht*, Chorlied

1902, 16. April – Aschaffenburg, Ausführende nicht bekannt

op. 48, Nr.2 *Die erwachte Rose*

1906, 30. Januar– Meiningen: Hildegard Homann und Genossinnen

op. 54, Nr. 2 *Müde, das Lebensboot weiter zu steuern*

1913, 23. November– Hildburghausen: Adolf Geuther, Köhlerscher Gesangverein

op. 54, Nr. 3 *Groß ist der Herr*, für 6-st. gem. Chor

1905, 19. März – Saalfeld: Wilhelm Berger, weitere Ausführende nicht bekannt

op. 55, *Gesang der Geister über den Wassern*, für Chor und Orchester

1906, 7. Oktober – Hildburghausen: Wilhelm Berger, Köhler'scher Gesangverein

op. 72, *Meine Göttin*, für Männerchor u. Orchester

1910, 29. Oktober – Mühlhausen: Wilhelm Berger, Männergesangverein

op. 74, *Euphorion*, für Soli, Chor und Orchester

1908, 11. Januar – Saalfeld: Wilhelm Berger, Meininger Hofkapelle, Cäcilienverein, Clara La Porta, Anna Köhler, Heinrich Röder

1909, 12. April – Eisenach: Wilhelm Berger, Meininger Hofkapelle, Clara Laporte-Stolzenberg, Erna Piltz, Else Thüreau, Fr. Gruber, Karl du Mont, Musikverein und Lehrergesangverein Eisenach, weitere Ausführende nicht bekannt

op. 83, *Die Tauben*, für Chor und Orchester

1904, 16. Dezember – Meiningen: Wilhelm Berger, Meininger Hofkapelle, Singvereine Meiningen und Salzungen

op. 85, *An die großen Toten*, für Chor und Orchester

1921, 30. Oktober – Hildburghausen: Adolf Geuther, Meininger Hofkapelle, Köhler'scher Gesangverein

op. 86, *Der Totentanz*, für Chor und Orchester

1904, 26. Dezember – Meiningen: Wilhelm Berger, Meininger Hofkapelle, Singvereine Meiningen und Salzungen

1910, 6. März – Hildburghausen: Wilhelm Berger, Meininger Hofkapelle, Köhler'scher Gesangverein

op. 92, Nr. 1 *Schneewittchen in der Wiege*, für 3-st. Frauenchor

1914, 20. Juni – Meiningen: Singverein

op. 92, Nr. 4 *Es ging ein Duft durch die Frühlingsnacht*, für 3-st. Frauenchor

1914, 20. Juni – Meiningen: Singverein

op. 96, Nr. 2, *Der Mönch*, Ballade für Bariton und Orchester

    1908, 18. Februar – Meiningen: Wilhelm Berger, Meininger Hofkapelle Hjalmar Arlberg

    1908, 23. Februar – Eisenach: Wilhelm Berger, Meininger Hofkapelle Hjalmar Arlberg

    1908, 16. November – Jena: Wilhelm Berger, Meininger Hofkapelle Hjalmar Arlberg

op. 96, Nr. 3, *Der Musikant*, Gesang mit Orchester

    1907, 12. November – Meiningen: Wilhelm Berger, Meininger Hofkapelle, ? Heinemann

    1908, 16. November – Jena: Wilhelm Berger, Meininger Hofkapelle, Hjalmar Arlberg

Der Jäger längs dem Weiher ging, für gem. Chor

    1914, 20. Juni – Meiningen: Singverein

Robert Pascall
Wilhelm Berger, der Sinfoniker[1]

Die zwei Sinfonien Bergers wurden Ende des 19. Jahrhunderts geschrieben: Die Sinfonie in B-Dur für großes Orchester, op. 71 in den Jahren 1896–97 (veröffentlicht im Februar 1899; siehe Abbildung 1[2]) und die zweite Sinfonie (h-Moll) für großes Orchester, op. 80 bis 1900 (während die Veröffentlichung erst postum im November 1912 erfolgte; siehe Abbildung 2[3]). Somit entstanden die beiden Werke um die Zeit des Ablebens von Bruckner und Brahms, den Mitbegründern des von Carl Dahlhaus so genannten »zweiten Zeitalters der Symphonie«[4], also in der Zeit zwischen Mahlers 3. und 4. Sinfonie: Mahlers 2. und 3. hatten ihre Uraufführungen 1895–1897 in Berlin gefunden, die 3. freilich ohne die vokalen Sätze.[5] Mit seinen beiden viersätzigen, ausschließlich instrumentalen Sinfonien orientierte sich Berger eher an der symphonischen Auffassung von Bruckner und Brahms, obgleich er seine Vorliebe für Vokalmusik klar und öffentlich bekannte.[6] Die zeitliche Nähe der Entstehung von Bergers 1. und 2. Sinfonie lässt zu, dass man sie als Paar betrachten kann, dass sie also

---

[1] In erster Linie bedanke ich mich aufs herzlichste bei Frau Dr. Irmlind Capelle und Frau Dr. Maren Goltz für weitreichende unentbehrliche Hilfe bei der Herstellung von Unterlagen und Informationen sowie für die sorgfältige Redaktion. Außerdem bin ich den Herren Alexander Butz (Lübeck), Alan Howe (Great Clacton), Dr. Michael Struck (Kiel) und Philip Weller (Nottingham) für Materialien und Diskussionen sehr zu Dank verpflichtet.

[2] Wilhelm Bergers Exemplar, signiert, datiert; jetzt Meininger Museen. Zum Erscheinungstermin siehe: *Musikalisch-literarischer Monatsbericht über neue Musikalien, musikalische Schriften und Abbildungen* [hiernach = *Hofmeisters Monatsbericht*], Leipzig Februar 1899, S. [42], http://www.onb.ac.at/sammlungen/musik/16615.htm.

[3] Ehrenexemplar für Frau Prof. Wilhelm Berger; jetzt Meininger Museen. Zum Erscheinungstermin siehe: *Hofmeisters Monatsbericht*, November 1912, S. [269].

[4] Carl Dahlhaus, *Die Musik des 19. Jahrhunderts*, Wiesbaden und Laaber 1980 (= Neues Handbuch der Musikwissenschaft 6), S. 220.

[5] Gustav Mahler: Sinfonie Nr. 2, 1.–3. Satz: 4. 3. 1895, vollständig: 13. 12. 1895; Sinfonie Nr. 3, 2. Satz: 9. 11. 1896, 2., 3. und 6. Satz: 9. 3. 1897.

[6] Im Jahre 1903 schrieb Wilhelm Berger für die Zeitschrift *Bühne und Brettl* über seine frühesten Jugendkompositionen: »In Bremen besuchte ich vor der Schule einen Kindergarten. Dem Gesang wurde dort ein Hauptgewicht beigelegt, und dieser Umstand war es vielleicht, welcher mich in späteren Jahren die Vokal-Musik bevorzugen liess.« Reinhardt1, S. 20 und Reinhardt2, S. 150.

im Sinne von Brahms' Werkpaaren einen Phantasiegegensatz bilden.[7] Gustav Ernest schrieb von der sonnigen Heiterkeit der 1. Sinfonie Bergers und von der Phantasiewelt der zweiten mit ihren leidenschaftlich düsteren Regionen des Lebens.[8] Man darf diese Beschreibungen natürlich als pauschal-plakativ übertrieben ansehen, zumal die mittleren Sätze der ersten Sinfonie in Moll gehalten sind, und der langsame Satz der zweiten in einem erhabenen Dur, was auch für das verklärte Ausklingen des Werkes überhaupt gilt.

In dieser Studie geht es darum, einige Bemerkungen zur Werk- bzw. Satzstruktur, zu etlichen besonders auffallenden Stilmerkmalen, sowie zu Bergers Traditionsbewusstsein und Originalität zur Diskussion stellen. Der Anhang enthält einen analytischen Überblick der jeweiligen Sinfonie, in dem Satzbezeichnungen und -formen sowie Einzelheiten über die strukturellen Abschnitte, über den thematischen Gehalt, den tonalen Aufbau und im Hinblick auf die Instrumentierung berücksichtigt werden – diese Analysen dienen u. a. der Begründung der Schwerpunkte der folgenden Argumentation.

Werkstruktur

Berger bringt die an und für sich separaten Sätze auf dreierlei unterschiedliche Weise in engere Beziehung zueinander:
1. Er lässt einen Satz ohne Unterbrechung nach dem vorangehenden anfangen,
2. er schafft motivisch-figurale Verbindungen zwischen den Themen verschiedener Sätze, und
3. er zitiert das Thema eines bestimmten Satzes entweder im Voraus in einem vorangehenden Satz (also als Vorahnung), oder als Rückblick in einem nachfolgenden Satz.

Berger verwendet die erste dieser drei Techniken nur einmal: In der zweiten Sinfonie folgt das Finale direkt nach einer Überleitung am Ende des langsamen dritten Satzes.

Die motivisch-figuralen Beziehungen zwischen den Themen verschiedener Sätze werden durch Bergers Vorliebe für Themen ermöglicht und hervorgehoben, die von vornherein figurale Bestandteile enthalten. Bergers 1. Sinfonie beginnt mit einem Blechbläsersatz als eine in homorhythmischen chromatischen Dreiklängen strukturierte Einleitung, weitergeführt durch die Einführung eines einfachen Hornrufs, der zum Motto der Sinfonie wird. Sofern der thematische

---

[7] Philipp Spitta, »Johannes Brahms«, in: *Zur Musik. Sechzehn Aufsätze*, Berlin 1892, S. 385–427; hier S. 425.
[8] Ernest, S. 74f.

Vorrat jeweils in dynamischer Beziehung zu diesem Motto steht, erweist sich die Sinfonie als eine erzählerisch-expressive Transformationsreihe darüber. Das Hauptthema des ersten Satzes beginnt mit dem Motto und spinnt es mit Diminution, Fragmentierung und Krebsgang fort (siehe Notenbeispiel 1). Das Hauptthema des 2. (Scherzo-)Satzes bringt eine Variante des Hornrufes als Dreiklang, indem die intervallische Struktur verändert wird, während Beginn und Ende auf derselben Note und der Rhythmus lang-kurz-lang für die ersten drei Tonhöhen beibehalten werden. Auffallend an diesem Thema ist, wie viele verschiedene Gestalten Berger im Kontext eines Perpetuum-mobiles einschließt (siehe Notenbeispiel 2). Im Hauptthema des 3. Satzes verwendet Berger den ursprünglichen Hornruf mit rhythmischer Änderung als wesentlicher Bestandteil der Melodie (siehe Notenbeispiel 3). Und im Finale wird die Tonfolge a'-f-a' zum formbildenden Element des Fugensujets gemacht (siehe Notenbeispiel 4).

In der 2. Sinfonie formt Berger das Hauptthema des 1. Satzes mit ganz prominenter Rolle einer unteren Wechselnotenfigur, und diese Figur funktioniert als Motto und Bindeglied für die gesamte Sinfonie (siehe Notenbeispiel 5). Gegen Beginn der Durchführung wird diese Figur radikal umgeformt und verziert, um als neues episodisches Thema fungieren zu können (T. 148). Der langsame Satz beginnt mit einer 16-taktigen Einleitung, die das Hauptthema des 1. Satzes als verschleierten Streichersatz neu interpretiert und einen Übergang von h-Moll nach Es-Dur bewirkt. Dann kommt das Hauptthema des Satzes, eine herrliche, langgezogene, kanonisch gestaltete Kantilene, in der die Wechselnotenfigur des Sinfonie-Mottos in Umkehrung ihr lyrisches Potential aktualisiert. Die Wiederkehr dieser Melodie in T. 34^4 beginnt in E-Dur; somit hat Berger das Wechselnotenfundament als tonale Relation verwendet (siehe Notenbeispiel 6). Auf gleiche Weise steht die Figur im Haupt- und Seitenthema des Intermezzos dar und im Finale nicht nur als Bestandteil, sondern auch als Struktur des an Dvoráks Siebte-Sinfonie-Finale gemahnenden Hauptthemas, wie in der graphischen Darstellung wiedergegeben (siehe Notenbeispiel 7). Dieses Verfahren, eine relativ kurze Figur als Motto für eine ganze Sinfonie auszuarbeiten, schafft zugleich Vielfalt und Einheit; sie gehört unbedingt und grundsätzlich auch zu Brahms' Begriff des Symphonischen.

Das Zitieren von Themen zwischen verschiedenen Sätzen ist natürlich etwas anderes bezüglich Länge und Unverändertheit des zitierten Materials. In der 1. Sinfonie bringt Berger im 1. Satz eine verschleierte Vorahnung, in der Mitte des 2. Satzes eine erweiterte und klarere Vorahnung des Fugensujets im Finale (1. Satz, T. 49–50 und 53–56 bzw. in der Reprise T. 301–302 und 305–308; 2. Satz, T. 241–244: 4. Satz, T. 5f.), wobei Intervall-Struktur und Rhythmus klar und unverkennbar wieder aufgenommen werden, obgleich Einzelheiten davon im Fugensujet vertauscht werden. Im Finale der 2. Sinfonie beginnt Berger in der Durchführung mit einer systematischen Rückschau auf Themen der vorangehenden Sätze: Dies betrifft das episodische Thema vom Beginn der Durchführung aus dem 1. Satz (T. 131ff. des Finales), das Hauptthema des 2. Satzes (T. 140ff. des Finales), das Hauptthema des 3. Satzes (T. 162ff. des Finales) und das Überleitungsthema des 1. Satzes in Transformation (T. 190ff. des Finales). In einer Finale-Einleitung oder -Coda ist dieses Verfahren bereits bekannt, man denke u. a. an Beethoven, Berlioz, Bruckner, Brahms, Dvořák. In der Durchführung ist es jedoch viel seltener und auf diese Weise einzigartig: Das Finale von Dvořáks Sinfonie *Aus der neuen Welt* gibt gewissermaßen einen Präzedenzfall, doch dort sind die Themen aus vorangegangenen Sätzen in die Durchführungsprozesse aufgenommen und integriert worden.

Satzformen

Berger verwendet ausschließlich die traditionellen Formtypen Sonatenform, dreiteilige Form und Rondo, behandelt sie jedoch auf charakteristische originelle Weise. Im 1. Satz der 1. Sinfonie gestaltet er Hauptthema und Seitenthema zwar als verschiedene Themen, die jedoch im Ausdruck so ähnlich wie nur möglich, das heißt pastoral-lyrisch erscheinen, und führt beide dementsprechend mit einem Klarinettensolo ein. Daher musste er den für diese Form benötigten Ausdruckskontrast an anderer Stelle als in den großen Säulen des Formarchetyps setzen, nämlich in Einleitung, Überleitungen und Schlussgruppe. In der 2. Sinfonie gewinnen ein Überleitungsthema und ein neues episodisches, aus dem Hauptthema transformiertes Durchführungsthema besondere Bedeutung im strukturellen Schema des Satzes sowie im Werk insgesamt. Der dreiteilige 2. Satz der 1. Sinfonie, beginnt als fließendes Scherzo, etwa in der Tradition Mendelssohns, der Trio-Mittelteil erweist sich als gravierende Transformation des Scherzoteils, die zwischen Selbständigkeit und durchführungsähnlicher Episode schwebt. Prinzipiell gemahnt dieses Verfahren an Johann Sebastian Bachs Behandlung des Mittelteils von etlichen Da-Capo-Arien aus den Kantaten, und wie wir von Bergers Biografen Gustav Ernest wissen, hatte der 26-jährige Komponist »täglich einige Kantaten Bachs aus der Partitur« gespielt, um – wie Berger selbst bekannte – »ganz in den Meister einzudringen.«[9]

Im langsamen Satz der beiden Sinfonien benutzt Berger eine von Bruckner nach dem Vorbild von Beethovens Neunter Sinfonie bevorzugte Struktur, z. B. in Bruckners Sinfonien Nr. 2, 4, 5, 7, 8, 9, und zwar $ABA_1B_1A_2$, wobei die wie-

---

[9] Ernest, S. 104.

derkehrenden Abschnitte mit zunehmenden figuralen Verzierungen ausgestattet werden. Anders als bei Beethoven und Bruckner verknappt Berger in der 1. Sinfonie den Abschnitt A_2 merklich und erzielte dadurch einen beeindruckenden Höhepunkt. In der 2. Sinfonie sind die Abschnitte A_1 und B_1 durchführungsartig gehalten. Im Finale der 1. Sinfonie verschränkte er Sonatenform und Fuge. Das Hauptthema besteht aus einer Fugenexposition, und statt diese in der Reprise zu wiederholen, verarbeitete Berger das Fugensujet in Transformationen, die teils fugenspezifisch sind (Diminution, Engführung) und teils mit der Sonatenform zu tun haben (Modifikation der Intervallstruktur, Fragmentierung, figurative Variierung), was die Reprise ungefähr um ein Drittel erweitert, so dass sie gewissermaßen als Fortführung des Durchführungsteils fungiert.

Stilistische Merkmale

Wenige Jahre vor seinem Tode äußerte sich Berger einmal folgendermaßen: »Es wird viel geschrieben, und sieht man sich die Sachen an, so erlebt man fast stets Enttäuschungen. Da heißt es: Arbeiten und nicht verzweifeln! Dem Standpunkt, welchen ich zur Musik einnehme, werde ich immer treu bleiben: Verbannung alles Flitters, Plastik, konzise Gedanken, absolute Musik!«[10] Die Werke, die ihn enttäuscht hatten, nannte Berger nicht; seine Bemerkungen über »Flitter« und »absolute« Musik lassen jedoch vermuten, dass er zumindest teilweise die symphonischen Dichtungen von Richard Strauss im Sinne hatte – einschließlich beispielsweise des *Don Quixote* mit seiner musikalischen Nachahmung sowohl einer Schafherde und als auch von sich drehenden Windmühlen. »Plastik« bedeutet auch für Berger eine ungehinderte Gewandtheit im Ausdruck, die figurative Umformungen im Sinne eines Ganzen bewirkt und in eine angemessene Verlaufsgestalt gebracht ist: als Kunst des reinen Übergangs. Was konzise Gedanken betrifft, geht es in erster Linie wohl nicht um die Länge von Themen und Figuren, sondern vielmehr um Konzentration im Ausdruck, Ökonomie und nachhaltige Wirkungskraft.

Wie Willi Kahl in der Neue[n] Deutsche[n] Biographie schrieb, gehörte Berger »als Komponist zum Kreis der sogenannten Berliner Akademiker, die zum Teil das Brahmssche Erbe weiterführten.«[11] Wir wissen schon, inwieweit

[10] Zitiert nach: Ernest, S. 103f.
[11] Kahl, Willi, Art. »Berger, Wilhelm Reinhard«, in: *Neue Deutsche Biographie* 2 (1955), S. 83f., <http://www.deutsche-biographie.de/pnd118859964.html>. Die Bezeichnung Bergers als einen der Berliner Akademiker machte Walter Niemann bereits 1912, also knapp ein Jahr nach Bergers Ableben: »Von den Berliner Akademikern [...] ist kaum einer ganz der Brahmsschen Einwirkung entronnen.

Berger strukturell als Brahms-Nachfolger bezeichnet werden kann, doch in Einzelheiten der Melodik, Harmonik und zumal der Satztechnik gibt es noch viel zu erforschen: Wichtige Impulse dazu geben bereits viele der in diesem Band enthaltenden Studien. Es geht uns hier darum, Brahms' Einfluss auf Berger überhaupt nicht zu verleugnen, dabei jedoch andeutungsweise auf andere Quellen zu verweisen, die ebenso wichtig erscheinen. Wenn wir an Bergers Vorliebe für thematische Verarbeitungen denken, die auf Sequenz, rhythmischer Diminution, Augmentation, Umkehrung, kontrapunktischer Kombination, Steigerungswellen basieren, und ebenso an seine Vorliebe für Material wie Unisonothemen, Blechbläserchoräle, Fanfaren, an eine Harmonik, die durch linearen Kontrapunkt bestimmt wird, dann erkennen wir eine ganz andere und parallele Tradition, nämlich diejenige Wagners und Bruckners. Besonders von Wagner kommen auch gewisse harmonische Gänge wie Moll-Dreiklänge im Großterz-Abstand (wie z. B. im Tarnhelmmotiv oder zu Beginn des 2. Aktes von *Parsifal* bei Wagner und zu Beginn des 2. Satzes der 2. Sinfonie bei Berger – siehe dazu Notenbeispiel 6), chromatisch geformte Trugschlüsse und Tristan-Akkorde sowie Bergers Verwendung rhetorisch-dramatischer Pausen und springender Fanfaren. Bergers orchestrale Klangwelt ist fein konzipiert und individuell; er führt allerlei Delikatesse ein, wenn man z. B. die Rolle der Bass-Klarinette im Intermezzosatz der 2. Sinfonie bedenkt oder die Instrumentierung des Seitenthemas im Finale der 2. Sinfonie für Flöte 1 und Fagott 1 im Abstand von zwei Oktaven. Unverkennbar können wir zudem in seiner Behandlung der Blechbläser, besonders vielleicht im melodischen Gebrauch der Trompeten sowie in seinen Klangkombinationen einschließlich der Kombinationen extremer Lagen etwas von Wagners Orchestrierungskunst spüren. So hatte Berger einst gegenüber seinen Eltern geäußert: »daß Wagner das unzweifelhaft größte Genie ist, das augenblicklich lebt, ist mir wieder einmal zum Bewußtsein gekommen ...«[12]

Im langsamen Satz der 2. Sinfonie beginnt Abschnitt A$_1$ mit einer Erweiterung der Moll-Version des Hauptthemas, die den A-Abschnitt beschließt, nunmehr für Blechbläser gesetzt. Dann bringt Berger den Themenkopf kanonisch zwischen den Fagotten 1 und 2, Kontrafagott, Violoncello, Kontrabass, und Oboe 1, Horn 1, Violine 2, wieder, begleitet von einer Figur, die einer-

---

[...] In der Klaviermusik und Kammermusik mit Klavier sind es namentlich die Meister Max Bruch, Wilhelm Berger, Friedrich Gernsheim, Robert Kahn, Georg Schumann und Philipp Scharwenka, die das Schöne und Bleibende Brahmsschen Geistes und Brahmsschen Klavierstils ihrer eigenen Persönlichkeit harmonisch zu assimilieren wußten.« Walter Niemann, »Johannes Brahms und die neuere Klaviermusik«, in: *Die Musik* 12, 1, Bd. 45 (Oktober 1912), S. 38–45; hier S. 43.

[12] Reinhardt1, S. 65–67, Reinhardt2, S. 155.

seits das Wechselnoten-Motto neu interpretiert, andererseits unverkennbar an Siegfrieds Trauermarsch aus Wagners *Götterdämmerung* anklingt. Die rhythmische Diminution des Hauptthemenschlusses in Moll führt die Passage fanfarenartig und somit auch noch wagnerartig weiter. Sicher haben wir hier eine repräsentative und sogar auffallende Stelle vor uns, wo wagnersche Denk- und Klangweisen von der Oper in die Sinfonie verpflanzt wurden (siehe Notenbeispiel 18).

Die Coda des Satzes besteht aus drei Teilen. Teil i, das heißt die Takte 308–331 besteht aus einer wagnerischen Steigerungswelle, die auf dem Überleitungsthema des 1. Satzes, den Hauptthemen des 1. und 4. Satzes, einer linearen, stufenweise verlaufenden Bassbewegung durch fast zwei Oktaven und Tremolofiguren der oberen Streicher basiert. Teil ii, das heißt die Takte 332–342 enthalten Engführungen des Finale-Hauptthemenkopfes, rhythmische Diminution und eine weiteren Steigerungswelle, basierend auf der Bordun-Quinte, wobei das Ganze an Bruckner z. B. in dessen 8. Sinfonie gemahnt.[13] Teil iii, das heißt T. 343 bis zum Schluss, besteht aus einem Andante: Hier kommt es zur Wiederkehr der schwungvolle Transformation des Überleitungsthemas aus der Schlussgruppe im 1. Satz und zur Verschmelzung des Finalehauptthemas damit in einem feierlich-erhabenen Ausklang, der konzeptionell dem Schluss von Brahms' 3. Sinfonie nahesteht. Berger hatte sich 1884 enthusiastisch über die 3. Sinfonie von Brahms geäußert.[14] Es wäre allerdings rein schematisch, würde man behaupten, diese drei Teile der Coda würden etwa auf dem Denken von Wagner, Bruckner und Brahms gründen, denn sie sind doch eigentlich im Grunde und vor allem allein und echt Bergerisch (siehe Notenbeispiel 9).

Somit gewinnen wir einen Einblick in die Art und Weise von Bergers Originalität und schöpferischem Vermögen. Martin Heidegger hat behauptet: »Es bleibt darum das ausschließliche Vorrecht der größten Denker, sich be-einflussen zu lassen. Die Kleinen dagegen leiden lediglich an ihrer verhinderten Originalität und verschließen sich deshalb dem weither kommenden Ein-

---

[13] Bruckner war in den 90er Jahren in Berlin aufgrund von Aufführungen der 3., 4., 5. und 7. Sinfonie durch Hermann Levi, Karl Klindworth, Karl Muck, Arthur Nikisch und Felix Weingartner präsent und die Partituren der 1.–8. Sinfonie waren dem Publikum bereits gedruckt zugänglich. August Göllerich und Max Auer, *Anton Bruckner. Ein Lebens- und Schaffens-Bild*, Bd. IV, 4. Teil, Regensburg 1937, Aufführungs-Verzeichnis S. 232-252. Renate Grasberger, *Werkverzeichnis Anton Bruckner*, Tutzing 1977, S. 108-118.

[14] Nach einer Aufführung unter Leitung von Franz Wüllner schreibt er: »Wenn Brahms so fortfährt zu schreiben, so klar und schön, er wird unseren größten Meistern nicht nachstehen«. zitiert nach: Reinhardt1, S. 67. Reinhardt2, S. 155, und Ernest, S. 43.

Fluß.«[15] Eine Aussage Wilhelm Furtwänglers wirkt fast wie ein Kommentar hierzu: »Nicht der Grad der ›Kühnheit‹, der Neuheit des Gesagten vom entwicklungsgeschichtlichen Standpunkt, sondern der Grad der inneren Notwendigkeit, der Menschlichkeit, der Ausdrucksgewalt ist Maßstab für Bedeutung eines Kunstwerks.«[16] Genau das hat Berger in seinen Sinfonien sicherlich erreicht und diese schöne, imponierende und fesselnde Musik darf, soll, muss wiederentdeckt werden.

Anhang

In der folgenden Analyse bezeichnen die hochgestellten Ziffern nach den Taktangaben entsprechend der Taktart entweder Achtelwerte oder Viertelwerte (aus Gründen der Praktabilität auch beim Alla-breve-Takt) und ggf. weitere Unterteilungen, z. B. bedeutet im 4/8 Takt die Angabe T. $57^{3.2}$: Takt 57, dritte Achtelposition, zweite Sechzehntelposition.

Zahlen mit kleingeschriebenen Buchstaben bezeichnen die Reichweite von Phrasen und deren thematische Identität bzw. Differenz. So beschreibt z. B.: 8a + 4b + 4c + 8d + 8a$_1$ eine achttaktige Phrase, der zwei viertaktige und dann zwei achttaktige Phrasen folgen, wobei die Folge thematisch aus einer Reihe von verschiedenen Gestalten besteht und nur der letzte Achttakter eine Variante des ersten darstellt.

Analytische Bemerkungen zur 1. Sinfonie. 1. Satz. *Lebhaft* (*Vivace*); ȼ-Takt, B-Dur. Sonatenform. T. 1–12 Einleitung (feierlich, choralartig, Fg. 1/2, Hrn. 1–4, Trp. 1/2, B-Dur); T. 13–42 Hauptthema (pastoral-lyrisch): 12 (Klar. 1/2-Solo; Fg. 1/2, Hrn.1/2, Streicher: Begleitung, B-Dur) + 18 (Des-Dur, des-Moll bis B-Dur); T. 43–90^2 Überleitung i: 22 1/2 (Entwicklung des Hauptthemas, mit verschleierter Vorahnung in T. 49–50 und 53–56 des Fugenthemas im Finale: B-Dur bis C-Dur) + 4 + 4 + 17 (Überleitungsthema: C-Dur bis F-Dur); T. 90^2–113 Seitenthema (pastoral-lyrisch): 16 (Klar. 1/2-Solo, Fg. 1-Solo; Streicherbegleitung, F-Dur) + 8 (F-Dur bis a-Moll); T. 114–128 Überleitung ii: 15 (fanfarenartig: a-Moll bis F-Dur); T. 129–164 Schlussgruppe: 8 (Fragment des Hauptthemas: Des-Dur bis F-Dur) + 8 + 20 (Schlussentwicklung des Seitenthemas: F-Dur). T. 165–259 Durchführung (Hauptthema und Überleitung i). T. 260–397 Reprise: T. 260–294 Hauptthema: 14 (Klar. 1/2-Solo; Fl. 1/2, Ob. 1, Fg. 1/2, Streicher: Begleitung, B-Dur) + 21 (Des-Dur, A-Dur bis B-Dur); T. 295–333^2 Überleitung i: 18 2 (Entwicklung des Hauptthemas, mit verschleierter Vorahnung in T. 301–302 und 305–308 des Fugen-

---

[15] Martin Heidegger, *Was heißt Denken?*, Tübingen ⁴1984; zitiert nach: Stuttgart: Reclam, 1992, S. 59.
[16] Wilhelm Furtwängler, *Johannes Brahms. Anton Bruckner. Mit einem Nachwort von W. Riezler*, Leipzig 1942, S. 22.

themas im Finale: B-Dur) + 4 + 4 + 12 (Überleitungsthema: F-Dur bis B-Dur); T. 333²–359 Seitenthema: 19 (Fl. 1/2-Solo; Streicherbegleitung, B-Dur) + 8 (B-Dur bis d-Moll); T. 360–373 Überleitung ii: 13 (fanfarenartig, d-Moll bis B-Dur); T. 374–397 Schlussgruppe: 8 (Fragment des Hauptthemas: Ges-Dur bis B-Dur) + 16 (Schlussentwicklung des Seitenthemas: B-Dur). T. 398–426 Coda (B-Dur): 8 Einleitung + 12 Überleitungsthema + 9 Hauptthemenkopf und Schlusskadenz.

2. Satz. *Sehr lebhaft (Molto vivace)*; 6/8- bzw. ¢-Takt, g-Moll. Dreiteilig mit Coda (Scherzo und Trio). Scherzo-Teil (leicht, fließend, überwiegend staccato; Durchführungsthema jedoch lyrisch, gedehnt, legato): T. 1–224. T. 1–32 Einleitung: 8 + 8 + 16 (g-Moll); T. 33–64 Hauptthema (8a + 4b + 4c + 8d + 8a₁: g-Moll bis d-Moll); T. 65–96 Wiederholung des Hauptthemas (g-Moll bis d-Moll); T. 97–224 Durchführung (T. 145–176: Durchführungsthema: 8 (F-Dur) + 8 (F-Dur bis D-Dur) + 8 (E-Dur) + 8 (C-Dur)). Trio-Teil: T. 225–286. Episodische Variante des Scherzo-Hauptteils unter extremem Ausdruckskontrast: 16 Hauptthemenvariante, mit fanfarenartigem Schluss auf Akkord C-Dur (f-Moll) + 4 Kombination von einer Variante des Durchführungsthemas vom Scherzo-Teil für Hrn. 3/4, Trp. 1/2, fanfarenartigem Rhythmus für Klar. 1/2, Fg. 1/2, und einer Vorahnung des Fugenthemas im Finale für Vl. I/II (F-Dur) + 4 Fortführung der Fanfaren (A-Dur) + 4 + 4 transponierte Wiederholung der vorangegangenen 8 Takte (C-Dur / E-Dur) + 4 Liquidierung + 8 weitere Variante des Durchführungsthemas vom Scherzo-Teil, Begleitung aus der Hauptthemenvariante (C-Dur, e-Moll bis G-Dur) + 8 Durchführungsthema unter rhythmischer Diminution, Begleitung aus der Hauptthemenvariante (G-Dur bis F-Dur) + 10 Liquidierung. Scherzo-Teil: T. 287–533. T. 287–310 Einleitung: 8 + 16 (g-Moll); T. 311–342 Hauptthema (8a + 4b + 4c₁ + 8d₁ + 8a₂: g-Moll); T. 343–450 Durchführung (T. 391–422, Durchführungsthema: 8 (B-Dur) + 8 (B-Dur bis G-Dur) + 8 (A-Dur) + 8 (F-Dur)). Coda: T. 451–533 (g-Moll). T. 451–488 auf Trio-Material basiert: Hauptthemenvariante, Fanfaren, Vorahnung des Fugenthemas im Finale; T. 489–533 Durchführungsthema + Hauptthema.

3. Satz. *Langsam (Andante)*; **C**-Takt, d-Moll. Fünfteilig: A B A₁ B₁ A₂ Coda. A: T. 1–7¹ (choralartige Einleitung für Hrn. 1–4 als Vorahnung des Hauptthemas, d-Moll). T. 7–27 Hauptthema: 4 + 4 (lyrische Kantilene für Va., d-Moll bis F-Dur) + 4 + 9 (Entwicklung mit Nachsatz, F-Dur bis d-Moll). T. 28–33 (Variante der choralartigen Einleitung, d–Moll bis C-Dur). B: T. 34–65 Episode I: 4 + 5 (figurales Streicher-Unisono mit Kontrapunkt für Bläser, C-Dur, es-Moll bis b-Moll) + 4 + 5 (b-Moll, h-Moll bis gis-Moll) + 4 + 10 (cis-Moll bis d-Moll).

A$_1$: T. 66–74^1 (neue Variante der choralartigen Einleitung, d-Moll). T. 74–92 Hauptthema mit zusätzlicher figurativer Variation: 4 + 4 (Kantilene für Vl. I, Figuration für Vl. II, d-Moll bis F-Dur) + 4 + 7 (Entwicklung mit Nachsatz, F-Dur bis d-Moll). T. 93–102 (Variante der choralartigen Einleitung, d-Moll bis fis-Moll). B$_1$: T. 102^4–165 Episode II (lyrische Variante von Episode I): 4 + 4 (Es-Dur, g-Moll bis a-Moll) + 4 (d-Moll, c-Moll bis g-Moll und Überleitung) + 4 (bis cis-Moll). A$_2$: T. 127–130 (weitere Variante der choralartigen Einleitung, bis d-Moll). T. 131–134 Hauptthema als Höhepunkt für Holzbläser, mit neuer Streicherfiguration: 4 (d-Moll über Orgelpunkt auf der 5. Stufe). T. 135–155 Coda: Schluss-Erweiterung des Hauptthemas (d-Moll).

4. Satz. *Sehr lebhaft* (*Molto vivace*); ¢-Takt, B-Dur. Sonatenform, mit variierter, erweiterter, teils durchführungsartiger Reprise (Exposition 133 Takte, Durchführung 58 Takte, Reprise 194 Takte, Coda 105 Takte). T. 1–2 Einleitung. T. 3–47 Hauptthema (Fugenexposition; B-Dur): 6 Dux (B-Dur) + 6 Comes (F-Dur) + 6 Dux (B-Dur) + 6 Comes (F-Dur) + 11 Codetta + 4 Dux + 6 Dux (B-Dur); T. 48–63 Überleitung (Des-Dur bis fis-Moll); T. 64–118^2 Seitensatz (D-Dur): Thema i (T. 64–79, homophon, marschartig, meistens staccato, für Klar. 1/2, Fg. 1/2; Legato-Gegenlinie für Vl. I), Thema ii (T. 80–95, lyrisch, aus der vorangegangenen Gegenlinie in rhythmischer Diminution geformt, für Fl. 1 und Ob. 1, mit fließender Sechzehntelfiguration für Vl. I/II), Thema i variiert (T. 96–118^2, legato für Vl. I und Va., Fortführung der Sechzehntelfiguration für Vl. II). T. 118–133 Schlussgruppe (Entwicklung von Seitenthema i, mit fanfarenartigem Material, D-Dur). T. 134–191 Durchführung (einschließlich einer Faux-Reprise in T. 175: Kopf des Fugenthemas in B-Dur, sequenzenhafte Fortführung über C-Dur). T. 192–385 Reprise. T. 192–276 Hauptthema: Statt einer Reprise der Fugenexposition, i durchführungsartige Wiederholungen des Fugenthemas: 6 (B-Dur) + 5 (Des-Dur) + 8 (Engführungen des Themenkopfes; Des-Dur bis b-Moll) + 4 (F-Dur) + 4 (F-Dur), 10 (Nachahmung eines diminuierten Fragments vom Hauptthema; modulierend, jedoch F-Dur am Beginn und Ende); ii Fanfaren, mit Hauptthemen-Fragmenten und -Varianten verschränkt: 16 (Des-Dur bis B-Dur) + 4 (Hauptthemenvariante, B-Dur) + 4 (Fanfare auf Hauptthemenkopf basiert, B-Dur) + 4 (Hauptthemenvariante, B-Dur) + 4 (Fanfare auf Hauptthemenkopf basiert, B-Dur bis d-Moll); iii 16 (Variante des Hauptthemenkopfes unter Durchführung, D-Dur, modulierend bis C-Dur); T. 277–308 Überleitung; T. 309–370^2 Seitensatz (G-Dur): Thema i (T. 309–331, für Ob. 1/2, Fg. 1/2; ohne Gegenlinie), Thema ii (T. 332–347, für Klar. 1, die fließende Sechzehntelfiguration für Vl. I/II), Thema i variiert (T. 348–370^2). T. 370–385 Schlussgruppe (Es-Dur bis B-Dur). T. 386–490 Co-

da (auf Fanfaren und Hauptthema basiert, zum Schluss ab T 466: Hauptthema in Augmentation; B-Dur).

Analytische Bemerkungen zur 2. Sinfonie. 1. Satz. *Allegro molto e con brio*; ¢-Takt, h-Moll. Sonatenform. T. 1–29 Hauptthema (energisch, wuchtig, für volles Orchester; Wechselnotenfiguren und divergierender Stufengang in den oberen und unteren Stimmen): 9 (2 + 3 + 4, h-Moll), 9 (2 + 3 + 4, e-Moll bis h-Moll), 10 (Nachsatz, h-Moll); T. 30–59 Überleitung i: 4 + 4 (Überleitungsthema, für Hrn. 1, Trp. 1-Solo, Begleitung: Holz- und tiefe Blechbläser, Streicher, h-Moll bis D-Dur), 2 + 2 + 4 (Überleitungsthema rhythmisch diminuiert, D-Dur, fis-Moll, cis-Moll bis D-Dur), + 14 (Liquidierung); T. 60–84 Seitensatz: Seitenthema i 11 (pastoral-lyrisch, für Ob. 1, Begleitung: Hrn. 1–4, Va. und Vc. geteilt, D-Dur, Bordunharmonisierung), + 9 (D-Dur bis As-Dur); Seitenthema ii 2 + 3 (zärtliche Transformationen aus Haupt- und Überleitungsthema, As-Dur bis A-Dur); T. 85–104 Überleitung ii: 4 + 4 (Entwicklung von Seitenthema ii, mit zusätzlichem fanfarenartigem Material aus Überleitung i, f-Moll bis d-Moll) + 12 (Fanfarenruf für Hrn. 1-Solo, entwickelt und liquidiert für volles Orchester, B-Dur über G-Dur bis D-Dur); T. 105–142 Schlussgruppe: 2 + 2 (neuer Fanfarenruf für Trp. 1/2, D-Dur bis h-Moll) + 12 (kontrapunktische Entwicklung von Überleitung i, h-Moll, fis-Moll bis F-Dur) + 10 (kontrapunktische Entwicklung des Hauptthemenkopfes, B-Dur bis D-Dur) + 12 (Überleitung i als schwungvolle Kantilene für Vl. I/II, D-Dur). T. 142^4–245 Durchführung: radikale Umformung und Verzierung des Hauptthemenkopfes in ein neues episodisches Thema (T. 148–162: b-Moll, es-Moll), das dann mit dem Hauptthemenkopf in ursprünglicher Gestalt, dem Überleitungsthema und dem Seitenthema i verschränkt wird (T. 171–174: f-Moll; T. 198–203: Höhepunkt in Kombination mit Seitenthema i, Es-Dur; T. 220–227: H-Dur bis D-Dur). T. 245^4–349 Reprise: T. 245^4–254 Hauptthema: 9 (h-Moll); T. 255–282 Überleitung i (leicht gestutzt, h-Moll bis E-Dur); T. 283–303 Seitensatz: Seitenthema i 11 + 5 (E-Dur bis F-Dur); Seitenthema ii 2 + 3 (F-Dur bis Fis-Dur); T. 304–323 Überleitung ii: (g-Moll bis h-Moll; G-Dur über E-Dur bis H-Dur); T. 324–349 Schlussgruppe: 2 + 2 (neuer Fanfarenruf für Trp. 1/2, H-Dur bis D-Dur) + 12 (kontrapunktische Entwicklung von Überleitung i, g-Moll, d-Moll bis Cis-Dur) + 10 (kontrapunktische Entwicklung des Hauptthemenkopfes, Fis-Dur bis h-Moll). T. 350–374 Coda (h-Moll): 8 episodisches Durchführungsthema + 17 Schlussentwicklung des Überleitungsthemas und Kadenz.

2. Satz. *Adagio*; 4/8-Takt, Es-Dur. Fünfteilig: Einleitung, A B A_1 B_1 A_2, wobei die Abschnitte A_1 und B_1 durchführungsartig gestaltet sind. T. 1–17 Einleitung (auf Wechselnotenmotiv des Hauptthemenkopfes im 1. Satz basiert, für

Streicher, h-Moll bis Es-Dur). T. 18⁴–57 Abschnitt A: 8a (lyrische kanonische Kantilene für Ob. 1 (Dux) und Klar. 2 (Comes), Es-Dur bis B-Dur) + 8 (Zwischenspiel, Es-Dur bis E-Dur), 8a$_1$ (a wiederholt für Klar. 1 (Dux) und Va. (Comes), E-Dur bis Es-Dur) + 15 (durchführungsartiger Nachsatz, Es-Dur, es-Moll bis B-Dur). T. 57$^{3.2}$–87 Abschnitt B: 12b (motivisch-konzipierte Melodie für Hrn. 1 mit Streicherbegleitung, B-Dur bis F-Dur) + 12 (Steigerungswelle aus *b* entwickelt, F-Dur bis B-Dur) + 6 (Schlussphrase, B-Dur). T. 87⁴–128 Abschnitt A$_1$ (durchführungsartige Wiederkehr, prinzipiell auf den Nachsatz von A basiert, mit zusätzlicher Figuration, es-Moll, Ges-Dur, über c-Moll, f-Moll, b-Moll, es-Moll, f-Moll bis b-Moll). T. 128$^{3.2}$–142 Abschnitt B$_1$ (durchführungsartiger Übergang bis zur 5. Stufe in T. 141). T. 143⁴–190 Abschnitt A$_2$: 8a (lyrische Kantilene für Vc., nicht mehr kanonisch, eher mit figurativer Verzierung für Vl. I, Es-Dur bis B-Dur) + 8 (Zwischenspiel, Es-Dur bis E-Dur), 11a$_1$ (a wiederholt für Hrn. 1/3, Va., Vc., nicht mehr kanonisch, E-Dur bis Es-Dur) + 8 (Kadenz »sehr frei« bezeichnet) + 12 (Nachsatz als Schluss umgestaltet, Es-Dur).

3. Satz: *Intermezzo. Vivace*; 3/4-Takt, fis-Moll. Dreiteilig mit Coda und Überleitung zum Finale (Intermezzo und Trio). Intermezzo-Teil (Haupt- und Seitenthema: leicht, zart; Überleitungsmaterial jeweils heftiger): T. 1–138, Ternär. T. 1–21 Hauptthema: 6a (fis-Moll bis A-Dur) + 15b (fis-Moll bis cis-Moll); T. 21³–57 überleitungsartige Durchführung: 4 (Fanfare, aus *a* entwickelt, cis-Moll / D-Dur) + 4 (variierte Wiederholung) + 4 (Entwicklung der Fanfare) + 8 (Variante des Hauptthemas, D-Dur) + 4 + 4 (ostinatoartige Variante der Fanfare, fis-Moll) + 6 (Kadenzmaterial, g-Moll bis fis-Moll); T. 58–73 Seitenthema: 4c (A-Dur) + 4c$_1$ (cis-Moll), 4c$_2$ (A-Dur bis Fis-Dur) + 4c$_3$ (Umkehrung von c$_2$, Fis-Dur bis A-Dur); T. 74–108 Durchführung des Seitenthemas und Überleitung; T. 108³–128 Hauptthema: 5a (fis-Moll bis A-Dur) + 15b$_1$ (fis-Moll, F-Dur bis fis-Moll); T. 128³–138 Coda auf der ursprünglichen Fanfare (fis-Moll). T. 138³–187 Trio: 12 (Klar. 1-Solo, A-Dur bis fis-Moll) + 12 (Va.-Solo, fis-Moll bis A-Dur) + 8 (Nachsatz, Vl. I/II, A-Dur Bordunharmonie) + 3 + 14 (Reprise des Triothemas und Überleitung, Klar. 1-Solo, C-Dur, A-Dur bis fis-Moll). Intermezzo-Teil *Da capo*, T. 187³–294. Wie vorher bis Ende der Durchführung des Seitenthemas (T. 294 = T. 108). Danach: 24 (Verschränkung des Überleitungsthemas aus dem 1. Satz mit dem Intermezzo-Hauptthema) + 29 (Einleitung des Finales durch Nachahmung des Finale-Hauptthemenkopfes, Zitat des Hauptthemenkopfes aus dem 1. Satz (T. 336–337), und Erweiterung des Überleitungsthemas vom 1. Satz, bis h-Moll).

4. Satz. *Allegro con fuoco – Andante*; ¢-Takt, h-Moll/H-Dur. Sonatenform, mit rondoartigem Beginn der Durchführung sowie im Durchführungsabschnitt mit eingebetteten Zitierungen von vier Themen aus den vorangehenden Sätzen, mit verkürzter Reprise und verklärender Coda, im Andante-Tempo schließend. T. 0⁴–36 Hauptthema (h-Moll): 8a (Präsentation als begleitetes Unisono: Hrn. 1–4 mit Streicherbegleitung, h-Moll) + 8b (Nachsatz, h-Moll über C-Dur, d-Moll, e-Moll, Fis-Dur zurück bis h-Moll) + 8a₁ (variierte harmonisierte Wiederholung: Trp. 1/2, Pos. 1–3, mit figuraler Begleitung auf Vl. I/II, Va., h-Moll) + 12b₁ (variierter und erweiterter Nachsatz, h-Moll über C-Dur, D-Dur, e-Moll, C-Dur, fis-Moll zurück bis h-Moll); T. 37–56 Überleitung (rhythmisch-diminuierte Transformation des Hauptthemas, h-Moll bis fis-Moll); T. 57–84 Seitenthema (fis-Moll): 6x (Präsentation als begleitetes Unisono, Achtelbewegung: Fl. 1, Fg. 1 mit Streicher- und Holzbläserbegleitung, fis-Moll bis Cis-Dur) + 6x₁ (variierte Wiederholung, mit Sechzehntelverzierung: Streicher, fis-Moll bis cis-Moll) + 8 (durchführungsartiger Zwischensatz, mit Hauptthemenkopf, fis-Moll)+ 8x₂ (eine durch Einlegungen erweiterte Wiederholung des Seitenthemas, fis-Moll); T. 85–100 Schlussgruppe und Überleitung (Fragmente des Seiten- und Hauptthemas, fis-Moll bis h-Moll). T. 100⁴–237 Durchführung, mit Hauptthema in der Tonika beginnend (T. 100⁴–108), und mit den vier Zitierungen wie folgt: Durchführungsthema vom 1. Satz (T. 131–139, Fis-Dur), Hauptthema vom 2. Satz, mit neuer Fortführung (T. 140–154¹, Es-Dur bis H-Dur), Hauptthema vom 3. Satz, leicht geändert und mit neuer Fortführung (T. 162³–189, cis-Moll, fis-Moll, cis-Moll), Überleitungsthema vom 1. Satz transformiert (T. 190–197, cis-Moll bis gis-Moll). T. 237³–307 Reprise: Hauptthema (h-Moll): 8a₁ (die variierte harmonisierte Wiederholung aus der Exposition: Trp. 1/2, Pos. 1–3, mit figuraler Begleitung auf Vl. I/II, Va., h-Moll) + 22b₁ (der variierte Nachsatz, mit Überleitungsmaterial verschränkt, h-Moll über C-Dur, D-Dur, e-Moll, C-Dur, fis-Moll zurück bis h-Moll); T. 268–295 Seitenthema, strukturell wie vorher jedoch unter Transposition (h-Moll); T. 296–307 Schlussgruppe und Überleitung, strukturell wie vorher bis T. 94 = T. 305 (h-Moll). T. 308–371 Coda: i T. 308–331 Steigerungswelle: Überleitungsthema vom 1. Satz mit Fragmenten vom Hauptthema des letzten und 1. Satzes kombiniert, Hauptthemenkopf vom letzten Satz augmentiert (T. 328ff.); ii T. 332–342 über Bordunbass auf der 5. Stufe: Engführung des Hauptthemenkopfes vom letzten Satz, Streicherfiguration aus T. 17ff. des Satzes, Übergang zur Reprise aus T. 240ff. des 1. Satzes; iii T. 343–371 Andante: Wiederkehr der schwungvollen Transformation des Überleitungsthemas vom 1. Satz, wie sie in der Schlussgruppe jenes Satzes vorkommt (T. 131ff.) und Verschmelzung des Finalehauptthemas und Transformationen des Überleitungsthemas vom 1. Satz in einem feierlich-erhabenen Ausklingen (H-Dur).

Abbildung 1: 1. Sinfonie, Partitur-Erstdruck, 1. [einzige?] Auflage, Titelblatt.

Notenbeispiel 1/1: 1. Sinfonie, Partitur-Erstdruck, S. 1; 1. Satz, T. 1–10. Analytische Anmerkungen von Robert Pascall.

Notenbeispiel 1/2: 1. Sinfonie, Partitur-Erstdruck, S. 2; 1. Satz, T. 11–18.

Notenbeispiel 1/3: 1. Sinfonie, Partitur-Erstdruck, S. 3; 1. Satz, T. 19–26.

Robert Pascall

Notenbeispiel 2: 1. Sinfonie, Partitur-Erstdruck, S. 62; 2. Satz, T. 31–48.

Notenbeispiel 3: 1. Sinfonie, Partitur-Erstdruck, S. 109; 3. Satz, T. 1–13.

Robert Pascall

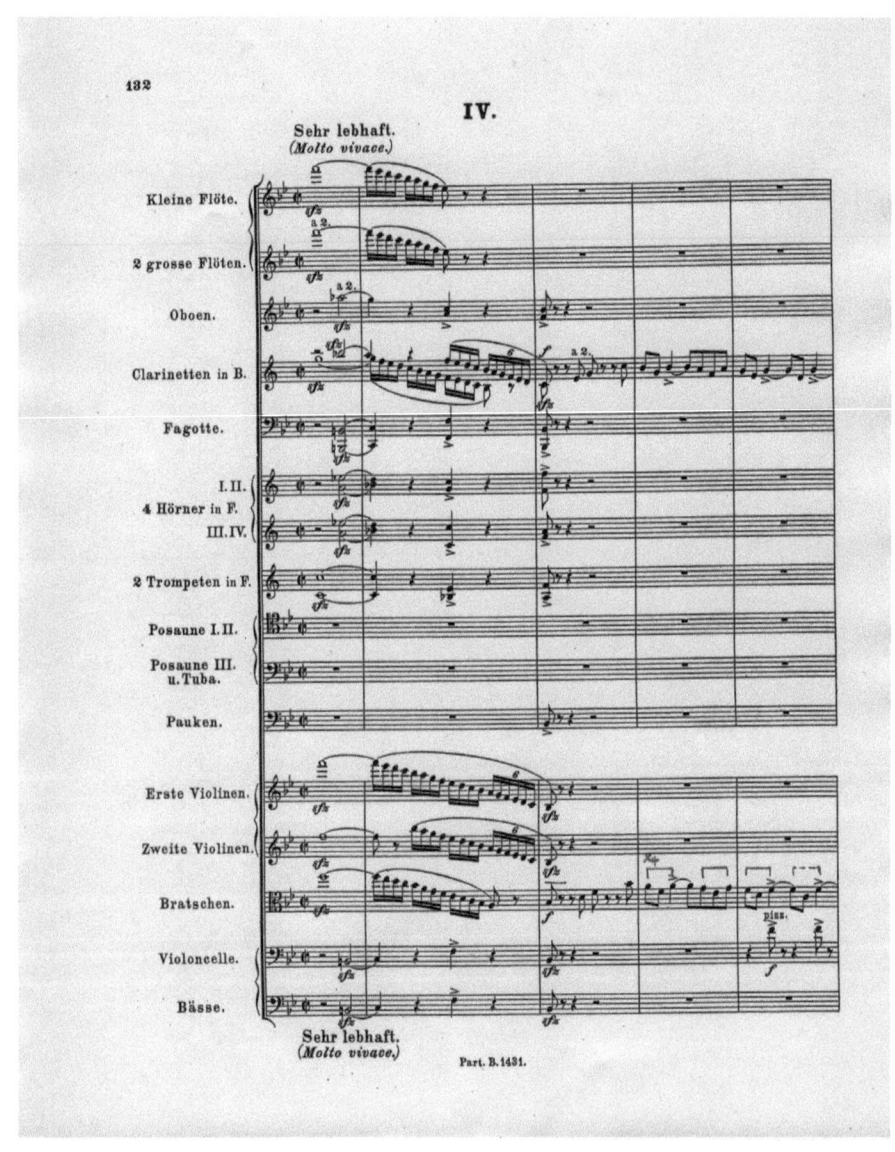

Notenbeispiel 4/1: 1. Sinfonie, Partitur-Erstdruck, S. 132; 4. Satz, T. 1–5.

Notenbeispiel 4/2: 1. Sinfonie, Partitur-Erstdruck, S. 133; 4. Satz, T. 6–12.

Abbildung 2: 2. Sinfonie, Partitur-Erstdruck, 1. [einzige?] Auflage; Titelblatt.

Notenbeispiel 5/1: 2. Sinfonie, Partitur-Erstdruck, S. 3; 1. Satz, T. 1–5.
Aufführungspraktische Anmerkungen von fremder Hand.

Notenbeispiel 5/2: 2. Sinfonie, Partitur-Erstdruck, S. 4; 1. Satz, T. 6–10.

Wilhelm Berger, der Sinfoniker

Notenbeispiel 6/1: 2. Sinfonie, Partitur-Erstdruck, S. 54; 2. Satz, T. 1–25.

Notenbeispiel 6/2: 2. Sinfonie, Partitur-Erstdruck, S. 55; 2. Satz, T. 26–40.

Notenbeispiel 7: 2. Sinfonie, Partitur-Erstdruck, S. 107; 4. Satz, T. 1–9.

Notenbeispiel 8/1: 2. Sinfonie, Partitur-Erstdruck, S. 60; 2. Satz, T. 81–89.

Notenbeispiel 8/2: 2. Sinfonie, Partitur-Erstdruck, S. 61; 2. Satz, T. 90–95.

Notenbeispiel 8/3: 2. Sinfonie, Partitur-Erstdruck, S. 63; 2. Satz, T. 96–99.

Notenbeispiel 8/4: 2. Sinfonie, Partitur-Erstdruck, S. 64; 2. Satz, T. 100–103.

Notenbeispiel 8/5: 2. Sinfonie, Partitur-Erstdruck, S. 64; 2. Satz, T. 104–108.

Notenbeispiel 9/1: 2. Sinfonie, Partitur-Erstdruck, S. 144; 4. Satz, T. 306–318.

Notenbeispiel 9/2: 2. Sinfonie, Partitur-Erstdruck, S. 145; 4. Satz, T. 319–325.

Notenbeispiel 9/3: 2. Sinfonie, Partitur-Erstdruck, S. 146; 4. Satz, T. 326–331.

Notenbeispiel 9/4: 2. Sinfonie, Partitur-Erstdruck, S. 147; 4. Satz, T. 332–337.

Notenbeispiel 9/5: 2. Sinfonie, Partitur-Erstdruck, S. 148; 4. Satz, T. 338–345.

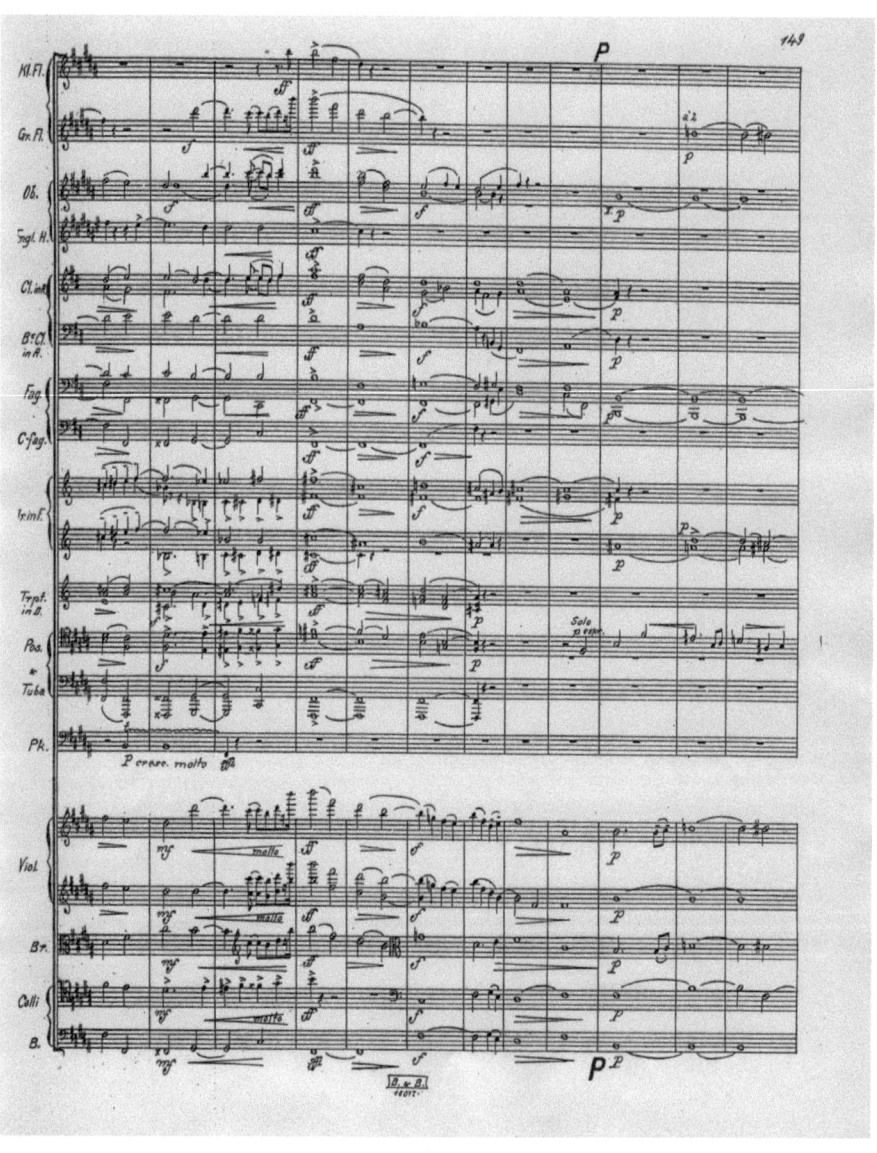

Notenbeispiel 9/6: 2. Sinfonie, Partitur-Erstdruck, S. 149; 4. Satz, T. 345–357.

Notenbeispiel 9/7: 2. Sinfonie, Partitur-Erstdruck, S. 150; 4. Satz, T. 358–371.

Irmlind Capelle

Komponieren in Meiningen – Zum Einfluss von Richard Mühlfeld und Johannes Brahms auf Wilhelm Bergers späte Kammermusik

Ein Blick in Wilhelm Bergers Werkverzeichnis zeigt deutlich – wie dies auch bereits häufiger beschrieben wurde[1] –, dass er sich die großen Kammermusikformen erst langsam erschlossen hat: Zu Anfang dominieren Klavierstücke, Lieder und Chorwerke a cappella oder mit Klavier sein Schaffen[2]. Lediglich zwei Violinsonaten entstanden bereits vor 1890[3]. Ab Mitte der 1890er Jahre wandte sich Berger den großen, traditionellen Formen zu (Sinfonie, großbesetzte Kammermusik) und wurde damit sogleich auch im überregionalen Musikleben wahrgenommen, da sich bedeutende Musiker der Aufführung seiner Werke annahmen[4] und diese auch umgehend gedruckt wurden[5]. Als Wilhelm Berger nach Meiningen kam, war er in der Musikwelt als Komponist bekannter denn als Interpret; vor allem als Dirigent hatte er bis dahin sehr wenig Erfahrung.[6]

1 Die bisherige Literatur zu Wilhelm Berger ist ausgesprochen spärlich. Zur Biographie und als erste Einführung in sein Werk sind immer noch grundlegend: Ernest, Reinhardt1 und Reinhardt2.
2 Den besten Überblick über Bergers Schaffen gibt Altmann.
3 Op. 7 (1882) und op. 29 (1888). Op. 7 entstand sicherlich noch als Studienarbeit bei Friedrich Kiel, der zu diesem Zweck Violinsonaten bevorzugte; vgl. Helga Zimmermann, *Untersuchungen zum Kompositionsunterricht im Spannungsfeld von Traditionalismus und Neudeutscher Schule, dargestellt am Beispiel der Lehrtätigkeit Friedrich Kiels (1821–1885)*, Hagen 1987, bes. S. 159–171.
4 So brachte 1898 z. B. Fritz Steinbach die 1. Sinfonie op. 71 zur Uraufführung und führte das Joachim-Quintett das Streichquintett op. 75 zuerst auf. In beiden Fällen sind die Spieler der Uraufführung zugleich Widmungsträger, vgl. Altmann, S. 18. Die 3. Violinsonate op. 70 wurde 1902 von Henri Marteau uraufgeführt; vgl. Reinhardt1, S. 85.
5 Probleme einen Verleger zu finden hatte Berger nie. Schon seine Jugendwerke wurden gedruckt, da er offensichtlich mit den kleinen Formen Werke schuf, die sich gut vermarkten ließen. Seine Hauptverleger waren in der frühen Zeit Praeger & Meier, Bremen und später Kahnt, Leipzig. Vgl. Altmann, S. 7, dort werden 33 Verlage, mit denen Berger zusammengearbeitet hat, aufgelistet.
6 Christian Mühlfeld, der Bruder und Biograph des Klarinettisten Richard Mühlfeld, beschreibt die Situation Bergers bei seiner Ankunft in Meiningen folgender-

Setzte die Hinwendung zu großen Formen auch vor 1900 ein[7], so ist doch auffällig, dass unter den nur ca. 15 Werken der Meininger Zeit (Oktober 1903 bis Januar 1911) drei große Kammermusikwerke (Klarinetten-Trio op. 94, Klavierquintett op. 95, Klavierquartett op. 100) und ein umfangreiches Orchesterwerk (Variationen und Fuge über ein eigenes Thema für großes Orchester op. 97) sowie eine Serenade für 12 Blasinstrumente op. 102 sind, wobei Berger in der Kammermusik ausnahmslos Gattungen wählte, die er bis dahin nicht berücksichtigt hatte. Wenn im folgenden nur das Klarinettentrio op. 94 und das Klavierquintett op. 95 behandelt werden, so hat dies vornehmlich praktische Gründe, da diese Werke seit längerem durch Drucke[8] und Einspielungen[9] zugänglich sind, während das Klavierquartett bis zum Jubiläumsjahr 2011 unveröffentlicht blieb[10]. Andererseits wurde schon seit längerem dem

    maßen: »Nach Steinbachs Weggang von Meiningen – Ende Februar 1903 – kam der Pianist und Komponist Prof. Wilhelm Berger aus Berlin als Hofkapellmeister nach Meiningen. Berger ist als schaffender Künstler und als Klavierspieler viel bedeutender als Steinbach, als Dirigent jedoch fehlte ihm vorerst dessen langjährige Erfahrung, dessen große, umsichtige Routine und dessen, durch das Zusammensein und Zusammenwirken mit Brahms erlangte Vertrautsein mit den gerade in Meiningen bevorzugten Brahms'schen Kompositionen.« Vgl. »Christian Mühlfeld, Richard Mühlfeld. Eine Biographische Skizze. Für die Angehörigen niedergeschrieben und diesen zugeeignet. Meiningen 1908«, in: Maren Goltz/Herta Müller, *Der Brahms-Klarinettist Richard Mühlfeld. Einleitung, Übertragung und Kommentar der Dokumentation von Christian Mühlfeld (mit engl. Übersetzung)*, Meiningen 2007, S. 62–117, hier S. 106. Berger hatte in seinen letzten Berliner Jahren vor allem Erfahrung als Chordirigent gesammelt, da er seit 1899 als Nachfolger von Heinrich von Herzogenberg die Leitung der »Musikalischen Gesellschaft« übernommen hatte. Seine chorsinfonischen Werke waren sehr erfolgreich, vgl. hierzu den Beitrag von Alexander Butz in diesem Band.

7 Hierbei sind besonders das Streichtrio op. 69 und das Streichquintett op. 75 aus dem Jahre 1898 zu beachten.

8 Neben den Erstdrucken der beiden Werke (Trio für Klarinette, Violoncello und Klavier op. 94, Leipzig: C. F. Kahnt Nachfolger, 1905 und Quintett für Klavier, 2 Violinen, Bratsche und Violoncell, op. 95, Leipzig: C. F. Kahnt Nachfolger, 1905), die heute leicht im Internet (www.imslp.org) zugänglich sind, existiert von dem Klarinetten-Trio auch eine Neuedition: 1974 Musica Rara, London, die 2000 von Breitkopf & Härtel, Wiesbaden, übernommen wurde.

9 Op. 94: In the Shadow of Brahms Vol. 2 TACET 1999 (gespielt vom Trio Paideia) und Viola-Trios Bayer Records 2007 (gespielt von Vidor Nagy, Viola; Peter Wolf, Violoncello und Carmen Piazzini, Klavier).
    Op. 95: Wilhelm Berger, Klavierquintett op. 95 MDG 1994 (gespielt von Jost Michaels, Klavier und dem Verdi-Quartett).

10 Wilhelm Berger, Klavierquartett c-Moll op. 100 nach den Quellen herausgegeben von Yuka Kobayashi und Christian Giger, Altenburg: Kamprad, 2011.

Klarinettentrio und dem Klavierquintett unterstellt, in besonderer Weise von Bergers letztem Wirkungsort abhängig zu sein[11], so dass es sich anbietet, diesen Hinweisen nachzugehen.

Im Oktober 1903 kam Wilhelm Berger nach Meiningen und tat sich sogleich mit Richard Mühlfeld und Klaus Piening zum Meininger Trio zusammen[12]; in diesem Kontext komponierte er sein Klarinettentrio op. 94, das bereits 1905 im Druck erschien. Da die Besetzung Klarinette, Violoncello und Klavier keine Standardbesetzung ist, liegt in diesem Fall eine direkte Anregung zur Komposition des Werkes durch die »Meininger Verhältnisse« auf der Hand.[13] Schwieriger ist es, den Einfluss Mühlfelds konkret zu bestimmen, da hierzu – im Gegensatz zu der Anregung der Brahmsschen Klarinettenwerke[14] – keinerlei schriftliche Zeugnisse erhalten sind. Durch die Biographie von Christian Mühlfeld ist belegt, dass sein Bruder Richard und Berger von Anfang an ein sehr gutes künstlerisches und privates Verhältnis hatten[15]; auch der Nachruf Bergers auf Mühlfeld belegt diese Wertschätzung nachdrücklich:

> Seine Kunst erhob sich zu solcher Höhe, daß nur diejenigen dieselbe in ihrer ganzen Größe erkennen konnten, welche in das innerste, tiefste Wesen der Musik eingedrungen waren. [...] Mühlfeld ist unersetzlich! Wie sollte man den unsterblichen Namen Brahms nennen können, ohne zugleich Mühlfelds zu gedenken,

---

11 So schreibt Ludwig Finscher: »Vielleicht sein bedeutendstes Werk ist das f-Moll-Klavierquintett, das zu Brahms' Werk in derselben Tonart in einem höchst komplexen intertextuellen Verhältnis steht.« Finscher Sp. 1267.

12 Ein erster auswärtiger Auftritt ist in den Kritiken, die Christian Mühlfeld von seinem Bruder sammelte, am 8. März 1905 in Kassel belegt. Vgl. Goltz/Müller, S. 224–331, hier S. 321.

13 Ein Rezensent des *Casseler Anzeiger* äußert am 8. April 1906 diesen Zusammenhang ausdrücklich: »Auch Berger hat, wie Brahms, unter dem Einfluß des Klarinettvirtuosen M. und für diesen das gestern gehörte Trio geschaffen u. damit die Klarinetten-Literatur um ein höchst wertvolles Werk bereichert.« Goltz/Müller, S. 327.

14 Es handelt sich hierbei um das Trio op. 114, das Quintett op. 115 und die Sonaten op. 120; vgl. M. L. McCorkle, *Johannes Brahms. Thematisch-Bibliographisches Werkverzeichnis*, München 1984. Zur Entstehung der Werke vgl. Einleitung zu Goltz/Müller, S. 16–47 und Herta Müller, »Richard Mühlfeld – der Brahms-Klarinettist«, in: *Brahms-Studien* Bd. 13, Tutzing 2002, S. 128–147 sowie das Vorwort zur Edition der Klarinettensonaten in der Brahms-Gesamtausgabe: Egon Voss, Johannes Behr (Hrsg.), *Johannes Brahms, Sonaten für Klavier und Violoncello und Sonaten für Klarinette und Klavier*, München 2010, S. XIII–XXXIII, bes. S. XXV–XXIX.

15 Goltz/Müller, S. 106.

wie kann man der Hofkapelle gedenken, ohne den Namen zu nennen, der ihr so Unvergleichliches war?[16]

Es ist ferner davon auszugehen, dass Berger Mühlfelds Interpretation des Trios von Brahms bereits in seiner Berliner Zeit kennen gelernt hat, wahrscheinlich hörte er schon die legendäre Berliner Uraufführung am 12. Dezember 1891[17]. Doch fühlte sich Berger erst während des direkten Kontakts mit Mühlfeld angeregt, selbst ein Werk für diese Besetzung zu schreiben.

Brahms' Klarinetten-Trio op. 114 steht in a-Moll und sieht somit die A-Klarinette vor, die auch in Mozarts Klarinettenwerken eingesetzt wird. Der verwendete Tonumfang der Klarinette ist cis bis e^3, wobei die Spitzentöne d^3 und e^3 nur vereinzelt vorkommen.[18] Bergers Trio steht dagegen in g-Moll, ist also mit Ausnahme des 2. Satzes[19] für die B-Klarinette geschrieben, die Brahms auch in den Sonaten op. 120 einsetzt, und verlangt von der Klarinette einen Umfang von d bis d^3, gelegentlich auch es^3.[20] Beide Komponisten nutzen exponiert das Chalumeau-Register der Klarinette, ohne jedoch die übrigen Lagen zu vernachlässigen und sie verlangen große dynamische Gegensätze: alles Eigenschaften, die Mühlfeld hervorragend beherrschte, wie in den Kritiken immer wieder hervorgehoben wird.[21]

16 Zitiert nach: Goltz/Müller, S. 112
17 Da Berger mit Joseph Joachim in engerem Kontakt stand (vgl. die Widmungen einiger Kompositionen und die Vorauführung von op. 55, 1893, unter dessen Leitung), ist davon auszugehen, dass er sich dieses wichtige Konzert nicht hatte entgehen lassen. Interessanterweise beginnt die Rezensionensammlung, die Christian Mühlfeld ausgewertet hat, mit den Besprechungen dieser Uraufführung; vgl. Goltz/Müller, S. 224.
18 Diese Angaben (klingend!) folgen der Übersicht in: Jost Michaels, *Die Bedeutung der Klarinette in der Kammermusik von Johannes Brahms*, Frechen 2002, S. 39. Michaels erwähnt den seltenen Einsatz der Spitzentöne nicht, doch sollte man in Anlehnung an die Bestimmung von Gesangspartien auch in diesem Fall die Tessitura benennen und damit die Extremwerte nicht überbewerten. Bei Mozart ist übrigens der Umfang noch deutlich geringer, sowohl im Quintett KV 581 als auch im Konzert KV 622 reicht er von d bis a''', wobei im Konzert gelegentlich auch h''' und c''' verlangt werden.
19 Der 2. Satz steht in E-Dur und ist deshalb auf der A-Klarinette zu spielen. Die Neuausgabe des Trios und auch die im Internet zugängliche Ausgabe (vgl. Anm. 8) geben erstaunlicherweise die Klarinetten-Stimme in C wieder. Der Erstdruck (vorhanden z. B. in der Staatsbibliothek zu Berlin, Musikabteilung) enthält aber die Klarinettenstimmen in B bzw. A (im zweiten Satz).
20 Der 3. Satz verlangt einen deutlich geringeren Umfang von fis bis b''.
21 So schreibt z. B. Eduard Hanslick nach der Wiener Erstaufführung des Klarinettenquintetts op. 115 von Johannes Brahms: »Sein Ton ist in allen drei Registern gleich rund, klangvoll u. warm; selbst die gefährlichen hohen Töne,

Bedeuten diese Qualitäten Mühlfelds aber vor allem, dass beide Komponisten ohne Rücksicht auf technische Probleme des Instruments schreiben konnten[22], so scheint eine andere Eigenschaft des Interpreten die Werke stärker geprägt zu haben. Immer wieder wird Mühlfelds große musikalische Intelligenz betont und sein tiefes Verständnis der Gesamtkomposition gelobt[23]: Beide Trios sind, nicht zuletzt auf Grund ihres kontrapunktisch bestimmten Satzes, von einer absoluten Gleichberechtigung der Instrumente geprägt und enthalten Abschnitte, die ein höchst komplexes und z. T. virtuoses Zusammenspiel verlangen.[24] Berger verzichtet sogar auf die gerne in Klarinettenstimmen verwendeten Sprünge über zwei (und mehr Oktaven), da diese zwar auf dem Violoncello darstellbar, im Klavier aber nicht unbedingt wirksam sind und sie den motivisch dichten Satz stören würden.[25]

Diese Beobachtungen führen bereits weg von der Betrachtung der persönlichen Einflüsse zu einem Vergleich auf kompositorischer Ebene. Wie schon erwähnt, gibt es für die Besetzung des Klarinetten-Trios kaum Vorbilder.

> wie sie in den leidenschaftlichen Stellen des Quintett-Adagios in Anspruch genommen sind, klingen nicht schreiend. Mächtig wirken die tiefen Chalumeaux-Töne, zauberhaft das Pianissimo in der Mittellage. Hr. M. spielte seinen Part ungefähr, wie ein seelenvoller italienischer Meister ihn vortragen würde.« Und die *Coblenzer Zeitung* vermerkt am 3. Februar 1897: »Die Töne entströmen seinem Instrument mit einem Glanz der Tonbildung, mit einem Ebenmaß des Klanges von bestrickendem Reiz. Besonders hervorragend zeigt er sich in der Kunst der dynamischen Schattierung, die er meisterlich beherrscht u. dabei eine Klangfülle wahrt, die selbst im leisesten Verhallen nie in Klanglosigkeit sich verliert.« Zitiert nach Goltz/Müller, S. 224 bzw. 258.

22 Eine Einführung in die spieltechnischen Besonderheiten der Klarinette gibt Jost Michaels in der Einleitung seines Buches. Jost Michaels, S. 6–9.

23 Vgl. neben den Äußerungen Bergers im Nachruf (s. o.) z. B. die Besprechung aus dem *Rheinischen Courier* am 29. März 1894: »Rechnet man seinen feinen Sinn für dynamische Schattierungen, das prächtige, lebensvoll bewegliche rhythmische Gefühl, mit einem Wort: Die echte, temperamentvolle, künstlerische Intelligenz des Gastes hinzu, so ergibt sich von selbst, daß er nicht bloß ein hervorragender Virtuose, sondern eben ein voller, ganzer Künstler genannt zu werden verdient«, zitiert nach Goltz/Müller, S. 236.

24 Vgl. z. B. Berger 1. Satz, T. 283-288, 3. Satz T. 48ff und 126ff und z. B. Brahms 1. Satz, T. 124-128

25 Eine Ausnahme bilden bei Berger einige wenige Lagenwechsel wie im 1. Satz T. 193 oder im 2. Satz T. 90/91. Brahms meidet die großen Sprünge ebenfalls motivisch, verwendet sie aber häufiger als Lagenwechsel an Motivgrenzen vgl. z. B. im 1. Satz, T. 35 + 38, 194, oder bei der Überleitung im 2. Satz T. 35 und dort im Motiv T. 40 sowie in seinem Klarinettenquintett als bewusste Steigerung im 2. Satz, T. 83/84. Vgl. dagegen in Mozarts Klarinettenquintett KV 581 den 2. Satz, T. 17 bzw. 67 oder die erste Variation im 4. Satz.

Das bekannteste Werk ist Beethovens Trio op. 11 (1798), das auch Mühlfeld gelegentlich aufgeführt hat[26], das aber auf einer ganz anderen Klangvorstellung beruht.[27] Am Ende des Jahrhunderts wohl kaum noch bekannt dürfte das Trio B-Dur op. 28 (1810) von Ferdinand Ries gewesen sein. Mozarts sog. Kegelstatt-Trio KV 498 (1796) verwendet statt des Violoncello eine Viola als Streichinstrument. Nun ist natürlich trotz der fehlenden Vorbilder – von einer Gattungstradition kann hier überhaupt nicht gesprochen werden – nicht davon auszugehen, dass Berger Brahms auch nur ansatzweise kopiert habe. Doch wissen wir, dass Berger nach seiner anfänglichen Wagner-Begeisterung ein großer Verehrer der Musik Brahms' war[28] und dass der Unterricht bei Friedrich Kiel sicherlich die Schritte in eine ähnliche Richtung lenkte.[29] Wenn also im folgenden einige Stellen des Trios von Berger in Beziehung zu Brahms' Musik gesetzt werden, so nicht um Abhängigkeiten zu behaupten, sondern um auffallende Übereinstimmungen zur Diskussion zu stellen: Gerade die geringe Kenntnis der Musik von Friedrich Kiel und seiner Zeitgenossen, z. B. von Heinrich von Herzogenberg oder Josef Rheinberger, verbietet es, verfrühte Schlüsse zu ziehen.[30]

Bekanntlich setzt sich der 1. Themenkomplex im ersten Satz des Trios von Johannes Brahms (s. Notenbeispiel 1) aus nur wenigen Elementen zusammen, die im folgenden auch den sog. Begleitsatz bestimmen.[31] Brahms prägt dann mit Hilfe eines neuen Rhythmus' aus einem der Elemente ein zweites charakteristisches Motiv (T. 14ff.) innerhalb des ersten Themenkomplexes. Bei der 2. The-

---

26 Vgl. Goltz/Müller, S. 200–207.
27 Vgl. Michaels, S. 36: »das bis dahin bedeutendste Werk gleicher Besetzung, Beethovens 1798 entstandenes Trio B-Dur, op 11, wies nicht nur inhaltlich in eine seinen [Brahms'] eigenen Intentionen nahezu entgegengesetzte Richtung, sondern fußte dabei auch auf einer ganz anderen Klangvorstellung und Behandlung der Instrumente.«
28 Vgl. Ernest, S. 44/45 und Reinhardt2, S. 155.
29 Vgl. hierzu Helga Zimmermann, bes. S. 78–87.
30 Vgl. hierzu: Volker Scherliess, »Friedrich Kiel und Johannes Brahms – Gedanken über eine Konjunktion«, in: *Friedrich-Kiel-Studien* Bd. 2, hrsg. im Auftrag der Friedrich-Kiel-Gesellschaft e. V., Köln 1997, S. 17–24. Scherliess plädiert in diesem Beitrag eindeutig für ein verstärktes Studium der sog. Kleinmeister: »Musikgeschichte nicht aus der Vogelperspektive, sondern aus der Froschperspektive – das wäre die Forderung« (S. 21/22).
31 Vgl. hierzu die eingehende Analyse in: Ulrich Konrad, »Ökonomie und dennoch: Reichtum. Zur Formbildung im ersten Satz des Trios für Klavier, Klarinette und Violoncello a-Moll, op. 114 von Johannes Brahms«, in: *Collegium Musicologicum. Festschrift Emil Platen zum 60. Geburtstag*, hrsg. v. Martella Gutiérrez-Denhoff, Bonn 16. September 1985 (2. Auflage Bonn 1988), S. 153–173, bes. S. 155–164.

mengruppe (s. Notenbeispiel 2), die schulmäßig in der Paralleltonart C-Dur steht, verzichtet er auf den klassischen Kontrast und entwickelt ein ebenfalls lyrisches Thema aus denselben Bausteinen. Zusätzlich verbindet er die beiden Themen, in dem er das zweite deutlich als Umkehrung des ersten anlegt.

Betrachtet man nun den 1. Themenkomplex im 1. Satz von Bergers Trio (s. Notenbeispiel 3) so ist dieser zwar nicht so konsequent wie bei Brahms aus Motivelementen aufgebaut, doch ist auch hier die Musik gerade zu Beginn fast vollständig aus dem Kopfmotiv des Klarinettenthemas abgeleitet.[32] Berger verzichtet auf ein charakteristisches zweites Motiv innerhalb des ersten Themenkomplexes, aber der zunächst etwas überraschende rhythmische Impuls am Ende von T. 10 erlangt später größere Bedeutung. Betrachtet man das zweite Thema (T. 50ff.), das wie üblich in der Tonikaparallele B-Dur steht, so fällt auch hier auf, dass der Kontrast der Themen fehlt und auch dieses melodisch als Umkehrung zum 1. Thema gearbeitet ist. Bei beiden Komponisten ist es zudem deutlich geschlossener aufgebaut (Brahms 8 Takte, Berger 4 Takte) als das erste.[33]

Ein kurzer Blick auf den weiteren Verlauf von Bergers erstem Satz zeigt, dass dieser in seinem Aufbau keine Ähnlichkeit mit Brahms aufweist. Dadurch, dass der 1. Themenkomplex nicht aus zwei Motiven besteht, kann auch nicht, wie bei Brahms, das erste in der Durchführung ausgespart bleiben und der Reprisenbeginn verschleiert werden.[34] Bergers Kopfsatz des Trios ist vielmehr in der großformalen Anlage sehr klar aufgebaut.[35] Auch zeigt gleich der Satzbeginn, dass Bergers harmonische Sprache sich deutlich von der Brahms' unterscheidet.[36] Durch die zahlreichen melodischen Verschränkungen entsteht eine stark von Vorhalten geprägte Harmonik (vgl. z. B. T. 20–22), die sich fast funktionsharmonischer Beschreibung entzieht.[37]

---

32 Der erste Themenkomplex reicht von T. 1 bis T. 49. Durch die Wiederholung des Themas im Klavier ab T. 23 ist er deutlich zweigeteilt, durch die jeweils sofort einsetzende Fortspinnung aber auch sehr großräumig angelegt.
33 Diese streng quadratische Gliederung des 2. Themas ist häufig zu finden, weshalb hieraus keine Abhängigkeiten geschlossen werden dürfen
34 Vgl. hierzu Konrad, S. 168/169.
35 Exposition: T. 1–144, Durchführung T. 145–216, Reprise T. 217–294, Coda T. 294–345.
36 Das lange Festhalten an der Grundtonart zu Beginn des 1. Themas findet sich dagegen sowohl bei Berger als auch bei Brahms.
37 Eine Untersuchung der harmonischen Sprache Bergers steht noch aus. Ernest schreibt z. B.: »Daß Berger im übrigen nicht zu denen gehörte, die starr am Alten

Betrachtet man den Beginn des 4. Satzes bei Berger (s. Notenbeispiel 4) so zeigen sich dort keinerlei Ähnlichkeiten mit dem Schlusssatz des Trios von Brahms. Berger wählt hier – nach einem viertaktigen Vorhang – ein Fugato als 1. Themenkomplex. Dieser ist so aufgebaut, dass auf das Fugato – nach einer kurzen Suspensio (T. 24–28) – eine Tutti-Version des Fugenthemas in einer regelgerechten achttaktigen Gestalt folgt. Dieses Prinzip des Themenaufbaus dürfte Berger in dem Streichquintett op. 88 (3. Satz, T. 1–29) von Brahms kennengelernt haben: Die Ähnlichkeiten sind zu groß, als dass sie Zufall sein könnten, zumal die Verwendung von Fugati als Aufbau eines ersten Themenkomplexes bis dahin nicht sehr häufig ist.[38] Dass die Fugenthemen sich allerdings eklatant unterscheiden und der von Viktor Ravizza bei Brahms konstatierte Humor[39] bei Berger nicht zu erkennen ist, sei hier nur am Rande bemerkt. Ein Vergleich mit Bergers Streichtrio op. 69 (1898)[40] zeigt, dass dieser in seinem Klarinetten-Trio offensichtlich sehr bewusst den in ein Tutti-Thema mündenden Aufbau wählt: Im Streichtrio, ist zwar auch das erste Thema – allerdings des 3. Satzes (!) – aus einem Fugato gestaltet, doch wird hier auf eine vergleichbare Steigerung verzichtet.[41] Ein Vergleich, der aus Platzgründen hier nicht möglich ist, würde deutlich machen, dass der unterschiedliche Satztypus, in den das Fugato integriert ist, dessen Gestalt wesentlich bestimmt.[42]

Diese wenigen Hinweise zum Trio machen deutlich, dass sich in Bergers Trio – so lange keine weiteren authentischen Zeugnisse auftauchen – Einflüsse von

> festhalten, haben wir schon früher betont. ... Seine Harmonien beispielsweise haben oft durchaus moderne Färbung und scheuen auch vor Gewagtheiten nicht zurück« (Ernest, S. 108). Ludwig Finscher charakterisiert Bergers Tonsprache als: »chromatisierte Harmonik, dissonanzreicher Kontrapunkt« (Finscher, Sp. 1266/1267).

38 Vgl. die Übersicht auf S. 330/331 in: Warren Kirkendale, *Fuge und Fugato in der Kammermusik des Rokoko und der Klassik*. Tutzing 1966. Da Kirkendale in dieser Übersicht zwar Gernsheim, nicht aber Berger berücksichtigt, ist allerdings davon auszugehen, dass sie – vor allem für die spätere Zeit – nicht vollständig ist.

39 Victor Ravizza, »Möglichkeiten des Komischen in der Musik. Der letzte Satz des Streichquintetts in F dur, op. 88 von Johannes Brahms«, in: *AfMw* 31. Jg. (1974), S. 137–150.

40 Trio für Violine, Bratsche und Violoncell op. 69, Berlin: Carl Simon, 1898 (Partitur!). Neu hrsg. von Bernhard Päuler, Winterthur 1986 (nur Stimmen!).

41 Nach vier (!) Stimmeneinsätzen folgt eine kurze Überleitung zu einem homophon begleiteten 2. Thema (T. 45ff.). Ob Berger hierzu durch das Fugato des Scherzos in Brahms' Klavierquintett op. 34 (2. Satz, T. 67–109) angeregt wurde, muss dahingestellt bleiben.

42 Der Scherzocharakter im Streichtrio prägt sowohl die Themenbildung als auch die Fugendurchführung. Man beachte aber auch den Schluss der Exposition (T. 74–89) mit der Vergrößerung des Fugato-Themas im pizzicato.

Richard Mühlfeld nicht direkt nachweisen lassen, die Beziehung zu Brahms' Kompositionsstil aber offensichtlich ist.

Die wenigen bislang veröffentlichten Zeugnisse belegen, dass Berger zu Beginn seiner Meininger Zeit die anregende Atmosphäre und die »Zeit für das eigene Schaffen« sehr genoss.[43] Unmittelbar nach dem Trio komponierte er sein umfangreiches Klavierquintett op. 95 und widmete es dem Böhmischen Streichquartett[44], das für seine ausgewogene, rhythmisch präzise und akzentuiert phrasierte Spielweise berühmt war.[45]

Auch hier wählte Berger eine Besetzung, in der sich zu dieser Zeit noch keine Gattungstradition ausgebildet hatte, in der aber Brahms' Werk, das f-Moll-Quintett op. 34 (1862–1865), für viele Komponisten anregend wirkte, so dass in seiner Nachfolge mehrere bedeutende Klavierquintette – meist Einzelwerke –, z. T. sogar in derselben Tonart entstanden.[46]

Trotz der geringen Zahl von Nachfolgewerken wird bei den Klavierquintetten ein »eindeutiger Traditionszusammenhang«[47] konstatiert, und bei Bergers Quintett, das ebenfalls in f-Moll steht, wird sogar behauptet, dass es – wie

---

43 Für diese Angaben ist immer noch die Biographie von Gustav Ernest die wichtigste Quelle. Ernest, bes. S. 81

44 Mühlfeld konzertierte mit diesem im Januar 1905 in Berlin und Hamburg; vgl. Goltz/Müller, S. 323.

45 Vgl. Artikel »Böhmisches Streichquartett« in: *MGG* Bd. 3, Sp. 255. Carl Flesch schreibt in seinen Erinnerungen: »[...] hier hörte man zum erstenmal Zusammenspiel von vier gleichberechtigten Instrumentalisten, von vier gleich tief empfindenden, technisch auf gleicher Höhe stehenden Individualisten.« Carl Flesch, *Erinnerungen eines Geigers*, Freiburg/Zürich 1960, S. 121/122.

46 Vgl. Ana Lucia Altino Garcia, *Brahms's Opus 34 and the 19th-century piano quintet*, Diss. Boston University 1992, besonders die Übersicht auf S. 131–134. Jeweils ein Klavierquintett komponierten z. B. Carl Reinecke (1866), Anton Rubinstein (1876), Friedrich Gernsheim (1876) und Josef Rheinberger (1878). Je zwei Quintette komponierten Franz Lachner (1870 bzw. 1871) und Friedrich Kiel (1879). Besonders groß war aber auch der Einfluss von Brahms im Ausland, vor allem in der tschechischen (Dvorak und Nachfolger) und französischen (Franck, d'Indy, Chausson, Vierne) Musik. Das Quintett von César Franck (1879) steht ebenfalls in f-Moll. Dem Klavierquintett op. 44 von Robert Schumann (1842) wird eine nicht so bedeutende Rolle zugeschrieben, auch wenn Basil Smallman behauptet, es markiere einen neuen Epochenbeginn (vgl. ders., Artikel »Klavierkammermusik«, in: *MGG*, 2. Auflage, Band 5, Kassel u. a. 1996, Sp. 336)

47 Vgl. Basil Smallman, Sp. 337: »Obwohl hier ein eindeutiger Traditionszusammenhang entsteht [sic!], ist die Anzahl der Werke in der Schumann/Brahms-Nachfolge nicht groß«.

bereits erwähnt – »in einem höchst komplexen intertextuellen Verhältnis« zu Brahms' Quintett stehe.[48]

Sieht man sich die beiden Quintette an, so fallen allerdings zuerst Unterschiede auf: Brahms' Quintett[49] hat die Satzfolge
    Allegro non troppo (C)
    Andante, un poco adagio (3/4)
    Scherzo. Allegro (6/8 - 2/4)
    Finale. Poco sostenuto (C) – Allegro non troppo (2/4) – Presto, non troppo (6/8)
in der Tonartenfolge f – As/E – c/As (Trio: C) – f (wobei in den f-Moll-Sätzen eine starke Betonung der 6. Stufe zu beobachten ist, wodurch einige Abschnitte in des- (notiert cis-)Moll stehen.

Bergers Quintett[50] hat die Satzfolge
    Allegro non troppo ed energico (C)
    Poco adagio (6/8)
    Molto vivace (6/8 und 9/8)
    Allegro moderato e con brio (C)
in der Tonartenfolge f – D – Es – f. Beleuchtet Brahms also in seiner Tonartendisposition den f-Moll-Dreiklang, so entfernt sich Berger in den Mittelsätzen weit von der Grundtonart. Auch die Satzmodelle unterscheiden sich stark: Zwar eröffnen beide Komponisten mit einem Sonatensatz, doch wählt Berger für den langsamen Satz eine Variationenfolge, während Brahms eine dreiteilige A-B-A'-Form schreibt, und statt des Scherzos bei Brahms komponiert Berger als dritten Satz einen eigenwilligen Sonatensatz.[51] Am deutlichsten unterscheiden sich jedoch die Finali: Brahms wählt hier einen eher »leichten«

---

48 Vgl. das Zitat in Anm. 11.
49 Alle Angaben im folgenden nach der leicht zugänglich Taschenpartitur hrsg. von Wilhelm Altmann, London etc.: Eulenburg, Nr. 239, o. J., E. E. 4573.
50 Nach dem Erstdruck (vgl. Anm. 8). Der bei der Musikproduktion Höflich angekündigte Reprint war Anfang Januar 2012 noch nicht lieferbar.
51 Beachtenswert ist, dass das 2. Thema in Bergers 3. Satz (T. 65–72) durchaus strukturelle Ähnlichkeiten mit dem Thema (des 3. Satzes) aus Brahms' Klavierquintett op. 34 aufweist.
    Auch im Klarinetten-Trio op. 94 schreibt Berger kein »normales« Scherzo. Vielmehr steht der erste Teil im 5/4-Takt, der im zweiten Teil durch die Sechzehntel-Umspielungen einen leichten, huschenden Charakter erhält. Der B-Teil beginnt in klarem 3/4-Takt, doch verschleiert Berger auch hier in der Fortspinnung des Motivs eine quadratische Themenstruktur. Bei der Wiederholung des A-Teils fügt er trotz der verschiedenen Taktarten das Thema des B-Teils als Gegenstimme zuerst in der Klarinette, dann im Violoncello und zuletzt in der Tenorlage des Klaviers hinzu. Der 3. Satz klingt mit einem Zitat des Themenkopfes des B-Teils

Sonatensatz mit virtuosem Schluss, der allerdings singulär mit einer langsamen Einleitung eröffnet wird,[52] Berger greift dagegen (nach einer Einleitung im gleichen Tempo) auf das »alte« Modell einer Passacaglia zurück – allerdings wiederum eingebettet in einen Sonatensatz. Doch dieser Finalsatz von Berger bildet andererseits den deutlichsten Bezug zu Brahms: Nicht nur, dass bei einer Passacaglia als Schlusssatz jeder sofort an dessen 4. Sinfonie denkt, Berger greift vielmehr melodisch in diesem Satz eindeutig auf die langsame Einleitung von Brahms' Quintett zurück, weshalb diese doppelte Anknüpfung im folgenden näher beschrieben werden soll.

Wie in der Literatur mehrfach betont, ist in Brahms' Klavierkammermusik der Beginn des Finales (s. Notenbeispiel 5) mit einer langsamen Einleitung einmalig.[53] Diese ist zu Anfang von den Streichern dominiert und stellt imitatorisch ein viertöniges Motiv vor, das aus einem Oktavsprung mit zwei anschließenden Halbtönen aufwärts gebildet ist (in der Violine verlängert um eine Umspielung des Zieltones). Die Themeneinsätze folgen immer taktweise (Einsatztöne: *f – b – es – g – f – a – es – g – es – g – fis/dis – g/e*), so dass die Oktavschritte (zwei halbe Noten im alla breve) direkt aufeinander folgen. Der folgende Halbton (also die kleine None) wird einen oder zwei Takte gehalten, während die Auflösung nur kurz in einem Viertel folgt (Ausnahme Violine mit der Umspielung). Der Beginn steht im pp und erst ab T. 9 bereitet ein crescendo die die Spannung lösende, fallende Linie in T. 13ff. in Violine und Violoncello vor. Nach diesem melodischen Ausbruch (begleitet durch repetierte Triolen, die jeweils vom 3. zum 4. und 6. zum 1. Achtel übergebunden sind), der die Spannung immer wieder kurzfristig aufbaut, folgt im p espressivo eine Verarbeitung der ersten 12 Takte (T. 29ff.): Der Oktavsprung wird gedehnt, umgekehrt, es folgt z. T. nur ein Halbton aufwärts oder abwärts und aus der Verlängerung des Motivs in Violine 1 werden die Töne 4–6 (also Halbton/Ganzton) verselbständigt. Der Begleitrhythmus aus dem Mittelteil wird integriert und die Stelle verklingt mit zwei Seufzermotiven, in denen erstmals ein Ganz- und ein Halbton aufwärts kombiniert sind und somit als Rahmenintervall eine kleine Terz entsteht, die im folgenden Abschnitt eine zentrale Rolle spielt. Diese nicht nur klanglich sehr herausgehobene 41-taktige langsame Einleitung spielt im weiteren Verlauf des Satzes keine Rolle.

(mit einer Gegenstimme in der Klarinette in tiefer Lage) über der Quinte C-G im Violoncello im Pianissimo (C-Dur) aus.
52 Vgl. 1. Sinfonie. Siehe hierzu den Beitrag von Robert Pascall in diesem Band.
53 Vgl. z. B. Siegfried Oechsle zum Klavierquintett in: *Brahms-Handbuch*, Stuttgart 2009, S. 431–434, hier S. 434.

Im 4. Satz seines Klavierquintetts (s. Notenbeispiel 6) übernimmt Berger das Vierton-Motiv von Brahms. In der Einleitung (T. 1–13) auf der Dominante C-Dur nimmt er es als Ausgangsmotiv (zu Anfang einschließlich der Imitation), anschließend sequenziert er den Schluss-Halbton, ab dem 3. Mal verkürzt auf Achtel, aber immer über dem Grundton c, bis er bei Erreichen der Oktave in sequenzierte Quartsprünge wechselt (T. 5, Tutti, unisono) und dann daraus ein neues Fünf-Ton-Motiv entwickelt, mit charakteristischer fallender Sexte zum vorletzten Ton und abschließendem fallenden Halbton. Es bleiben im Folgenden die drei Auftakt-Achtel isoliert, bis diese Phrase in drei Takten plagaler C-Dur-Kadenz (C - F5/6 über C - C) endet. Berger schreibt hier also zu Beginn eine große Eröffnungsgeste[54], bei der zuerst Klavier und Streicher versetzt einsetzen, sich dann im Unisono-Höhepunkt vereinen und anschließend wieder versetzt daraus zurückführen. Gleichzeitig präsentiert er in diesen Takten zwei der Hauptmotive des folgenden Passacaglia-Themas.

Das Passacaglia-Thema, das Berger ab T. 14 vorstellt, geht wiederum von Brahms' Vierton-Motiv aus. Er verwendet es, jetzt von f aus, in demselben Rhythmus wie in der Einleitung. Es folgen die Sequenz, anschließend die Quartsprünge und dann das oben beschriebene Fünf-Ton-Motiv mit der fallenden Sexte, das dann weiter entwickelt wird: Zunächst bleibt der Auftakt in Tonschritten bestehen, aber den Abschluss bildet eine verminderte Septime; dann bleibt diese Septime als Abschluss, aber der Auftakt übernimmt ebenfalls die Sprünge. Beim dritten Mal mündet der Auftakt (mit gleichbleibender Sexte) in eine Kadenzlinie, abgeschlossen durch einen Quintfall in Halben. Berger formt so ein neuntaktiges Thema, das nicht periodisch gegliedert ist (2+1+2+1+1+2) und mit seinen neun Takten auch von der Norm abweicht. Da jedoch der letzte Takt die Schlusskadenz bildet, die bereits im 8. Takt vorbereitet ist, kann und wird dieser Takt im folgenden häufiger entfallen. Das Thema durchmisst den Raum von einer Oktave + kleiner Sexte, es verwendet bis auf die Halben in den Rahmentakten ausschließlich Achtel und Viertel und betont den Taktschwerpunkt mit Ausnahme von Takt 4 mit einem Halbtonschritt bzw. einer Septime.

Es ist offensichtlich, dass dieser Themenaufbau und auch der ganze Satzbeginn nichts mit Brahms' langsamer Einleitung in seinem Klavierquintett (und auch nicht mit dem weiteren Verlauf dieses Satzes) gemein hat. Andererseits ist die Übernahme des Vierton-Motivs in Einleitung und Passacaglia so auffällig, dass sie nicht zufällig sein kann.

Zugleich ist der Aufbau des Passacaglia-Themas so verschieden von Brahms' Thema im 4. Satz der 4. Sinfonie op. 97, dass auch hier sowohl thematisch

---

54 Vgl. auch die Takte 1–4 im Finale des Trios op. 94.

wie großformal keine Parallelen gezogen werden können. Brahms schreibt zu seinem Thema 31 Variationen und eine Coda. Da die Variationen unterschiedlich eng mit einander verbunden sind und sie sich auch unterschiedlich weit vom Thema entfernen, ergibt sich eine übergeordnete Gliederung, die mit dem Sonatensatzmodell parallelisiert werden kann.[55] Berger lässt auf die Vorstellung des Themas sechs Variationen folgen, von denen die 6. vom Modell stark abweicht und überleitende Funktion erhält. In Takt 81ff. erklingt in c-Moll ein durch seinen Rhythmus und seinen klaren zweimal viertaktigen Aufbau deutlich abgehobenes neues Motiv, das nur durch den drei-Achtel-Auftakt mit dem Passacaglia-Thema verbunden ist, das sich aber im Verlauf des Satzes als 2. Thema erweist (s. Notenbeispiel 7).

Allerdings setzt sich im folgenden die 8-taktige Gliederung der Musik fort und wird dieses neue Motiv mit Varianten und Ausschnitten aus dem Passacaglia-Thema kombiniert.[56] Es folgt ein Abschnitt (T. 119ff.), der oberflächlich betrachtet Ähnlichkeiten mit Brahms' Einleitung hat: ausschließlich Halbe und Viertel und im Anfang auch die von Brahms bekannte Versetzung von Klavier und Streichern (hier nur Violine und Viola) um einen Takt. Doch bei den Streichern fehlen die beiden steigenden kleinen Sekunden, vielmehr verwendet Berger hier fallende Sekunden und erreicht damit, trotz anfänglich steigender Melodie eine Entspannung, die fast zum Stillstand führt.[57] Daraus erhebt sich dann in Vergrößerung das »originale« Viertonmotiv in den hohen Streichern – eine Stelle (T. 138ff.), die klanglich der Einleitung von Brahms am nächsten kommt.

Die Aufnahme des zweiten Themas (T. 152ff. mit Auftakt) bringt den Satz wieder in Schwung. Eine Anspielung auf die Einleitung dieses Satzes (T. 197 in A-Dur) führt dann zur Fortissimo-Reprise des Passacaglia-Themas, begleitet von den Streichern mit Sechzehntelrepetitionen. Es würde an dieser Stelle zu weit führen, den Satz im Detail weiter zu beschreiben. Eindeutig ist jedoch, dass trotz einer vorwiegend acht- oder neuntaktigen Gliederung auch in den Abschnitten, in denen das Thema nicht oder wenig präsent ist, Berger die Passacaglia nicht streng durchführt. Es scheint vielmehr so, als bildeten die ersten Passacaglia-Variationen den ersten Themenkomplex einer Sonatenform, als griffe also Berger nicht für den ganzen Satz auf dieses Modell zurück, sondern

---

55 Vgl. Egon Voss, »Die IV. Symphonie oder Über die Kirschen von Mürzzuschlag«, in: *Johannes Brahms – Das symphonische Werk. Entstehung, Deutung, Wirkung.* Im Auftrag des Bayerischen Rundfunks hrsg. v. Renate Ulm, Kassel u. a., S. 240–249, bes. S. 247/248 und Christian Martin Schmidt, *Johannes Brahms und seine Zeit*, Laaber 1998 (2. Auflage), Kap. IV. Variationen-Folgen, S. 91–99, bes. S. 96–98.
56 Eine Ausnahme bilden die Takte 105–118.
57 Im Klavierbass erklingt das Motiv abwechselnd auf- und absteigend.

nur für diesen Abschnitt. Vielleicht kann man behaupten, dass er hier den ersten Themenkomplex bewusst nach einem anderen »alten«, vor allem für Schlusssätze geeigneten Modell konzipiert hat: nicht wie in seinem Klarinettentrio – und wie allgemein »üblicher« – als Fugato, sondern als Passacaglia.[58]

Wilhelm Bergers zwei große Kammermusikwerke, die gleich zu Beginn seiner Meininger Zeit entstanden, stellen sich wohl nicht zufällig in die Tradition der Werke von Johannes Brahms, deren Pflege in Meiningen an erster Stelle stand.[59] Es bleibt zu bedauern, dass sein Landes- und Dienstherr, Georg II., diese nicht hören konnte – vielleicht hätte er sonst weniger Aversionen gegen Berger gehabt.[60]

---

58 Vgl. den Beginn der *Variationen und Fuge* op. 91 von Wilhelm Berger. S. den Beitrag von Christoph Flamm in diesem Band.
59 Dass Berger dennoch gerade als Orchesterleiter versuchte, andere Akzente zu setzen, zeigte in jüngster Zeit noch einmal Maren Goltz auf; vgl. ihren Beitrag »Von der ›Mission‹ zu mustergültigen Aufführungen. Die Brahms-Programme auf den Konzertreisen der Meininger Hofkapelle (1882–1914)«, in: *Spätphase(n)?. Johannes Brahms' Werke der 1880er und 1890er Jahre. Internationales musikwissenschaftliches Symposium Meiningen 2008. Eine Veröffentlichung des Brahms-Instituts an der Musikhochschule Lübeck und der Meininger Museen*, hrsg. von Maren Goltz, Wolfgang Sandberger und Christiane Wiesenfeldt, München 2011, S. 325–330., bes. S. 328/329.
60 Vgl. hierzu Reinhardt3. Georg II. von Sachsen-Meiningen war in den letzten 15 Jahren seines Lebens zunehmend schwerhörig, wodurch es ihm zuletzt unmöglich war, Musik zu hören. Vgl. Alfred Erck, Hannelore Schneider, *Georg II von Sachsen Meiningen. Ein Leben zwischen ererbter Macht und künstlerischer Freiheit*, Zella-Mehlis/Meiningen 1997 (= Sonderveröffentlichung Nr. 10 des Hennebergisch-Fränkischen Geschichtsvereins), S. 521.

Notenbeispiel 1/1: Johannes Brahms, Trio op. 114, 1. Satz, T. 1–21.

Notenbeispiel 1/2: Johannes Brahms op. 114, 1. Satz, T. 22–41.

Notenbeispiel 2: Johannes Brahms op. 114, 1. Satz, T. 42–62.

Notenbeispiel 3/1: Wilhelm Berger, Trio op. 94, 1. Satz, T. 1–22.

Notenbeispiel 3/2: Wilhelm Berger op. 94, 1. Satz, T. 41–61.

Notenbeispiel 4/1: Wilhelm Berger, Trio op. 94, 4. Satz, T. 1–16.

Notenbeispiel 4/2: Wilhelm Berger op. 94, 4. Satz, T. 17–28

Notenbeispiel 4/3: Wilhelm Berger op 94, 4. Satz, T. 29–40.

Notenbeispiel 5/1: Johannes Brahms, Klavierquintett op. 34, 4. Satz, T. 1–24.

Notenbeispiel 5/2: Johannes Brahms op. 34, 4. Satz, T. 25–46

Notenbeispiel 6/1: Wilhelm Berger, Klavierquintett op. 95, 4. Satz, T. 1–18.

Notenbeispiel 6/2: Berger op. 95, 4. Satz, T. 19–22.

Notenbeispiel 7: Wilhelm Berger op. 95, 4. Satz, T. 80–95.

Christoph Flamm
Sonate und Variation: Wilhelm Bergers Klaviermusik in großen Formen

Als Hans von Bülow 1887 erstmals Wilhelm Berger traf, soll er mit Blick auf dessen Klavierstücke op. 23, die damals noch Bagatellen hießen, gesagt haben: »Sie müssen ein feinsinniger Klavierspieler sein. Ich begreife nicht, daß ich Ihrem Namen noch nicht in Konzerten begegnet bin, Sie schreiben einen so ausgezeichneten Klaviersatz, daß Sie sehr gut spielen müssen.«[1] Diese Anekdote prangt wie ein Menetekel über dem paradoxen Umstand, dass Bergers Klavierwerke, obwohl er selbst als Konzertpianist wirkte und viele klavieristisch hoch befriedigende Kompositionen für das eigene Instrument schuf, bereits zu Lebzeiten im Schatten seiner Vokal-, Kammer- und Orchesterwerke standen; heute können sie als gänzlich vergessen gelten. Das völlige Fehlen irgendwelcher Aufnahmen seiner Klaviermusik bestätigt dies für die Musikpraxis, die ebenfalls völlige Abwesenheit von musikwissenschaftlicher Literatur zu diesem Thema unterstreicht den Befund nur umso dramatischer. Selbst die einzige, längst schon historisch gewordene Monographie zu Bergers Leben und Schaffen von Gustav Ernest aus dem Jahr 1931 gewährte der Klaviermusik nur einen letzten, kaum mehr als flüchtigen Blick.[2] Während dieser Umstand im Falle der vielen Miniaturen möglicherweise mit dem prinzipiell geringeren Gewicht solcher Werke (und allgemein mit der zu großen Masse von Charakterstücken um die Jahrhundertwende) erklärt werden kann, stellt sich im Falle der anspruchsvollen Großformen ernsthaft die Frage nach der geschichtlichen Bedeutung und dem ästhetischen Wert von Bergers Klaviermusik.

Solche größeren Formen sind in Bergers Klavierschaffen nicht allzu zahlreich. Hierzu gehört das einsätzige *Fantasiestück* c-Moll op. 20 (1887), dem der Rezensent der *Bremer Nachrichten* nach der Uraufführung aus dem Manuskript am 21. April 1886 einen »gewisse[n] Zug der Größe« bescheinigte,[3] ebenso die »in strengem kanonischen Stil durchgeführte dreisätzige Klaviersonate«[4] (1887, unveröffentlicht), die Berger zur Erlangung des Berliner Mendelssohn-Stipendiums zusammen mit seiner Cellosonate op. 28, der 2. Violinsonate op. 29, dem Klavierquartett op. 21, dem *Gesang der Geister über den Wassern* (das spätere op. 55) sowie sechs Gesängen für gemischten Chor

---

[1] Zit. Ernest, S. 59–60.
[2] Ernest, S. 171–178.
[3] Zit. Reinhardt1, S. 74.
[4] Ernest, S. 62.

(vermutlich op. 25) eingereicht hatte.⁵ Nach einer mehrjährigen Klaviermusikpause, die mit der *Introduktion und Fuge* g-Moll op. 42 beendet wurde, entstanden an größeren Klavierformen noch die *Variationen über ein eigenes Thema für 2 Klaviere* op. 61 (1895, erschienen 1896), die *Sonate* H-Dur op. 76 (erschienen 1899) sowie die *Variationen und Fuge über ein eigenes Thema* op. 91 (erschienen 1904).

Wie dieser Beitrag zeigen möchte, sind Bergers letzte und zugleich größte Klavierwerke, die H-Dur-Sonate op. 76 und der Variationenzyklus op. 91, sehr ehrgeizige und eigenwillige Umsetzungen tradierter Formmodelle, in denen der Komponist gleichsam demonstriert, was er für das und auf dem Klavier zu leisten vermochte. Eine stilistische Untersuchung dieser Kompositionen wird zwar zu demselben Ergebnis kommen wie Ludwig Finscher in seiner allgemeinen Charakterisierung von Bergers Musik: »chromatisierte Harmonik, dissonanzreicher Kontrapunkt, überladen vielstimmiger Satz, barockisierende Formen [...] und Monumentalisierung der Dimensionen, getragen von wilhelminischem Pathos, aber auch von stupendem Handwerk«.⁶ Doch kann ein näherer Blick auf die Werke zeigen, dass Berger innerhalb dieses stilistischen Rahmens durchaus um ungewöhnliche, eigenständige Lösungen bemüht war.⁷ Um zu erkennen, dass sich die erwähnte »Monumentalisierung der Dimensionen« nicht auf alle Werke oder Schaffensphasen gleichermaßen erstreckt, sei vorab ein kurzer Blick auf Bergers erstes Variationenwerk op. 61 geworfen.

Variationen über ein eigenes Thema für zwei Klaviere zu 4 Händen op. 61

Eine der wenigen Studien zur Klaviermusik des 19. Jahrhunderts, die auch Wilhelm Berger in die Betrachtung mit einschließt, ist die monographische Darstellung der Klavier-Variation von Gerhard Puchelt: Er hebt Berger über andere Tonsetzer der Berliner Schule hinaus, denn dieser

> bemüht sich [...] um dramatischere, höhere Wirkung. Seine Variationssyklen op. 61 in e-Moll (für zwei Klaviere) und op. 91 in B-Dur, beide über eigene Themen, sind weiträumig angelegt und in ihrer Konstruktion wohlbedacht. Der Klaviersatz ist äußerst abwechslungsreich; an kontrapunktischen Künsten fehlt es nicht.⁸

---

5   Zu den Umständen und dem Ausgang dieses Wettbewerbs vgl. Ernest, S. 62–63.
6   Finscher, Sp. 1266–1267.
7   Die hier behandelten Kompositionen sind als gemeinfreie digitale Notendateien in der Petrucci Music Library (<www.imslp.org>) erhältlich.
8   Gerhard Puchelt, *Variationen für Klavier im 19. Jahrhundert. Blüte und Verfall einer Kunstform*, Darmstadt 1973, S. 167.

In das Lob mischt sich aber alsbald deutliche Kritik:

> Schon in den Variationen für zwei Klaviere op. 61 (1895) finden sich freilich Anzeichen, daß Formgefühl und Klangvorstellung des Komponisten mit dem auf dem Klavier und in einer Variationenreihe Erreichbaren nicht mehr recht übereinstimmen.

Besonderen Anstoß nimmt Puchelt bereits an der dem Werk vorangeschickten Empfehlung des Komponisten, durch die Verwendung zweier unterschiedlicher Instrumente einen klangfarblichen Kontrast zu erzeugen: »Der Klangwirkung wegen wäre es wünschenswert, wenn zur Ausführung zwei Instrumente verschiedener Firmen gewählt würden. W. B.«[9] Puchelt meint hierzu: »Solcher Rat widerspricht allen Vorstellungen vom Klavierspiel zweier Partner, bei dem es ja auf die Vereinigung der beiden Individualitäten und nicht auf die gegensätzliche Farbe der Instrumente ankommen sollte.«[10] Das kann man natürlich auch ganz anders sehen: Wie bei den üblichen (und für das Einstudieren notwendigen) Bearbeitungen von Klavierkonzerten für 2 Klaviere steht hinter Bergers Ratschlag die Idee eines konzertierenden Gegensatzes, der durch das differierende Timbre der Instrumente noch zusätzlich hervorgehoben wird. Die »Vereinigung der beiden Individualitäten« in Originalwerken für diese Besetzung zu vermeiden, geht über bloße Skurrilität hinaus – sie ist ein originelles klangästhetisches Experiment.

Weitaus weniger experimentierfreudig ist das Werk selbst. Bergers op. 61 lässt dem 12-taktigen Original-Thema insgesamt 25 Variationen folgen, die kurzweilig vorüberziehen; lange Zeit umfasst jede Variation genau eine Notenseite, es gibt keinerlei Wiederholungen. Die Schlussvariation greift zwar explizit das Tempo des Themas auf, lässt dieses aber nicht in Originalgestalt wiederkehren, sondern in Form einer (wenn auch relativ deutlich am Original orientierten) weiteren Veränderung: Sie bildet daher keine ostentative, sondern eine eher lockere, allusive zyklische Abrundung. Die Anordnung der Variationen gehorcht keiner konsequenten Steigerungsstruktur, auch wenn die vorletzte ganz besonders virtuos und wuchtig angelegt ist; die Grundanlage ist die des lockeren Wechsels der Satzcharaktere. In der Wahl der Tonarten bleibt Berger ganz konventionell: Die Grundtonart e-Moll wird nur in vier Variationen durch E-Dur abgelöst, also im üblichen Sinne der Maggiore-Wendung.

All diese Aspekte weisen darauf hin, dass Berger an sein op. 61 nur geringe strukturelle Ansprüche erhob: Es handelt sich vielmehr um eine reizvolle Konzertmusik, wenn auch im technischen Anspruch kaum gedacht für Amateure

---

9   Wilhelm Berger, *Variationen über ein eigenes Thema für zwei Klaviere zu 4 Händen op. 61*, Breitkopf&Härtel 1896, S. 3 (Fußnote auf der ersten Notenseite).
10 Puchelt, S. 168.

und Hausmusiker, denen ohnehin nur selten Musiziersituationen mit 2 Klavieren zur Verfügung standen. Es ist zweifellos ein dankbares und lohnendes Werk, das die nicht allzu große Literatur für 2 Klaviere bereichern könnte, wenn es denn gespielt würde.

Variationen und Fuge über ein eigenes Thema für Klavier b-Moll op. 91

Bergers Eugen d'Albert gewidmete, 1904 bei C. F. Kahnt Nachfolger in Leipzig erschienene und einzige Variationenreihe für Klavier zu zwei Händen ist, anders als der Vorgänger für vier Hände, ein monumentales und von großen Ambitionen getragenes Werk. Das Thema wird nicht weniger als 42 Mal variiert, um dann in eine 170-taktige Fuge (gleichsam als 43. Variation) zu münden; den Abschluss bildet eine pompöse Themenwiederkehr, streng genommen die 44. Variation. Bergers Biograph Ernest bezeichnete den auf den Widmungsträger gemünzten Zyklus als »gewaltig«[11] im Sinne der Bewunderung, nicht der Rüge. Anders urteilte Puchelt, der Bergers op. 91 als »ein Beispiel für den bedenklichen Verlust der der Gattung gemäßen Relationen«[12] bezeichnete. Während man Ernest zufolge das Werk »nach den hohen Anforderungen, die es an das Tonleiter-, Arpeggien-, Terzen-, Sechsten-, Oktaven-, Handgelenkspiel stellt, als eine hohe Schule des Klavierspiels bezeichnen«[13] könnte, kritisierte Puchelt die Erweiterung des Klaviersatzes durch unmotivierte »Lisztsche Stilelemente« und die Suche nach klavierfremden Orchesterfarben (auch hier also ein ähnlicher klangästhetischer Vorwurf wie bei den Variationen op. 61). Das Hauptproblem sah Puchelt jedoch in der quantitativen Ausweitung der Form, einerseits in der Anzahl der Variationen, andererseits im Umfang der Schlussfuge:

> Diese vierstimmige Fuge erweist überdies, daß auch Berger dem der Zeit innewohnenden Hang zum Kolossalen nicht hat widerstehen können. Das Klangvolumen des Instruments ist bis zur äußersten Grenze ausgenutzt; vor allem aber ist die Komposition über alles Maß ausgedehnt [...]. An dieser übergroßen Ausweitung scheitert [...] das Gestaltungsvermögen des Komponisten. Berger vermag seine Vorstellungen nicht mehr zu bändigen; viele schöne Einzelheiten gehen in der Maßlosigkeit des Aussagebedürfnisses und der unvermeidlichen Auflösung der Form unter.[14]

11 Ernest, S. 177: »und das gewaltige, d'Albert gewidmete und auch auf sein Können berechnete op. 91.«
12 Puchelt, S. 168.
13 Ernest, S. 178.
14 Puchelt, S. 168–169.

Auch in diesem Punkt hat Bergers Biograph Ernest statt Schwächen Stärken entdeckt, nämlich

> wie die Fülle der Einzelheiten [...] sich zum geschlossenen Gesamtbilde vereinigt und wie bei ständigem Wechsel des Charakters und der Stimmung doch alles sich in natürlichem Fluß entwickelt, um dann in der Fuge seinen krönenden Abschluß zu finden.[15]

Zwei konträre Urteile stehen einander gegenüber, und es fällt nicht schwer zu erkennen, dass Ernest einen spürbaren missionarischen Eifer bei der Darstellung seines Helden und seiner Werke an den Tag gelegt hat, hier also eine Art von Betriebsblindheit die Bewertung von Bergers Leistungen prägt. Das bedeutet aber nicht automatisch, dass Puchelts entgegengesetzter Standpunkt zutrifft. Was ist denn unter »Auflösung der Form« in diesem Fall zu verstehen – ihr Zerbrechen in Einzelteile? Variationenfolgen sind per se Reihungsformen, die wie Perlen auf einer Kette eine beliebige Zahl von Veränderungen Revue passieren lassen. Der rote Faden geht bei dieser Formbildung eigentlich nie ganz verloren, zumal wenn die Taktumfänge im Wesentlichen konstant und die motivische Rückbindung an das Thema erkennbar bleiben. Dies ist in Bergers op. 91 zweifellos der Fall. Die Gefahr scheint eher in der ermüdenden Monotonie eines überlangen Veränderungsprozesses zu liegen, also in der »Auflösung« der Konzentration von Spieler und Publikum. Hat Berger diese Gefahr unterschätzt? Möglicherweise ja. Andererseits ist offensichtlich, wie intensiv er sich um zusätzliche Strukturierung seiner Variationen bemüht hat, indem er zum einen mehrere größere Blöcke ausbildet, dadurch gleichsam kleinere Variationenreihen innerhalb der Gesamtstruktur isoliert, und zum anderen eine den großen Dimensionen entsprechend monumentale Finallösung wählt, in der sowohl das Prinzip der Finalfuge als auch das der zyklischen Themenwiederkehr und -apotheose verwirklicht werden. Zudem greift Berger in der Gestaltung des Anfangs wie auch des Endes deutlich auf namhafte historische Vorbilder zurück, nämlich auf Beethovens mit einer Themenentwicklung beginnenden Eroica-Variationen op. 35 sowie auf Brahms' mit einer Fuge schließenden Händel-Variationen op. 24. Dadurch stellt Bergers Variationenzyklus eine gezielte Auseinandersetzung mit den ehrwürdigsten Beispielen der Gattungstradition dar, die er gleichsam überhöhend zusammenfassen möchte. Die grobe Gliederung des Opus 91 stellt sich wie folgt dar:

Thema
Das zu Beginn erklingende Thema ist zunächst nur ein einstimmiger Passacaglia-Bass. In den folgenden Variationen wird dieser allmählich zur Vollstim-

---

15 Ernest, S. 178.

migkeit entwickelt und dynamisch gesteigert. Das unmittelbare Modell hierfür sind Beethovens Eroica-Variationen op. 35. Der Endpunkt dieser einleitenden Entwicklungsreihe ist Variation 6, in der ein vollstimmig-akkordischer Satz mit orgelartigem Bassfundament das Thema als Diskant-Melodie präsentiert, die sich gleichsam aus den Tiefen emporgearbeitet hat. Es ist diese Endgestalt des Themas, die am Ende des Werkes zur zyklischen Abrundung wiederaufgegriffen wird.

Erster Variationenblock (Variation 7–18)
Durch eine Fermate von der vorausgegangenen Entwicklung getrennt, setzt mit Variation 7 die eigentliche Veränderung, nämlich zunächst eine Figurierung des Themas ein, der dann Charaktervariationen folgen, darunter eine von Harfenklängen getragene Diskant-Kantilene (Variation 9) und das undurchdringliche Dickicht einer von liegenden Dominantoktaven verunklarten Akkordversion (Variation 10). Variation 12 erscheint im barockisierenden Ouvertürengestus, Variation 13 als gleichsam frühbarockes Stilzitat einer freien Fantasie mit imitierenden Stimmen. Mit dem Scherzando von Variation 14 beginnt eine durchgehende Steigerung im Tempo Vivace, die die Obersekund-Wechselnote zu trillerartigen Ketten und schließlich ganzen ›Akkordtrillern‹ ausbaut (Variation 17). Diese Steigerungsreihe mündet in ein gravitätisches Largo, das die Wiederkehr des Passacaglia-Themas im Bass mit punktierten Akkordgängen kombiniert. Eine Fermate schließt diesen ersten Teil der Variationen ab.

Zweiter Variationenblock (Variation 19–32)
Die Rückkehr zum »Tempo di Tema« und erstmals auch ein Tonartenwechsel leiten den zweiten Teil ein. Anders als im Vorläuferwerk op. 61 hat sich Berger hier nicht auf einen simplen Wechsel von Moll nach Dur beschränkt: Variation 19–25 stehen in der Untermediante Ges-Dur und weisen teils typische Klavier(etüden)figuren wie Arpeggien, Terzen und Sexten auf, teils imitieren sie andere Instrumente wie Holzbläser (Variation 23) oder »mit orchestralem Effect« ein symphonisches Klangbild (Variation 24, Alla marcia). Dabei kommt es nicht nur zu einer qualitativen, sondern auch quantitativen Erweiterung: Das Thema wird hier und in der folgenden 25. Variation, die den Marsch variierend aufgreift, um 4 Takte verlängert. Ein nochmaliger Tonartenwechsel trennt die folgenden Charaktervariationen innerhalb dieses Blockes ab, sie stehen in fis-Moll (26–28), h-Moll (29) und H-Dur (30–32). Die letzte Variation verlischt *misterioso* in bis zur Subkontraoktave herabsteigende Tiefen. Wieder zeigt eine Fermate an, dass ein großer Formteil abgeschlossen wurde.

Dritter Variationenblock (Variation 33–42)
Ohne jegliche harmonische Vermittlung setzt Variation 33 wieder in der Grundtonart ein, sie erhöht das Grundtempo zugleich auf Vivace. Die ersten sechs Veränderungen sind im Wesentlichen auf Virtuosität angelegt und möglicherweise auch als spielerischer Zitatenschatz aus Werken anderer Komponisten (siehe unten). Die folgenden Variationen 39–42 wechseln von Moll in die Zieltonart B-Dur, sie fungieren als eine in Steigerungsform gestaltete Überleitung zur Schlussfuge, wobei das Thema auf 16 Takte verdoppelt wird. Durch die Beibehaltung eines charakteristischen Chasse-Rhythmus im 6/8-Takt und zusätzliche Hornquinten (Variation 41) bilden diese letzten eigentlichen Variationen stilistisch wie dramaturgisch eine Einheit.

Fuge (Variation 43)
Ähnlich wie Brahms in seinen Händel-Variationen op. 24 oder den Haydn-Variationen op. 56 krönt Berger seine Variationenreihe mit einer Fuge. Ihre 170 Takte sprengen die brahmsschen Dimensionen, sie tragen aber dem Umfang des vorausgegangenen Prozesses Rechnung. Das schon durch die Fugenform gegebene Historisieren wird durch zahlreiche Orgeleffekte, die bis hin zu offenen Klangimitationen reichen (»Wie auf einem zweiten Manual« – »wie auf dem ersten Manual«), zusätzlich mit einer kirchenmusikalischen und damit sakralen Komponente versehen. Die 1. Durchführung (Exposition) ist vierstimmig gesetzt, die 2. Durchführung bringt die Inversion des Themas (in d-Moll). Das variative Prinzip gewinnt dann wieder die Oberhand, wenn auch auf der Basis kontrapunktischer Satztechniken: Es folgen nach einem einstimmigen Abschnitt und durchsetzt von chromatischen Zwischenspielen eine zweistimmige Engführung, eine akkordische Variante in e-Moll/G-Dur, die besagten Orgelklang-Imitationen und am Ende eine im dreifachen Forte dröhnende, akkordisch-wuchtige Themeninversion in Ges-Dur als dem Neapolitaner zur Dominante F, somit die dramaturgische Antepänultima vor der abschließenden Themenwiederkehr, die durch Oktavkaskaden auf dem Dominantorgelpunkt vorbereitet wird.

Thema (Variation 44)
Was am Ende des monumentalen Zyklus wiederkehrt, ist, wie bereits erwähnt, das Thema in seiner Largo-Endgestalt aus Variation 6. Sein pompöses Erscheinen wird durch eine chromatisch aufsteigende und dabei abenteuerlich chromatisch harmonisierte Akkordpassage ausgeweitet, um einer letzten, in der Tenorstimme aus dem vollgriffigen Klangrausch herausgemeißelten Themenpräsentation Platz zu machen. Die deutlichste zyklische Verklammerung

der großen und vielteiligen Struktur dieses Werkes vollzieht sich also erwartungsgemäß am Ende.

Zwei Anmerkungen seien nachgeschickt.

1) Die Suche nach Imitation des Klanges anderer Instrumente (sowohl die Imitation einzelner Orchestergruppen wie auch des Orgelklangs) ist einerseits zu verstehen als Fortführung des klangästhetischen Experiments in op. 61, andererseits ein zeittypisches Phänomen der Klaviermusik. Für Puchelt erregten solche Überschreitungen wie oben erwähnt Anstoß, aber es genügt, auf Ferruccio Busonis Klaviertranskriptionen zu verweisen, um zu erkennen, dass gerade die Nachahmung von Orgelklang wie auch von Orchesterfarben ein charakteristisches und im Allgemeinen sogar bewundertes Element in der Klaviermusik der Jahrhundertwende darstellt. Dies Berger zum Vorwurf zu machen wäre absurd.

2) Ein besonderes Augenmerk verdient eine Reihe von Variationen, die so deutlich auf berühmte Werke anderer Komponisten anspielen, dass kaum von einem Zufall (schon gar nicht in dieser Häufung) gesprochen werden kann. Dies betrifft mindestens Variation 36, in der die Schlussvariation aus Brahms' Paganini-Variationen op. 35 Heft 1 aufscheint, Variation 37, die auf die berühmte Toccata aus Widors 5. Orgelsymphonie anspielt, und Variation 38, in der Schumanns *Knecht Ruprecht* aus dem *Album für die Jugend* aufzutreten scheint (siehe Notenbeispiele 1–3). Diese Fülle an Allusionen, der wohl noch etliche andere hinzuzufügen wären, wirkt wie ein systematisches Zitieren und Stil-Imitieren, das gleichsam aus dem Fundus des Bildungsbürgers und Musikliebhabers schöpft. Hierin bekundet sich einerseits wiederum der Wille zur geschichtlichen Synthese, andererseits wird der Monumentalität des op. 91 etwas von ihrem pathetischen Ernst genommen, bekommt der Zyklus zumindest vorübergehend auch so etwas wie den augenzwinkernden Charme der Parodie.

Sonate H-Dur für Klavier op. 76

Bergers einzige Klaviersonate, mit Édouard Risler einem weiteren berühmten Virtuosen der Jahrhundertwende gewidmet und 1899 bei Otto Forberg in Leipzig erschienen, wirkt trotz seiner Kammermusik in Sonatenform (Sonaten für Violine und Cello, größer besetzte Klavierkammermusik) und der Position zwischen den beiden Symphonien gleichsam isoliert: Der Komponist hatte mehr als genug Erfahrung im Umgang mit größer und kleiner besetzten Sonatengattungen, die Klaviersonate aber behandelte auch er, der als Pianist auftretende Musiker, stiefmütterlich. Bergers Biograph schließt auf mangelndes Interesse.¹⁶ Es könnte aber auch ein Mangel an direkten Vorbildern gewesen sein. Denn wo wären diese zu suchen? Es gibt kaum andere Solo-Klaviersonaten in Bergers unmittelbarem Umfeld. Brahms gab die Gattung nach seinen drei frühen Werken (op. 1, op. 2 und op. 5) bekanntlich auf, weder Friedrich Kiel noch Heinrich von Herzogenberg trugen zu ihr bei, auch Richard Strauss ging nach seiner viersätzige Jugendsonate op. 5 von 1881 (die weder strukturell noch stilistisch als Vorbild in Frage kommt) zur Gattung auf Abstand. Bergers Sonate steht gleichsam verloren zwischen dem Vakuum der akademischen Brahms-Nachfolge und einer versprengten Virtuosentradition, der er nicht wirklich zugehörte. Was hat diese Sonate zu bieten?

Sie ist äußerlich zunächst keine ›Grande Sonate‹, sondern besteht aus lediglich drei Sätzen: einem Sonatenhauptsatz (Allegro con fuoco) in H-Dur, einem Thema mit Variationen als langsamem Mittelsatz (Adagio) in Fis-Dur sowie einem Grazioso H-Dur als Finale, das Elemente mehrerer Formtypen überblendet. Die ästhetische Grundhaltung der Sonate ist aber die einer ›großen‹ Sonate, einer Konzertmusik für Virtuosen mit symphonischem Anstrich – zumindest in Satz I und II.

Der Aufbau des Kopfsatzes ist formal nur bedingt interessant. Berger weitet die Formteile der Exposition zu großen Themenblöcken aus, in denen die Unterscheidung eigentlicher thematischer Gestalten von bloßen Überleitungseinfällen schwer fällt, weil diese aus der thematischen Substanz abgeleitet werden und zahlreich sind; er rüttelt dabei aber nicht am grundsätzlichen Schema eines Sonatenhauptsatzes und verfällt so mancher Konvention. So ist gleich das fanfarenartig im Unisono aufsteigende erste Thema als simpelste quadratische Periode gebaut, also auf der Grundlage einer symmetrischen 4+4-Taktstruktur, die von der Tonika zur Dominate und zurück zur Tonika wechselt. Nach einem ersten, als virtuose Allmachtsgeste gestalteten Überleitungsabschnitt erscheint das Hauptthema in Takt 16 wieder, nun als von hüpfendem Staccato begleitete Kantilene in Tenorlage und in der Funktion eines Entwicklungsabschnittes, der aber wiederum periodisch wiederholt und dann erst weitergeführt wird. Das Ziel, die Dominate des Seitensatzes Cis-Dur, erscheint als neuerliches Oktaven-Fortissimo. Ihm folgt eine eigentliche Überleitung, die immerhin *en passant* ein Kernmotiv des folgenden Seitenthemas antizipiert, nämlich die kreisende Achtel-Wechselbewegung nach dem Dreiklangsaufstieg. (Dieser wiederum könnte mit der Dreiklangsstruktur des Hauptthemas in Verbindung gebracht werden.) Spätestens am Ende dieses Seitenthemas, mit der unerwarteten Rückung nach G-Dur, den retardierenden Arpeggien und dem Innehalten auf einer Fermate, beginnt die Musik weitschweifig und redselig

16 Ernest, S. 176–177.

zu werden: Eine unüberschaubare und heterogene Folge von Schlussgedanken, die endlich in eine in Sechzehnteln fließende Variante des Seitensatzes als Schlussgruppe münden, raubt den letzten verbliebenen Schwung und karikiert gleichsam die Grandezza des Sonatenanfangs; die Fülle und Dichte der Ideen erstickt den anfänglichen Elan im Wunsch nach immer weiterer Ausarbeitung und Ergänzung. Auch Durchführung und Reprise sind auf diese Weise gestaltet. Selbst der immer wohlwollende Gustav Ernest legt beim Anblick des Kopfsatzes die Stirn im Falten: »In der Tat spricht aus dem ersten Satz mehr das in allen Sätteln gerechte Können als das schöpferische Genie zu uns; wie das erste Thema, so bleibt ein großer Teil des Satzes im Konventionellen stecken.«[17] Vielleicht tritt das Konventionelle (übrigens auch in der Anwendung von pianistischer ›Rhetorik‹) gerade deswegen so deutlich hervor, weil es ins Uferlose ausgeweitet wurde.

Der langsame Mittelsatz, das Thema mit vier Variationen, ist, wie kaum anders zu erwarten, das expressive Zentrum der Sonate. Das Thema ist in dreiteiliger Bogenform gebaut und lässt nicht ungeschickt die triolischen Nebenmotive des Mittelteils bei der Themenwiederkehr synthetisierend mit einfließen. (Überhaupt zeigt die Sonate ein hohes Bewusstsein für motivische Dichte und anspruchsvolle motivische Arbeit, ganz ungeachtet aller sonstigen Beobachtungen.) Ob es sich dabei aber um echte Empfindung oder sentimentale Rührseligkeit handelt, ist nicht ganz einfach zu beantworten. An manchen Stellen scheint die Grenze zum Kitsch jedenfalls überschritten, etwa wenn nach den pathetisch-düsteren mittleren Variationen das Thema als ätherischer Engelschor wiederkehrt und dabei von beiden Seiten mit Harfenakkorden »wattiert« wird. Ihm folgen, als wären es weitere Variationen, ein Abgesang und eine Coda – also auch hier wieder das Bedürfnis nach Erweiterung statt Verdichtung –, wobei Berger aber bis ganz zum Schluss am thematischen Material bleibt.

Das Finale ist ein in vieler Hinsicht sehr ungewöhnlicher Satz. Als leichtfüßiges Grazioso verweigert er sich der seit Beethoven etablierten Tradition der Schlussemphase, er verweist vielmehr auf mozartsche oder gar haydnsche Finalrondos zurück. Das ist für ein Werk, welches so wuchtig beginnt und so weitschweifig weitergeführt wurde wie Bergers op. 76, schon außergewöhnlich. Hinter dieser Leichtigkeit, die sich auch in einem elegant perlenden, ja geradezu nonchalanten Klaviersatz zeigt, verbirgt sich jedoch eine außerordentlich vielschichtige Formgestaltung, die auf ein immenses Reflexionsniveau schließen lässt. Dieser galant verdeckte ›Wille zur Form‹ zeigt sich einerseits in der Substanzgemeinschaft der Themen und Motive, andererseits in ihrer zyklischen Konstruktion, was zusammengenommen bewirkt, dass der Satz

---

17 Ernest, S. 177.

sowohl Elemente von Sonate, Rondo als auch Variation aufweist. Kurz gesagt, handelt es sich um eine Art von Sonatenrondo auf monothematischer Grundlage, die in Form von Themenvariationen angelegt ist (siehe die Tabelle sowie Notenbeispiele 4 und 5). Die Rondo-Episoden werden dadurch zu Charaktervariationen, während der Refrain unter anderem die Positionen von Exposition, Scheinreprise (in der falschen Tonart F-Dur) und Reprise besetzt. Die nahezu wörtliche Wiederkehr eines großen Blocks der Exposition unterstreicht den Sonatencharakter. Die sich daran anschließende und höchst interessante Rückkehr einer Passage, die die Scheinreprise eingeleitet hatte, als Überleitung zur Coda macht deutlich, dass Berger zumindest hier, im Finale, an originellen strukturellen Einfällen geradezu übersprudelte – und zwar bezeichnenderweise gerade dann, wenn die Ausdruckshaltung bis an den Rand des Plätscherns zurückgenommen und die Motivsubstanz auf ein monothematisches Minimum reduziert ist. Von Konventionalität kann hier keine Rede mehr sein, und von auftrumpfendem Größenwahn erst recht nicht.

Takt	Rondo	Sonate	Variation
1	Refrain (H)	Exposition Hauptsatz	Thema
25	1. Episode (→ Fis)	Überleitung	Var. 1
45		Seitensatz (?)	
53		Schlussgruppe	
72	Refrain (H)		
97	2. Episode (cis)	Durchführung (?)	Var. 2a
114			Var. 2b (grazioso)
142	Refrain (F), nur Kopf	Scheinreprise	
158	3. Episode (h)		Var. 3 (= Var. 2c)
192		Schlussgruppe (als Überleitung)	
204	Refrain (H; B, b, Des, f, Es)	Reprise (ab 234 wörtlich)	
234–276 ≈ 20-62	[1. Episode]	(Überleitung, Seitensatz, Schlussgruppe)	
277ff. ≈ 138ff. (als Überleitung)			
293	Coda	Coda	Var. 4 (Var. 2d?)
311	Allusion an HS Satz I (Faktur) = zyklischer Schluss		

Über die Binnenstruktur des Finales hinaus findet sich hier auch eine satzübergreifende zyklische Verklammerung, mehr in Form von Allusionen als wörtlichen Themenzitaten. Die Hauptthemen von Kopfsatz und Finale stehen in ihren Grundelementen ohnehin nicht weit auseinander (speziell die Entwicklungsform des Kopfsatzthemas in T. 16 weist deutlich auf das Finalthema voraus), und in der Coda des Finales wird dieser Zusammenhang noch explizit gemacht, indem auch das zugehörige Staccato-Begleitmuster für einen kurzen Moment (also gleichsam als zitierter Fremdkörper und nicht als neu etabliertes Element) aufgegriffen wird (Notenbeispiel 5).

Der Gesamteindruck dieser Sonate ist also durchaus zwiespältig. Oberflächlich und böswillig betrachtet, könnte man die drei Sätze als Abfolge von Pomp, Kitsch und Flitter bezeichnen. Bei näherem Hinsehen treten aber Qualitäten hervor, die bald von pathetischer Rhetorik und Triumphgesten zugedeckt, bald hinter Harmlosigkeiten versteckt werden. Für die Virtuosen war dieses Werk wegen seiner Weitschweifigkeit und wegen des für Ovationen ungeeigneten Schlusses zu undankbar, für die erhabenen Ansprüche der Brahms-Nachfolge dagegen war sie zu extravertiert und wohl auch stilistisch prekär.

Schluss

Sind also Bergers Werke je einfacher (und kürzer) desto besser? Diese Perspektive erscheint paradox. Kann Länge allein etwas über den Wert einer Komposition aussagen? Wohl kaum, ansonsten müssten Beethovens Diabelli-Variationen, zumal im Vergleich mit den anderen Beiträgen für die Ausschreibung des Wiener Verlegers, gleichfalls als maßlos und gescheitert gelten. Etwas gönnerhaft lautet das an den Variationenreihen gewonnene Urteil von Puchelt: »Wilhelm Berger ist profiliert genug, daß selbst das Mißlungene noch interessant ist und zudem durch wirklich anrührende Expression häufig kompensiert wird.«[18] Die Frage ist nur, ob die Musik – in diesem Fall die Klaviermusik – überhaupt als misslungen bezeichnet werden darf. Kompositorisches Handwerk, kontrapunktische Dichte, motivisch-thematische Konzentration – in all diesen Punkten ist Berger nicht angreifbar sondern eher im Gegenteil eine Quelle der Genugtuung, wenn nicht Bewunderung. Offensichtlich ist es vielmehr eine gewisse Ausdruckshaltung, ein Übermaß an kompositorischem Mitteilungsbedürfnis, das Anstoß erregt, möglicherweise gepaart mit einem Mangel an stilistischem Feingefühl. Berger begriff die Gattungsgeschichte durchaus zeittypisch als eine Aufwärtsbewegung. Der Anspruch an den Kom-

---

18 Puchelt, S. 169.

ponisten bestand, jedenfalls in den großen Hauptgattungen, demnach darin, gewachsene Formmodelle nicht nur aufzugreifen, sondern diese im Sinne des Überbietens weiterzuführen. Die Ausweitung aller Parameter – eben nicht nur der zeitlichen Dimensionen, sondern auch von Klaviersatz, Formteilen, Satztypen usw. – ist insofern nicht Versagen, sondern Erfüllung der gattungsgeschichtlichen Entwicklung. Man kann dieser Entwicklung als Ganzes natürlich kritisch gegenüberstehen und sie, nicht nur aus heutiger Sicht, als Verirrung betrachten. Dass Berger zu ihr mit großem Geschick und einigem Geschmack beigetragen hat, lässt sich hingegen kaum bestreiten. In dem Maß, in dem unter den kulturellen Facetten des Wilhelminischen Reiches auch dessen Großmannssucht nicht einfach abgelehnt, sondern als ästhetische Signatur dieser Zeit verstanden wird, wie es ja in der Architektur längst geschehen ist, können Werke wie Bergers Sonaten und Variationen neu gewürdigt werden. Aber dazu sollten sie erst einmal erklingen dürfen.

Notenbeispiel 1a: Wilhelm Berger, Variationen op. 91/36

Notenbeispiel 1b: Johannes Brahms, Paganini-Variationen op. 35, Schluss-Variation

Notenbeispiel 2a: Wilhelm Berger, Variationen op. 91/37

Notenbeispiel 2b: Charles-Marie Widor, Orgel-Symphonie Nr. 5 (op. 42, Nr. 1) Toccata (Klavierversion vom Komponisten)

Notenbeispiel 3a: Wilhelm Berger, Variation op. 91/38

Notenbeispiel 3b: Robert Schumann, *Album für die Jugend* op. 68, Knecht Ruprecht

Notenbeispiel 4a: Sonate op. 76, 3. Satz: Hauptthema T. 1–4.

Notenbeispiel 4b: Sonate op. 76, 3. Satz: Variation 1 bzw. Episode 1, T. 25–28.

Notenbeispiel 4c: Sonate op. 76, 3. Satz: Variation 2 bzw. Episode 2, T. 97–100.

Notenbeispiel 4d: Sonate op. 76, 3. Satz: Variation 3 bzw. Episode 3, T. 158–161.

Notenbeispiel 4e: Sonate op. 76, 3. Satz: Variation 4 (Transformation des Hauptthemas) bzw. Coda, T. 305–310

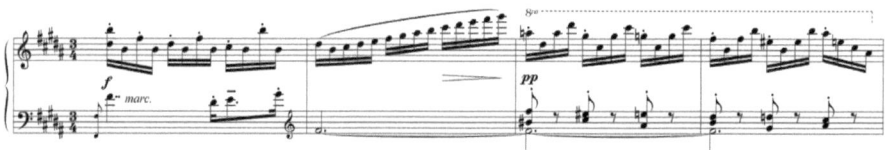

Notenbeispiel 5a: Sonate op. 76, 3. Satz: Coda, Hauptthema-Variante als Anspielung auf Satz 1, T. 311–314

Notenbeispiel 5b: Sonate op. 76, 1. Satz: Hauptthema in der entwickelten Form, T. 16–17

Alexander Butz
Wilhelm Bergers *Gesang der Geister über den Wassern* für Chor und Orchester op. 55

I

So offensichtlich eine Beschäftigung mit Wilhelm Berger sich auf sein kompositorisches Schaffen einlassen muss,[1] so unklar ist, unter welchen Voraussetzungen dies geschehen sollte. Ausgangspunkt für eine erste Annäherung an den heute so gut wie gänzlich vergessenen Komponisten könnte einer der jüngeren Berger gewidmeten Enzyklopädien-Artikel sein – zugleich einer der wenigen letzten Orte seines Überdauerns –, der ihn als ›Berliner Akademiker‹ zweiter Generation und somit schon fast zwangsläufig als an Johannes Brahms orientiert darstellt.[2] Wohl seien demzufolge in Bergers Schaffen durchaus Tendenzen zu beobachten, die über Brahms hinausweisen, diese jedoch, so ließe sich paraphrasieren, schwanken zwischen Innovation (»chromatisierte Harmonik, dissonanzreicher Kontrapunkt«) und Manieriertheit (»überladen vielstimmiger Satz, [...] Monumentalisierung der Dimensionen, getragen von wilhelminischem Pathos«).[3] In dieser Lesart schwingt der Verdacht eines Epigonentums mit, der sich rückblickend darin zu bestätigen scheint, dass Bergers Musik de facto keine nennenswerte Geschichtswirkung zuteilwurde. Für ihr fast vollständiges Ausscheiden aus der Überlieferung, das sich schon zur Entstehungszeit älterer Lebens- und Werkdarstellungen abzeichnete, wird in diesen allerdings immer wieder nicht etwa die geringe Qualität der Kompositionen, sondern die selbstkritische Haltung des Komponisten angeführt, welche eine der weiteren Verbreitung von Bergers Œuvre hinderliche mangelnde Reklame in eigener Sache mit sich gebracht habe.[4] Ein vermeintlicher Zug von

---

1 Vgl. Carl Dahlhaus, »Vergessene Komponisten«, in: *Musica* 34 (1980), S. 441–444, hier S. 441.
2 Finscher, Sp. 1266f.
3 Ebd.
4 Vgl. beispielhaft Krause, S. 44. Von der großen Bescheidenheit des Komponisten und einer damit anscheinend verbundenen Resistenz gegen Selbstüberschätzung ist in der älteren Literatur wiederholt die Rede. Gustav Ernest etwa zitiert aus einem Brief Bergers an seine Eltern: »Wenn ich nicht gar zu vernünftig wäre, so könnte ich leicht einen sogenannten kleinen Vogel bekommen, aber so etwas liegt mir fern, da ich ganz genau weiß, was ich kann und was ich nicht kann!« (Ernest, S. 37). Ernest berichtet weiterhin, Berger habe 1882, als man sein Bild für ein internatio-

Bergers Schaffen ins Epigonale wird von seinem Biographen Gustav Ernest noch ins Positive gewendet. Berger sei demnach einer jener Komponisten gewesen »die, durchdrungen von der Größe des schon Geleisteten, zu Hütern und Erhaltern künstlerischen Erbgutes werden, die von jedem der Meister unbewußt ein Bestes in sich aufnehmen, um alles im Schmelztiegel der eigenen Persönlichkeit zu einem Neuen sich mischen zu lassen, in dem Vergangenheit und Zukunft wunderbar ineinander wirken«[5].

In den vereinzelten Würdigungen, die Berger während des 20. Jahrhunderts zuteilwurden, erfahren seine groß dimensionierten Chorwerke mit Orchester stets besondere Aufmerksamkeit. Noch zu Lebzeiten des Komponisten schreibt Emil Krause, in Bergers ohnehin reichem Vokaloeuvre sei »das Konzertwerk mit Orchester [...] von hervorragendem Werte«. In diesem trete der

> »schon in den a capella-Gesängen so rühmenswerte Vokalsatz in seinem schön klingenden, dankbaren Stimmengange in ein nicht minder künstlerisches Stadium. Seine Beziehung zum textlichen Untergrund ist so unmittelbar, dass es scheint, als sei die Musik aus der Dichtung herausgewachsen. Wenige Komponisten der Jetztzeit vermögen so speziell vokal zu schreiben wie Berger. Bei einer Tonsprache, deren Laute nicht nur den Stimmen, sondern auch dem Orchester angehören, wie dies beim Konzertwerke für beide Faktoren der Fall ist, hat die geschickte Gesangsführung neben der des Orchesters noch umso mehr zu bedeuten«[6].

Wilhelm Altmann konstatiert 1920: »Am höchsten sind wohl die Chorwerke Bergers zu bewerten, in denen er auch das Orchester vortrefflich verwertet hat, um jede Situation und Stimmung der Dichterworte ansprechend und klar zum Ausdruck zu bringen.«[7] Gustav Ernest resümiert in seiner 1931 erschienenen Biographie:

> »Werfen wir zum Schluß noch einen letzten kritischen Blick auf das Gesamtschaffen Bergers, so müssen wir sagen, sein Größtes, Persönlichstes, Bleibendstes hat er uns mit seinen großen Chorwerken gegeben. Es ist, als sei er an seinen Texten, die alle – vier davon sind von Goethe – auf höchster literarischer Stufe stehen,

---

nales Tonkünstlerblatt anforderte, keines geschickt, mit der Begründung »das sei denn doch noch etwas zu früh.« (zit. nach ebd., S. 37). In der neueren Literatur wird ebenfalls »die von jeher aller Selbstreklame abholde Natur des Komponisten, die Einwirkungen zweier Kriege mit materiellen Verlusten (Kriegsschäden der Verlage), vor allem aber die ästhetische Umorientierung (Impressionismus, Zweite Wiener Schule; Neue Sachlichkeit)« als Grund für eine ausgebliebene Tradierung von Bergers Werken angenommen; Reinhardt2, S. 161. Ähnlich äußerte sich auch Ernest, S. 5.
5   Ernest, S. 9.
6   Krause, S. 45.
7   Altmann, S. 5.

gewachsen, als hätten sie ihn vermocht, Urgründe seines Wesens zu entschleiern, die er sonst scheu den Blicken der Menschen verschloß. Nach dem, was Brahms auf diesem Gebiet geleistet, ist wenig geschaffen worden, was die Linie von ihm aus in ähnlich würdiger Weise fortsetzte, wie es durch Berger geschehen.«[8]

Und schließlich mahnt noch Willi Kahl im *MGG*-Artikel:

> Daß er [Berger] aber im Bereich des großen Chorwerks, angeregt von Textvorlagen höchsten dichterischen Ranges (viermal von Goethe) den Höhenzug des Brahms'schen Schaffens mit seltener Meisterschaft innegehalten hat, sollte der Nachwelt immer bewußt bleiben [...].[9]

Dass Berger auf dem Feld des »großen Chorwerks« an Brahms gemessen wurde, nimmt nicht wunder, stießen doch im letzten Viertel des 19. Jahrhunderts dessen Chor-Orchesterwerke, die auf Textvorlagen des ›klassischen‹ Bildungskanons beruhen, auf große Resonanz.[10] Die gattungsspezifischen Maßstäbe freilich, die angelegt werden müssten, um die Sichtweise vom Epigonen Berger im fraglichen Kompositionsfeld zu stützen oder zurückzuweisen, waren und sind alles andere als eindeutig.[11] Aussichtsreicher als der Versuch einer ästhetischen Apologetik Bergers, sofern diese überhaupt erstrebenswert wäre, scheint es mir daher, weniger bei gängigen Werturteilen anzusetzen, als vielmehr seine konkrete kompositorische Auseinandersetzung mit einem kaum je zu verbindlichen Modellen verfestigten Gattungsbereich zu untersuchen, der gleichwohl für Bergers zeitgenössisches Ansehen von großer Bedeutung war. Dieser Umstand ist nicht zuletzt den sozial- und ideengeschichtlichen Grundlagen chorisch-orchestraler Musik in der zweiten Hälfte des 19. Jahrhunderts geschuldet, um die es im Folgenden zunächst gehen soll. Im Zentrum steht sodann eine analytische Annäherung an ein frühes Werk Bergers auf diesem Feld, den *Gesang der Geister über den Wassern*.

---

8   Ernest, S. 112.
9   Kahl, Sp. 1695.
10 Vgl. zur Bedeutung von Brahms' Chor-Orchesterwerken wie der *Alt-Rhapsodie* op. 53, dem *Schicksalslied* op. 54 und der *Nänie* op. 82 im Kontext eines musikvermittelten Bildungskonzeptes das Kapitel »Musiklyrische Schicksalsformen bei Johannes Brahms« in: Hermann Danuser, *Weltanschauungsmusik*, Schliengen 2009, S. 132–155.
11 Zu den Schwierigkeiten, die sich in vergleichbarer Weise für die Symphonie auftun vgl. Matthias Wiegandt, *Vergessene Symphonik? Studien zu Joachim Raff, Carl Reinecke und zum Problem der Epigonalität in der Musik* (= Berliner Musik Studien 13), Sinzig 1997, besonders S. 9–33.

II

Kaum ein Kompositionsbereich war im 19. Jahrhundert derart fest sozial verankert wie Musik für Chor und Orchester, die kraft ihrer Textgrundlagen bildungsbürgerlichen Ansprüchen genügte und ihrer Besetzung und kompositorischen Ausmaße wegen höchstes ästhetisches Ansehen genoss. Die Beschäftigung mit solcher Musik lässt daher Einblicke in eine musikhistorische Epoche erhoffen, die sich gerade in diesem Kompositionsbereich »so deutlich wie nirgends sonst musikalisch ausprägte«[12], und zugleich in eine Werkästhetik, die sehr klar auf eine bestimmte gesellschaftliche Trägerschicht zugeschnitten war. Da Chormusik den entscheidenden sozialen Vorzug besitzt, dass auch musikalische Laien an ihren Aufführungen mitwirken können, war sie für das Bürgertum des 19. Jahrhunderts, das sich zunehmend über die eigene gesellschaftliche Leistungsfähigkeit definierte, ein ideales Medium, um sich kulturell zu profilieren, und das nicht nur musikalisch, sondern vor allem auch über die den jeweiligen Kompositionen zugrunde liegenden Texte. Denn gerade Chormusik ›sinfonischen‹ Zuschnitts setzt parallel zur Ausweitung ihrer äußerlichen Dimensionen auf eine Steigerung ihres ästhetischen Renommees durch Hinwendung zur ›hohen‹ Literatur, etwa der Weimarer Klassik, und steht damit beispielhaft in einem Entwicklungszusammenhang, der insgesamt als Tendenz zur Literarisierung der nicht sprechenden Künste im 19. Jahrhundert betrachtet werden kann. Kunst setzt nun einerseits vielfach einen hohen Bildungsstand voraus, der andererseits durch Kunst aktualisiert und gepflegt wird. Da Bürgerlichkeit im 19. Jahrhundert zumal in Deutschland primär als »kulturell geformter Habitus«[13] verstehbar ist, der sich in den gemeinsamen Diskursfeldern Literatur, Kunst, Philosophie und Musik ausprägt, erhält die Teilhabe an diesen und die durch sie vermittelte Bildung als »bürgerliches Passepartout«[14] geradezu existenzielle Bedeutung. Die persönliche Mitwirkung an Choraufführungen bedeutet dann mehr noch als bloße Teilhabe an Kultur geradezu ihre Verkörperung. Dass ein an solchen Ansprüchen ausgerichtetes Chorrepertoire seinerzeit hohe Konjunktur hatte und dass Bergers Biographen seine entsprechenden Werke von besonderem Wert scheinen mussten, leuchtet ein. Gleichzeitig war dieses Repertoire aber auch durch seine starke Abhän-

---

12 Carl Dahlhaus, »Zur Problematik der musikalischen Gattungen im 19. Jahrhundert«, in: Ders., *Gesammelte Schriften in 10 Bänden*, hrsg. von Hermann Danuser, Bd. 6 (19. Jahrhundert III), Laaber 2003, S. 377–433, hier S. 393.
13 Wolfgang Kaschuba, »Deutsche Bürgerlichkeit nach 1800. Kultur als symbolische Praxis«, in: *Bürgertum im 19. Jahrhundert. Band II: Wirtschaftsbürger und Bildungsbürger*, hrsg. von Jürgen Kocka, Göttingen 1995, S. 92–127, hier S. 101.
14 Ebd., S. 116.

gigkeit von Bildungsvoraussetzungen in Überliefung und Aktualisierung besonders gefährdet, wie sein weitgehendes Verschwinden nach den ersten Jahrzehnten des 20. Jahrhunderts zeigt.[15]

Wie sich anhand von Bergers kompositorischem Schaffen beispielhaft darstellen lässt, kommt in diesem Kontext der Dichtung Goethes ein zentraler Stellenwert zu. Insgesamt bedient sich Berger in seinem Vokalwerk der Texte von 136 verschiedenen Dichtern.[16] Goethe allerdings ist in auffälliger Weise der Gruppe von Chorwerken mit Orchester vorbehalten, in der er viermal vertreten ist, während er außerhalb dieser nur noch ein einziges Mal auftaucht.[17]

Tabelle 1: Wilhelm Bergers Chorwerke mit Orchester[18]
Gesang der Erinnyen für 4st. Chor o. op. [Schiller], ungedruckt
Heldenklage für Sopran-, Alt- und Baß-Solo u. 6st. Chor o. op. [Hans Schmidt], 1889 komponiert, ungedruckt
Gesang der Geister über den Wassern für 4st. gem. Chor op. 55 [Goethe], 1893
Meine Göttin für Männerchor op. 72 [Goethe], 1898
Euphorion. Szene aus Goethe's Faust II. Teil für Soli und Chor op. 74 [Goethe], 1899
Die Tauben für Sopran- und Mezzo-Sopran-Solo u. gem. Chor op. 83 [Gerhard Hauptmann], 1902

15 Vgl. hierzu grundlegend den Abschnitt »Chormusik als Bildungskunst« in: Carl Dahlhaus, *Die Musik des 19. Jahrhunderts* (= Neues Handbuch der Musikwissenschaft 6), Wiesbaden u. Laaber 1980, S. 132–138. Im Falle Bergers dürfte zusätzlich zu diesen Erwägungen einmal mehr seine spätere Anstellung in Meiningen der häufigeren Aufführung und damit der andauernden Pflege seiner größeren Chorwerke auf ganz praktische Weise im Weg gestanden haben. Sehr anschaulich beschreibt Krause in diesem Zusammenhang Bergers Tätigkeit in Meininger Zeit: »Für die Aufführung grösserer Chorwerke sind die Chorvereine der nahe liegenden Städte mitwirkend tätig, und so ist Berger in der Zeit der Vorbereitung oft unterwegs, um die Vereine einzeln einzuüben.« (Krause, S. 50.) Weitaus bessere Bedingungen hatten dagegen offenkundig noch in Berlin geherrscht, wo Berger in engem Kontakt zu Siegfried Ochs und dem Philharmonischen Chor gestanden und zudem als Nachfolger Heinrich von Herzogenbergs ab 1899 den Oratorienchor der »Musikalischen Gesellschaft« geleitet hatte. Vgl. zur Situation Bergers in Meiningen die Beiträge von Maren Goltz und Nikolaus Müller im vorliegenden Band.
16 Vgl. Altmann, S. 36–41.
17 Eine Vertonung von *Dämmrung senkte sich von oben* bildet das erste der *Vier Lieder für drei Frauenstimmen* (Chor und Solo) mit Klavierbegleitung op. 84.
18 Angaben nach Altmann; die angegebenen Jahreszahlen folgen für die Werke ab op. 55 den bei Altmann angeführten Druckdaten.

An die großen Toten für gem. Chor op. 85 [Gustav Schüler], 1903
Der Totentanz für gem. Chor op. 86 [Goethe], 1903
Vier Lieder für Frauenchor, nachträglich instrumentiert op. 98 [Anna Ritter, Richard Zoosmann, Erich Stagnelius], ungedruckt, Klavierfassung, 1909
Sonnenhymnus für gem. Chor mit Bariton-Solo op. 106 [Zoosmann], 1912

Es sollte in diesem Zusammenhang betont werden, dass Goethes Ruhm im 19. Jahrhundert nicht zuletzt auch auf seiner musikalischen Rezeption beruht.[19] Die kompositorische Überhöhung von Goethes Texten, wie sie im orchesterbegleiteten Chorwerk beispielsweise bereits bei Robert Schumann, Ferdinand Hiller, Richard Strauss und schließlich Gustav Mahler begegnet,[20] geht einher mit einer zunehmenden Monumentalisierung des Dichters im deutschen Kaiserreich. Mit der nationalen Einigung wird Goethe zur gesamtkulturellen Identifikationsfigur. Der »Olympier« steigt auf »zum Markenzeichen des [...] über jede Kritik erhabenen Dichterheros, [...] zur Inkarnation des kulturellen Über-Ichs«[21]. Ein weiteres Anzeichen dieser Kanonisierung ist die zeitgleich beginnende philologische Forschung.[22] Diese erprobte an Goethe Herangehensweisen, die vor allem auch entstehungsgeschichtliche und autobiographische Betrachtungsmodelle mit einbezog,[23] was beim breiteren Publikum die zeitweilige Verlagerung des Interesses vom Werk auf das Leben Goethes mit sich brachte. Herrmann Bahr urteilte gar 1921 auf das wilhelminische Goetheverständnis zurückblickend: »Dem gebildeten Deutschen geht es [...] weniger darum, Goethe zu lesen, als über Goethe.«[24] Darauf wird noch zurückzukommen sein.

19 Vgl. Albrecht Betz, »Romantisierung des Klassischen? Anmerkungen zum Umgang von Komponisten mit Goethes Lyrik«, in: *Spuren, Signaturen, Spiegelungen. Zur Goethe-Rezeption in Europa*, hrsg. von Bernhard Beutler und Anke Bosse, Köln u. a. 2000, S. 241–253, hier S. 241.
20 Man denke beispielhaft an Schumanns *Requiem für Mignon* op. 98b, die *Szenen aus Goethes Faust* WoO 3, Hillers *Es fürchte die Götter das Menschengeschlecht* op. 193, Strauss' *Wandrers Sturmlied* op. 14 und Mahlers *Achte Symphonie*.
21 Karl Robert Mandelkow, *Goethe in Deutschland. Rezeptionsgeschichte eines Klassikers*, Band I, 1773–1918, München 1980, S. 201.
22 Vgl. ebd., S. 211ff., 261ff.
23 Vgl. ebd., S. 213f.
24 Herrmann Bahr, »Goethebild«, in: *Preußische Jahrbücher* 185 (1921), S. 46–72; zit. nach Mandelkow, S. 261.

III

Wilhelm Bergers *Gesang der Geister über den Wassern* erschien als sein erstes gedrucktes Werk für Chor und Orchester 1893 bei Georg Plothow in Berlin.[25] Die Komposition hatte offenbar bereits seit längerem ›in der Schublade‹ geruht. Schon 1886 hatte Berger sie seinem damaligen Verleger Praeger & Meier in Bremen mit einer Reihe von weiteren Werken angeboten, darunter auch der *Gesang der Erinnyen* nach Schiller, ebenfalls für Chor und Orchester.[26] 1887 reichte er den *Gesang der Geister* bei seiner letztlich erfolglosen Bewerbung um das Berliner Mendelssohn-Stipendium ein.[27] Ob und in welcher Weise das Werk in den darauf folgenden sechs Jahren bis zur Drucklegung Umarbeitungen erfahren hat, muss vorerst Spekulation bleiben.

25 Goethes Gedicht war im 19. Jahrhundert bereits mehrfach vertont worden: Franz Schubert nahm nicht weniger als fünf Kompositionsversuche zu dem Text vor, 1840 erschien eine Umsetzung Carl Loewes für Chor und Klavier. 1847 vertonte Ferdinand Hiller das Gedicht für Chor und Orchester, worauf die Besprechung von Bergers Werk in den *Signalen* verweist: »Man wird sich erinnern, daß schon eine Composition dieses Goethe'schen Gedichtes von Ferd. Hiller existirt.« (Anon., in: *Signale für die musikalische Welt* 52 (1894), S. 388). Vgl. zu weiteren Vertonungen des Textes auch Stefanie Steiner, »Franz Schuberts *Gesang der Geister über den Wassern* im Kontext der ästhetischen Kategorie des Erhabenen«, in: *Schubert-Jahrbuch 2000–2002. Bericht über das Schubert-Symposion Düsseldorf 2002. Franz Schubert – Goethe-Vertonungen und ihre Rezeption*, hrsg. von Dietrich Berke und Christiane Schumann, Duisburg 2004, S. 35–47. Steiner führt in ihrer Auflistung allerdings die Umsetzungen Hillers und Bergers nicht an; vgl. ebd., S. 45.

26 Dieses belegt ein von Ernest zitierter, nicht näher spezifizierter Brief Bergers »an eine Freundin« vom Mai 1886 (Ernest, S. 59). *Der Gesang der Geister über den Wassern* war wie auch der *Gesang der Erinnyen*, nach einem Ausschnitt aus Schillers *Die Kraniche des Ibykus* (»Wohl dem, der frei von Schuld und Fehle / Bewahrt die kindlich reine Seele!« etc.), für das Jahr 1888 bei Praeger & Meier angekündigt, ersterer als op. 22, letzterer als op. 26. Dies geht aus einer Ankündigung des Verlags hervor (»Vocal- und Instrumental-Compositionen von Wilhelm Berger«), die sich in den Deckel der autographen Partitur der Schiller-Vertonung eingeklebt findet. Daneben steht handschriftlich, mutmaßlich von Isabella Berger, geschrieben: »›Gesang der Geister üb. den Wassern‹ erschien 1888 nicht bei Praeger & Meier, sondern erst 1893 bei G. Plothow, als Op. 55«, und darunter: »Chor d. Erinnyen geriet in Vergessenheit«. Diese Angaben rücken die gleichbesetzten Werke zu je einem Goethe- und Schiller-Text, beide im Titel beginnend mit »Gesang der [...]«, in eine noch größere Nähe. Bergers autographe Partitur, sowie ein von anderer Hand stammender Klavierauszug der Schiller-Vertonung befinden sich in der Sammlung Musikgeschichte der Meininger Museen.

27 Vgl. Ernest, S. 62 und Reinhardt1, S. 83.

Die Besprechung des Druckes fand in der *Allgemeinen Deutschen Musik-Zeitung* lobende Worte, die darauf abzielen, Bergers Werk den Status einer der hehren dichterischen Vorlage angemessenen Komposition zu attestieren:

»Dies neueste Werk des talentvollen und geschätzten Komponisten ist wieder von hervorragender Bedeutung. Das unaufhörliche Werden in der Natur und die Vergänglichkeit des menschlichen Daseins, wie sie Goethe in grotesk entworfenen Bildern uns schildert, geben den poetischen Stimmungsgehalt ab, welchen der Komponist zur wirkungsvollen, eindringlichen Lebendigkeit steigert. Dass B e r - g e r auch hier sich als Meister des ausdrucksvollen, in sich selbst freien Chorsatzes und der charakteristischen Instrumentation bewährt, braucht kaum gesagt zu werden. Ich mache nur aufmerksam auf die Vornehmheit und Tiefe der Auffassung, mit der B e r g e r ein dem Gedicht gleich grossartiges musikalisches Gebilde zu schaffen sich bemüht hat. Aus den beiden Anfangstakten der Bässe, zu denen aus dem Orchester immer wieder andere Melodien hervorquillen [sic], entwickelt sich das ganze Stück, die Beständigkeit im Wechsel des Weltengetriebes schön illustrirend. Nach einer Orchester-Einleitung beginnt dann der volle, unbegleitete Chor in breitem Satze: ›Des Menschen Seele gleicht dem Wasser‹. Und nun kommt das Orchester heran, um den Kreislauf des Wassers durch Tonbilder zu verdeutlichen, das Stürzen über Felsen und Klippen, das sanfte Gleiten durch's Thal und das Wehen des Windes. Nach der letzten Steigerung lassen sich die Anfangstakte wieder ernst vernehmen, und in schmerzlich-ruhiger Resignation schliesst das Stück: ›Seele des Menschen, wie gleichst du dem Wasser, Schicksal des Menschen, wie gleichst du dem Winde!‹ – Ein feingebildeter Chor und ein künstlerisch bedeutender Dirigent sind freilich nöthig, um dem Werke zur vollen Wirkung zu verhelfen. Herr S i e g f r i e d O c h s sollte sich für seinen Philharmonischen Chor das Berger'sche Werk nicht entgehen lassen.«[28]

Im selben Jahr kam es zu einer »Vorauffführung« durch den Chor und das Orchester der Berliner Hochschule unter Leitung von Joseph Joachim.[29] In dessen Nachlass findet sich ein Exemplar der Partitur. Es trägt Bergers handschriftliche Widmung »Herrn Professor Dr. *Joseph Joachim* in dankbarer Verehrung vom Componisten, 29/9 93, *Berlin*«.

28 O.[tto] L.[essmann] [?], »Vom Musikalienmarkt«, in: *Allgemeine Deutsche Musik-Zeitung* 20 (1893), S. 571.
29 Vgl. Reinhardt1, S. 84.

Die eigentliche Uraufführung im 10. Philharmonischen Konzert 1896 in Berlin unter Arthur Nikisch kommentierte Otto Lessmann in der *ADMZ* folgendermaßen:

> »Mit dem X. Philharmonischen Konzerte hat Herr Arthur Nikisch für diese Saison seine Berliner Thätigkeit zum Abschluß gebracht. Sein letztes Programm umfaßte Wagner's ›Faust‹-Ouvertüre, ›Gesang der Geister über den Wassern‹ für Chor und Orchester von Wilhelm Berger und Rob. Schumann's ›Manfred‹-Musik. Der Gesammteindruck des Abends war ein sehr erfreulicher und das zahlreich versammelte Publikum nahm die zum Theil glänzenden Darbietungen mit lebhaftem Beifall auf. [...] Berger's Chorwerk ist eine überaus schön gestimmte Vertonung der Göthe'schen Dichtung. Mag sein, daß der mittlere Theil etwas zurücksteht an Charakteristik des Ausdrucks, daß namentlich auch die vielen Textwiederholungen den melodischen Fluß hier ein wenig eindämmen, im Ganzen wird die durch die schöne Exposition hervorgerufene Stimmung doch nur wenig beeinträchtigt, zumal der Schlußtheil sich wieder auf die volle Höhe des dichterischen Ausdrucks erhebt. Chor- und Orchestersatz verrathen ebensoviel Beherrschung der künstlerischen Formen und Ausdrucksmittel, wie feingebildeten Geschmack.«[30]

Die weiteren Werke des Konzerts, Wagners *Faust-Ouvertüre* und Schumanns *Manfred*, zeigen das Bemühen, den *Gesang der Geister* in ein literarisch anspruchsvolles Programm zu integrieren. Entsprechend wichtig ist Lessmann auch der Bezug von Bergers Komposition zur Dichtung Goethes, sichtbar an seiner Reserviertheit gegenüber dem musikalisch am stärksten profilierten Mittelteil, der sich als einziger von einer linearen Abhandlung der aufeinander folgenden Textelemente löst (Näheres dazu unten).

Die Besprechung der Uraufführung im *Musikalischen Wochenblatt* beharrte ebenfalls auf dem Primat der Dichtung, zollte jedoch auch Bergers Vertonung Anerkennung:

> »Von neuen Werken hat der Ochs'sche Chor nur eine Cantate gebracht, die unter Nikisch's Leitung im letzten Philharmonischen Concerte aufgeführt wurde: ›Gesang der Geister über den Wassern‹ für gemischten Chor und grosses Orchester von Wilhelm Berger. Wenn man bedenkt, wie wenig Berger's Name noch bekannt ist, dessen Op. 55 hier vorliegt, so wird man aufs Neue gemahnt an die Schäden unserer Kunstpflege, die zwischen Schund und dem wenigen ganz Grossen kaum noch ein Mittelgebiet beachtet. Berger ist ein sehr bedeutendes Talent, das Kraft des Ausdrucks mit Schönheit der Form zu verbinden weiss. Mit dem genannten Werke hat er vielleicht sein Bestes geschaffen, ein höchst anregendes, oft ergreifendes Stück, dessen Aufführung jedem bedeutenderen deutschen Chorverein Freude und Genuss bereiten wird. Mit dem leichten Urtheil, dass die Musik

---

30 Otto Lessmann, »Aus dem Konzertsaal«, in: *Allgemeine Deutsche Musik-Zeitung* 23 (1896), S. 194–196, hier S. 195.

nicht an die Goethe'sche Dichtung heranreicht, soll man doch nicht kommen: ich glaube, dass die weisen Kritiker das von jeder Musik sagen werden, die sich an solchem Text versucht; die Folge wäre, dass nur mittelmässige Gedichte componirt werden dürften. Eher scheint es mir bedenklich, dass Berger in der Orchestereinleitung gleich eine so gewaltige Steigerung bringt, dass er sich die Wirkung des Folgenden etwas beeinträchtigt. Ein Zug der Grösse geht durch das Werk, Etwas wie ›Parsifal‹-Stimmung. Die oft bemerkte Thatsache, dass die Zöglinge der Königl. Hochschule in Berlin, denen man noch immer die Scheuklappen vor der Wagner'schen Kunst als bestes Mittel für ihr Fortkommen mitzugeben pflegt, im Herzen um so begeistertere Verehrer des Meisters sind, wird durch Berger am besten illustrirt; denn er, den die ›Hochschule‹ mit Recht ihren besten Componisten nennt, wandelt nicht auf dem Pfade der Gerechten – Bargiel und Rudorff –, sondern schlägt Wagner'sche Weisen an.«[31]

Der angesprochene »Zug der Größe« und der *Parsifal*-Vergleich in dieser Rezension rekurrieren auf die ästhetische Kategorie des Erhabenen, die seit dem Ende des 18. Jahrhunderts eng mit dem Feld sinfonischer Musik verbunden,[32] in den 1890er Jahren aber auch paradigmatisch mit dem *Parsifal* assoziiert war.[33] Von möglichen musikalischen Bezugnahmen Bergers auf Wagners Bühnenweihfestspiel wird unten noch die Rede sein. Indes dürfte einem literarisch gebildeten Musiker wie Berger[34], zumal wenn man bedenkt, wie geläufig biographische Entstehungskontexte von Werken Goethes seinerzeit waren, bekannt gewesen sein, dass sich Goethes *Gesang der Geister über den Wassern* in ungewöhnlicher Eindeutigkeit auf ein Paradebeispiel eines erhabenen Naturphänomens[35] bezieht, nämlich den 300 Meter hohen Staubbach-Wasser-

---

31 Anon., »Tagesgeschichte. Musikbriefe. Berlin«, in: *Musikalisches Wochenblatt* 27 (1896), S. 491.
32 Vgl. [Johann Abraham Peter Schulz], Art. »Symphonie«, in: Johann Georg Sulzer, *Allgemeine Theorie der schönen Künste in einzelnen, nach alphabetischer Ordnung der Kunstwörter aufeinanderfolgenden, Artikeln abgehandelt*, 4 Bde., Hildesheim 1967 (Reprint der Ausgabe Leipzig ²1794), Teil IV, S. 478–480, bes. S. 478f.
33 Riethmüller nennt den *Parsifal* einen jener »Gipfel, die das Gebirge erhabener Musikwerke des 19. Jahrhunderts beherrschen.« Vgl. Albrecht Riethmüller, »Aspekte des musikalisch Erhabenen im 19. Jahrhundert«, in: *AfMw* 40 (1983), S. 38–49, hier S. 43.
34 An der Bedeutung von Literatur schon in Bergers Elternhaus kann kaum Zweifel bestehen. Bergers Vater war ab Mitte der 1870er Jahre sogar hauptberuflich als Schriftsteller tätig. Ernest berichtet zudem über Bergers ausgeprägte literarische Interessen während des Studiums: Ernest, S. 46f.
35 Vgl. Terence James Reed, »Gesang der Geister über den Wassern«, in: *Goethe Handbuch in vier Bänden*, hrsg. von Bernd Witte u. a., Band 1: *Gedichte*, hrsg. von Regine Otto und Bernd Witte, Stuttgart u. Weimar 1996, S. 195–198, hier

fall bei Lauterbrunnen, den Goethe während seiner zweiten Schweiz-Reise zwischen dem 9. und 11. Oktober 1779 besuchte.[36] Der bildliche Paratext zu Bergers Komposition in Form des Titelblatts nimmt hierauf durch die Abbildung eines Wasserfalls in einer Berglandschaft Bezug, die unverkennbar den Entstehungs- und zumindest partiellen Deutungshintergrund des Gedichtes aufnimmt (s. Abbildung 1) – ein kleiner aber treffender Beleg für das oben erwähnte biographisch ausgerichtete Goethe-Bild jener Zeit.

Johann Wolfgang von Goethe: *Gesang der Geister über den Wassern*[37]

I	1	Des Menschen Seele	II		Strömt von der hohen,
		Gleicht dem Wasser			Steilen Felswand
		Vom Himmel kommt es,		10	Der reine Strahl,
		Zum Himmel steigt es,			Dann stäubt er lieblich
	5	Und wieder nieder			In Wolkenwellen
		Zur Erde muß es,			Zum glatten Fels,
		Ewig wechselnd.			Und leicht empfangen
				15	Wallt er verschleiernd,
					Leisrauschend
					Zur Tiefe nieder.

S. 195, sowie Steiner, S. 36, dort auch Ausführungen zu verschiedenen vorangegangenen Beschäftigungen mit dem Staubbachfall in Literatur und Malerei.

36 Vgl. Reed. Goethe legte das Gedicht am 14. Oktober einem Brief an Charlotte von Stein bei, dort noch unter der Überschrift »Gesang der lieblichen Geister in der Wüste«. Die Redesituation, die der Titel nahelegt, hatte sich Goethe zunächst offenbar als Zwiegespräch, nicht als Chor vorgestellt. Im Brief an Charlotte von Stein sind einzelne Textteile noch dialogisch in einen ersten und einen zweiten Geist aufgeteilt. Diese Gestalt findet sich auch in einer Abschrift Herders und einer weiteren von Luise von Göchhausen, bei ihr unter dem Titel »Vor'm Staubbach«. Die Druckfassung von 1789 kennt diese Einteilung nicht mehr; vgl. ebd., S. 195.

37 Die hier wiedergegebene Textgestalt folgt der in *Goethes Werke. Hamburger Ausgabe* in 14 Bänden, hrsg. von Erich Trunz, Band I: Gedichte und Epen I, München [13]1982, S. 143. Der Text in Bergers Partitur weicht geringfügig vom hier Wiedergegebenen ab: Vers 16 ist bei Berger als »leis rauschend«, Vers 30 als »Wind mischt von Grund aus« komponiert. Im letzten Vers des Gedichts verändert Berger, wohl aus musikalisch-klanglichen Gründen, »Wind« durch ein angehängtes »-e« zu »Winde«, vgl. Takt 234–254. Darüber hinaus finden sich lediglich kleine orthographische Varianten.

III	Ragen Klippen	V		Wind ist der Welle
	Dem Sturz entgegen			Lieblicher Buhler;
20	Schäumt er unmutig		30	Wind mischt vom Grund aus
	Stufenweise			Schäumende Wogen.
	Zum Abgrund.			
		VI		Seele des Menschen,
IV	Im flachen Bette			Wie gleichst du dem Wasser!
	Schleicht er das Wiesental hin,			Schicksal des Menschen,
25	Und in dem glatten See		35	Wie gleichst du dem Wind!
	Weiden ihr Antlitz			
	Alle Gestirne.			

Im Folgenden einige kurze Bemerkungen zur Textvorlage: Goethes Gedicht kann als auf zwei Ebenen operierend betrachtet werden. Die Strophen I und VI bilden einen allegorischen Rahmen für die zumindest bei Kenntnis des Entstehungshintergrunds recht konkreten Bilder des Wasserfalls in den übrigen Strophen.[38] Der Text schwankt damit zwischen »Bedeutung« und »Beschreibung«.[39] Der anfangs eingeführte Vergleich lässt die einzelnen Zustände des Wassers, »eines der Hauptsymbole Goethescher Lyrik während der Periode des Sturm und Drang«,[40] zum Abbild menschlicher Seelenzustände werden, allerdings ohne dass sich eine Stringenz der Bildabfolge ergäbe. Auch das Element »Wind«, welches in der letzten Strophe, die anfängliche Allegorie aufgreifend, dem unsteten »Schicksal des Menschen« verglichen wird, bringt keine sichere Präzisierung. »So fehlen« nach Ansicht von Terence James Reed, »der letzten Strophe, die den gedanklichen Ertrag des Gedichts als Reprise des Themas in Dur bringt, die Rückverbindung an ein schlüssiges Argument und damit die rhetorisch alles abrundende Überzeugungskraft.«[41] Das mag poetische Strategie des Textes sein: Denn seine artifizielle Redesituation lässt den Leser nur das belauschen, was übernatürliche Wesen über den Zusammenhang von Wasser, Wind, Seele und Schicksal zu sagen wissen, ohne dass

---

38 Besonders deutlich zu beobachten in Vers 11/12: »Dann stäubt er lieblich / In Wolkenwellen«.
39 Reed, S. 196.
40 Hans Jürgen Geerdts, »Meeressymbolik in Goethes Schaffen«, in: Ders., *Zu Goethe und anderen. Studien zur Literaturgeschichte*, Leipzig 1982, S. 123–150, hier S. 125.
41 Reed, S. 197.

sich dieser dem Menschen als zusammenhängende Botschaft erschlösse.[42] Die Wasserbahn führt an kein Ziel, sie bleibt zirkulär und die Metapher des Wasserkreislaufs als Seelenwanderung hermetisch.[43]

IV

Man kann Wilhelm Bergers kompositorische Umsetzung von Goethes Gedicht als den Versuch hören, diese Zirkularität musikalisch zu thematisieren, indem sie einen in seinem engen Textbezug linear-›motettischen‹, vordergründig nur in eine Richtung zielenden Reihungsablauf durch musikalische Rekurse auf Form- und Motivebene fortwährend relativiert.[44]

Tabelle 2: Berger op. 55, Formübersicht.

Formteil	Takte [Länge]	Text	Tonart
A	1–36 [36]	instrumental	c
Chor a cappella	37–44 [8]	I, 1–2 (»Des Menschen Seele«)	c
A'	45–68 [24]	I, 3–7 (»Vom Himmel«)	c
Überleitung	68–76 [9]	instrumental	c → Es
B	77–84 [8]	II, 8–10 (»Strömt von der hohen«)	Es → C
C	85–101 [17]	II, 11–17 (»Dann stäubt«)	C → As → Es
Überleitung	101–105 [5]	instrumental	Es
D	106–165 [60]	III, 18–22 (»Ragen Klippen«)	g
Überleitung	165–180 [16]	instrumental	G / Es → As
E	181–195 [15]	IV, 23–27 (»Im flachen Bette«)	As → Ges
Überleitung	195–199 [5]	instrumental	Ges
B'	200–220 [21]	V, 28–31 (»Wind ist der Welle«)	Es → c
A''	220–248 [29]	VI, 32–35 (»Seele des Menschen«)	c
Chor a cappella	249–254 [6]	VI, 34–35 (»Schicksal des Menschen«)	c
A'''	254–271 [18]	instrumental	c

42 Vgl. Steiner, S. 36f.
43 Vgl. Reed, S. 196f.
44 Vgl. grundsätzlich zur vokal-instrumentalen Gestaltung von Chor-Orchesterwerken Friedhelm Krummacher, »Symphonie und Motette: Überlegungen zum ›Deutschen Requiem‹«, in: *Brahms-Analysen. Referate der Kieler Tagung 1983*, hrsg. von dems. und Wolfram Steinbeck (= Kieler Schriften zur Musikwissenschaft XXVIII), Kassel 1984, S. 183–200, sowie ders., »Symphonische Verfahren in Haydns späten Messen«, in: *Das musikalische Kunstwerk. Geschichte, Ästhetik, Theorie. Festschrift Carl Dahlhaus zum 60. Geburtstag*, hrsg. von Hermann Danuser u. a., Laaber 1988, S. 455–481.

Zwar ist in Bergers Komposition eine Folge klar voneinander getrennter Abschnitte zu vernehmen, die sich an der strophischen Gliederung des Gedichtes und dem jeweils unterschiedlichen textlichen Gehalt orientiert. Auch kommt die Komposition ohne Rückgriffe auf schon erklungene Gedichtteile aus, und innerhalb der Abschnitte ist so gut wie keine Textwiederholung zu beobachten. Dagegen aber erweist sich das Werk bei genauerer Betrachtung der formalen Gestaltung als komplett symmetrische Anlage mit der Vertonung der III. Strophe, die als einzige ausgiebig von Textwiederholungen Gebrauch macht, als Mittelachse.

Das offensichtlichste Symmetriepaar stellen der Satzbeginn und seine reprisenartige Wiederaufnahme ab Takt 220 dar, die hier, entgegen der Charakterisierung von Reed, in c-Moll verbleibt, einer Tonart, die den Grundgestus des Werkes als erhabenes Adagio von bisweilen monumentalem Pathos wesentlich mitbestimmt. Beide Rahmenteile verhalten sich in ihrem Ablauf spiegelbildlich zueinander: Das Stück beginnt in einer doppelten Exposition mit einer instrumentalen Einleitung A gefolgt vom ersten Vokalteil A', der eine fast exakte Wiederholung von A mit nun hinzutretendem, durch die dichte polyphone Struktur des Orchestersatzes aber kaum melodisch profiliertem Chor darstellt. Unterteilt sind A und A' durch den scharnierartigen a cappella-Einsatz des Chores in Takt 37. Dieser Ablauf kehrt in umgekehrter Reihenfolge am Ende wieder (vokale Reprise A'' – Chor a cappella – instrumentales Nachspiel A'''). Diese Reprise freilich, so ließe sich argumentieren, ist noch direkt textlich motiviert, nimmt doch die hier vertonte VI. Strophe bis in den Wortlaut hinein auf den Beginn Bezug (»Des Menschen Seele/ Gleicht dem Wasser« – »Seele des Menschen,/ Wie gleichst du dem Wasser«). Kaum noch durch textliche Parallelen bedingt erscheint indes die paarweise Anordnung der übrigen Abschnitte um den Mittelteil D herum. Die auf A' folgende Überleitungspartie moduliert in die parallele Durtonart Es und führt zu einem Teil B, der sich durch fanfarenartige Dreiklangsmelodik und Akkordrepetitionen stark vom Vorangegangenen abhebt – man könnte trotz seiner Kürze sagen: Seitensatzgepräge besitzt. In Takt 200 wird dieser Abschnitt wieder aufgenommen (B'). Einzig C, welches nach B die zweite Hälfte der textreichen Strophe II vertont, findet keine direkte Entsprechung in E, jedoch korrespondieren die Abschnitte charakterlich, in ihrer Dur-Tonalität und einer jeweils konstanten akkordisch-figurativen Begleitung. Deutlich scheinen in dieser Anlage Elemente eines genuin musikalischen Formmodells durch, nämlich vor allem in den Rahmenteilen ein sonatensatzartiges Gebilde mit einer inversen Reprise, das in seiner Mitte allerdings mit C, E und vor allem D derart eigenständige Formteile aufweist, dass diese den Anschein von Episoden oder satzinternen Intermezzi erwecken, die sich vornehmlich aus dem Textverlauf ergeben.

Neben diesen großformalen Bezügen herrscht das Bestreben, die einzelnen Abschnitte der Komposition mittels eines engen Netzes motivischer Konstanten miteinander zu verknüpfen, zunächst über zwei vom Text unabhängige, mithin semantisch unbestimmte Hauptmotive, die bereits in den ersten Takten erscheinen (s. Notenbeispiel 1). Motiv *a* ist in sich bereits reale Sequenzierung seines ersten Taktes, die sofort durch Einführung eines *des* die Grundtonart c-Moll mit ihrer Mediante As-Dur konfrontiert. Die doppelte Kleinterz aber ist die essentielle Gestalt des Motivs, was sich etwa in seiner augmentierten Verwendung im ersten unbegleiteten Choreinsatz zeigt (s. Notenbeispiel 2). In dieser Version erscheint *a* diatonisch (*g–b*, *f–as*) und bleibt nicht auf die Oberstimme beschränkt. Der Bass imitiert den Sopran im Taktabstand, der Kanon wird jedoch durch die Generalpause in Takt 41 verschleiert. Der Tenor weist dazu zweimal die fallende Kleinterz auf, also *a* in Umkehrung, ohne dass dies harmonisch zwingend wäre. Offensichtlich soll *a* im ersten Choreinsatz unmissverständlich als vokales Zentralmotiv eingeführt werden.

Motiv *b* hingegen verbleibt im Orchester und wird nicht vom Chor aufgegriffen. Es ist zwar insofern mit *a* verwandt, als es dessen Punktierung aufgreift; diese wird aber in *b* durch eine angebundene Triole erweitert, die ihrerseits im Satzverlauf zu einem der wichtigsten Entwicklungsmotive wird (s. Notenbeispiel 3). In seiner ersten Variante umschreibt *b* diastematisch einen c-Moll-Quintraum mit oberem Halbton, harmonisch eine komplette c-Moll-Kadenz und stiftet somit tonale Festigung, die aber nur von kurzer Dauer ist. Denn in seiner syntaktischen Offenheit ist *b* auf Fortspinnung hin konzipiert, die sich zunächst imitatorisch in tonaler Beantwortung, also mit anfänglichem Quartsprung, schließlich auch in der Weiterführung von Achtel- und Triolensequenzen realisiert.

Insbesondere wenn man auch die ›Comes-Gestalt‹ des Motivs mit Quart-Initium einbezieht, können in *b* Anklänge an ein Motiv aus dem *Parsifal* entdeckt werden. Es handelt sich hierbei um das Motiv, welches Hans von Wolzogen als »Heilandsklage«[45] bezeichnet hat, und zwar in einer Gestalt, in der es prominent erstmalig in der Verwandlungsmusik des ersten Aufzugs erscheint und dann auch Amfortas' Monolog der darauffolgenden, ihrerseits chorlastigen, Abendmahls-Szene prägt (s. Notenbeispiel 4). Dieses harmonisch ebenfalls eine vollständige s-D-t-Kadenz umschreibende Motiv weist in den Mittelstimmen Elemente auf, die auch in Bergers Motiv *b* begegnen: den anfänglichen, auf eine gedehnte Note zielenden Quartsprung, die angebundene Achteltriole,

---

45 Hans von Wolzogen, *Thematischer Leitfaden durch die Musik des Parsifal nebst einem Vorworte über den Sagenstoff des Wagner'schen Dramas*, Leipzig ²1882, S. 34f.

sowie schließlich den auf schwerer Zeit liegenden Nonenvorhalt, der sich zur darüber liegenden Mollterz der Tonika auflöst (s. Notenbeispiel 3).[46] Wenngleich diese Parallele keineswegs im Sinne eines direkten Zitats, womöglich gar als semantisierbarer Intertext überinterpretiert werden sollte, mag sie dennoch verdeutlichen, dass es für den *Parsifal*-Vergleich in der oben zitierten Rezension durchaus Anhaltspunkte auf kompositorischer Ebene gibt.[47]

So sehr bereits die instrumentale Exposition von Bergers op. 55 von Abspaltungs- und Sequenzvorgängen geprägt ist, so omnipräsent sind die Motive *a* und *b* aufgrund ihrer Kürze und Prägnanz (s. Notenbeispiel 5). Die offensichtlichste Präsenz zeigen die zwei Hauptmotive in Abschnitt A und seinen späteren Varianten, jedoch bestimmen sie auch zumeist die instrumentalen Überleitungsabschnitte.

Abseits der Hauptmotive bilden sich ›nebenmotivische Stränge‹ aus, die allerdings stark von *a* und *b* abhängen. So wird im Reprisenabschnitt A'' der bereits zweimal erklungene A-Teil durch ein Chor-Fugato erweitert (s. Notenbeispiel 6). Dessen Thema erweist sich zusammen mit einer Reihe von im Satzverlauf begegnenden thematischen Gestalten als auf die unscheinbare Achtel-Erweiterung bezogen, die Motiv *b* bei seinem ersten Auftreten beigegeben ist (s. Notenbeispiel 7a). Gemeinsam ist all diesen Gestalten eine übereinstimmende Rhythmik, nämlich die auf Zählzeit Zwei einsetzende Halbe mit einer darauffolgenden, von zwei Achteln eingeleiteten Vorhaltsfigur. Ihr Auftreten in B (s. Notenbeispiel 7b) und B' (s. Notenbeispiel 7c) ist durch aufwärts zielende Dreiklangsmelodik in Dur gegenüber *b* charakterlich abgewandelt, bewahrt aber durch den abschließenden steigenden Halbton auch Gemeinsames. Mit Takt 209 (s. Notenbeispiel 7d) wird das Motiv nach Moll und in eine geglättete Sekundbewegung zurückgeführt. Hinsichtlich der melodischen Richtung stellt diese Version eine Umkehrung der Ursprungsgestalt dar. Ihr absinkendes Ende wird schließlich im Fugato-Thema mit dem abwärts gerichteten Phrasenbeginn aus *b* zu einer durchgängig fallenden Linie kombiniert.

Auch an dieser Stelle wäre auf eine Parallele zur Abendmahls-Szene des ersten *Parsifal*-Aufzugs hinzuweisen. Dort erscheint nach dem ersten Auftritt

---

[46] Vgl. zu den verschiedenen Erscheinungsformen des Motivs Ulrike Kienzle, *...daß wissend würde die Welt! Religion und Philosophie in Richard Wagners Musikdramen* (= Wagner in der Diskussion 1), Würzburg 2005, S. 210–215. Kienzle weist darauf hin, dass die hier angesprochene Mittelstimmen-Motivik ihrerseits als »variierte Umkehrung des *Amfortas-Motivs*« verstanden werden kann (ebd., S. 211).

[47] Zu Bergers Neigung, Anklänge an Werke anderer Komponisten in sein Schaffen zu integrieren vgl. im vorliegenden Band die Beiträge von Irmlind Capelle und Christoph Flamm zur Kammer- und Klaviermusik.

der Gralsritter (»Zum letzten Liebesmahle gerüstet Tag für Tag«) mehrfach ein auf dem »Glocken-Motiv« fußendes instrumentales Zwischenspiel, dessen Achtel-Triolen-Sequenzen (hier T. 1174, s. Notenbeispiel 8) nach Moll versetzt in Bergers oben abgebildetem »Wasser«-Melisma (s. Notenbeispiel 7e) wiederzukehren scheinen.

Die Sonderstellung von Abschnitt D als Mitte der spiegelsymmetrischen Bogenform von Bergers op. 55 wurde bereits herausgestellt. Dieser expansive Abschnitt, von Ernest »Mittelpunkt des Werkes«[48] genannt, ist durch schnelleres Tempo vom restlichen Satz abgehoben und mit 60 Takten der weitaus längste. Er bildet zudem eine Ausnahme durch seine ausgiebige, im übrigen Werk fast gänzlich fehlende Textwiederholung. Im Gegenteil emanzipiert sich hier die musikalische Formung vollständig von der textlichen Abfolge und lässt so gewissermaßen einen vielgliedrigen ›Satz im Satz‹ entstehen. Auf eine viertaktige Einleitung, die bereits den gesamten Text der III. Strophe ›verbraucht‹, folgt eine Fugenexposition, deren Thema zur dritten thematischen Hauptgestalt des Werkes wird, und bis ins instrumentale Nachspiel hinein präsent bleibt (s. Notenbeispiel 9). Dieses Thema ist seinerseits wiederum eng mit *a* und *b* verknüpft, indem es die Punktierung aus *a* in Diminution, im weiteren Verlauf auch in Originalgestalt, aus *b* den Quintrahmen *c–g* und den fallenden Tritonus übernimmt (s. Notenbeispiel 10). Es kommt jedoch auch hier nicht zu einer ausgewachsenen Fuge. Nach der oben abgebildeten Exposition wird der Themenkopf aus Punktierung, Halbton und Tritonus bald abgespalten und im Verlauf des Abschnitts D in vielfacher Weise verarbeitet, etwa in gleichsam doppelchörigen Echopassagen.

V

Gustav Ernest rühmte an Bergers Chorwerken »die höchste künstlerische Einheitlichkeit und Abrundung durch die stete Wiederverwendung bestimmter Motive«, die »von einer schwer zu übertreffenden Meisterschaft«[49] zeuge. In der Tat macht der *Gesang der Geister* auf Motivebene den Eindruck intensiver kompositorischer Vernetzung, die im Detail zu einem harmonisch stark angereicherten, kontrapunktisch dichten, folglich mitunter ausgesprochen komplexen Tonsatz gerät. Hinter »stupendem Handwerk«[50], das sich darin offenbart, bleibt indes die Originalität der einzelnen thematischen Gestalten zurück. Ludwig Finschers Urteil, Bergers Schwäche sei »am ehesten die melodische

---

48 Ernest, S. 128.
49 Ebd., S. 112.
50 Finscher, Sp. 1267.

Erfindung, die zwischen akademischer Trockenheit und einer Neigung zum Trivialen schwankt«[51], bestätigt sich vermeintlich auch hier in der äußersten Verknappung der den Satz weithin beherrschenden Hauptmotive und ihrer Ableitungen, die kaum noch als Themen im emphatischen Sinne bezeichnet werden können. Einen solchen Befund jedoch hätte Carl Dahlhaus möglicherweise als ein treffendes Beispiel der gesamten kompositionsgeschichtlichen Entwicklung in der zweiten Hälfte des 19. Jahrhunderts interpretiert. Die in seinem Aufsatz »Zur Problemgeschichte des Komponierens«[52] anzutreffenden Ausführungen zur Tendenz von zunehmender motivischer Kürze und Offenheit jedenfalls lesen sich wie eine Beschreibung, die direkt auf die motivischen Gestalten im hier betrachteten Werk Bergers bezogen sein könnte:

> »Einerseits enden die Motive – ohne Kadenz oder Halbschluß – im harmonisch Unbestimmten, Weiterweisenden. Andererseits sind sie jedoch rhythmisch so fest umrissen, daß sie, um syntaktisch sinnvoll zu sein und bestehen zu können, auf eine Fortsetzung nicht angewiesen sind. Weder bildet also das Motiv selbst eine Periode noch duldet es die Konstruktion eines Nachsatzes, durch den es zur Periode ergänzt würde.«[53]

Eine bei derartigen Tendenzen ansetzende Kritik Nietzsches, der an Wagner den Hang zur motivischen Miniatur monierte, aus dem sich ein »Widerspruch zwischen der Kürze der musikalischen Gedanken und der Monumentalität der Formentwürfe«[54] ergebe, ließe sich mit Abstrichen ebenfalls auf Bergers op. 55 übertragen. Denn es stellt sich die Frage, wie auf einer derart schmalen Basis überhaupt noch eine über weitere Strecken tragfähige musikalische Form gestaltet werden kann. Im speziellen Fall von Bergers *Gesang der Geister* sollte zunächst eingeräumt werden, dass der mutmaßliche Mangel zumindest im zeitgenössischen Diskurs umso mehr in den Hintergrund getreten sein dürfte, als der Musik hier mit Goethes Gedicht ein sprachliches Gerüst zugrundeliegt, das den musikalischen, sich allein in Tonbeziehungen ereignenden Formprozess entlastet, was sich Berger dann auch über weite Strecken zunutze macht. (Man erinnere sich, dass die oben zitierten Rezensenten dazu neigten, die Komposition gerade dort zu kritisieren, wo sie sich von einer engen Textkopplung

---

51 Ebd.
52 Carl Dahlhaus, »Zur Problemgeschichte des Komponierens«, in: Ders., *Zwischen Romantik und Moderne. Vier Studien zur Musikgeschichte des späteren 19. Jahrhunderts* (= Berliner musikwissenschaftliche Arbeiten 7), München 1974, S. 40–73.
53 Ebd., S. 44.
54 Ebd., S. 40.

löst, nämlich im Abschnitt D.⁵⁵) Was dann innerhalb der einzelnen Abschnitte den musikalischen Fortgang im Detail bestimmt, ist primär das Ergebnis von individuell ausgestalteten Sequenz- und Variationsprozessen des motivischen Ausgangsmaterials.⁵⁶ Der Formverlauf, so ließe sich argumentieren, ist nun ganz in Dahlhaus' Sinne hauptsächlich, wenn auch nicht ausschließlich, »als Konsequenz aus thematischen Gedanken, nicht als System von formalen Funktionen«⁵⁷ verstehbar. Und je individueller, und in Bergers Fall auch je textnäher und damit weniger schematisch, sich damit der Formverlauf gestaltet, umso weniger ist der Komponist auf die Originalität seiner melodischen Erfindung angewiesen.

Das strukturelle Verfahren in Bergers *Gesang der Geister* stellt sich weder als vom ingeniösen Einfall getragenes Schema dar, noch als zwingender Prozess im Sinne einer beethovenschen Symphonie, in der ein Thema als Funktion eines Satzprozesses aufgefasst werden kann. Vielmehr handelt es sich um durch den Text motivierte Verläufe, die musikalisch »aus dem Thema herausgesponnen«⁵⁸ sind. Schon in der Besprechung des Erstdrucks hieß es: »Aus den beiden Anfangstakten der Bässe, zu denen aus dem Orchester immer wieder andere Melodien hervorquillen, entwickelt sich das ganze Stück, die Beständigkeit im Wechsel des Weltengetriebes schön illustrirend.«⁵⁹ Das gesamte Werk macht mitunter in der Vernetzung seiner Abschnitte, der dauernden Rückbezüglichkeit auf Gewesenes, bis in die engste Bezogenheit der Motive und thematischen Gestalten aufeinander den Eindruck eines Stillstandes im Fortschreiten.

55 Vgl. oben Lessmanns Besprechung der Berliner Uraufführung unter Nikisch (wie Anm. 30).
56 Vgl. Dahlhaus, »Zur Problemgeschichte«, S. 44ff. Dahlhaus kontrastiert in seiner Studie die idealtypischen Verfahren modulierender Sequenztechnik in Wagners Musikdrama und entwickelnder Variation in der Kammermusik von Brahms. Gerade für das Feld des Symphonischen (in das Bergers op. 55 im weiten Sinne hineinzuzählt) sei diese Dichotomie allerdings zu relativieren. Wollte man ihr dennoch ein Stück weit folgen, so ließen sich auf diesem Wege sicherlich noch weitere Erkenntnisse über Bergers Komponieren gewinnen. Den Ansatz von Dahlhaus hat in jüngster Zeit erneut Siegfried Oechsle fruchtbar gemacht: »›Entwickelnde Transformation‹? Kompositionsgeschichtliche Überlegungen zum Kopfsatz des c-Moll-Klaviertrios op. 101«, in: *Spätphase(n)? Johannes Brahms' Werke der 1880er und 1890er Jahre. Internationales musikwissenschaftliches Symposium Meiningen 2008*, hrsg. von Maren Goltz, Wolfgang Sandberger und Christiane Wiesenfeldt, München 2010, S. 297–312, hier S. 310–312.
57 Dahlhaus, »Zur Problemgeschichte«, S. 41.
58 Ebd., S. 40.
59 L.[essmann] [?], »Vom Musikalienmarkt«.

Es läge nahe, diesen Befund dahingehend zu deuten, Bergers Komposition spiegle hiermit ein Moment von Zirkularität des Textgehaltes. Es ist jedoch eine basale Eigenschaft von Musik, dass sie per se auf ein sehr viel höheres Maß an Rekursivität angewiesen ist als ein sprachlicher Text. Ohne derartige Selbstreferenz in Form von Verweisen auf Motiv- und Formebene kommt Musik nicht aus, will sie nicht auf der Ebene rein motettischer Reihung agieren. Es stellt sich aber in Bergers Fall die Frage, ob allein eine zyklische Motivik über einen derart langen Satz den Zusammenhalt der Form gewährleisten kann. Bergers Formmodell weist zwar Sonaten*anklänge* auf, kaum aber eine zwingende Sonaten*logik*, so dass vor allem die Mittelabschnitte C, D und E mehr als Intermezzi denn als in einen übergeordneten Formprozess integriert wirken. Einerseits könnte deshalb zwar behauptet werden, das Werk liefe Gefahr, in Episoden zu zerfallen, bildet doch der expansive Mittelteil D aus den Hauptmotiven *a* und *b* sein eigenes thematisches Material und vollführt mit diesem wiederum seinerseits vom restlichen Satzverlauf unabhängige Operationen. Kaum weniger stark ist davon Abschnitt E betroffen, der noch weniger als C motivisch mit dem restlichen Satz verknüpft ist. Andererseits wäre auch zu überlegen, ob diese Lockerung des formalen Zusammenhalts in den genannten Abschnitten nicht gerade wegen der übergreifenden, nicht selten bereits ostentativ wirkenden Motivzyklik ein vom Komponisten bewusst in Kauf genommenes Risiko darstellt, das er eingehen konnte, ohne die Tektonik der Großform zu gefährden. Wird dies negiert, so muss man zu dem Schluss kommen, dass die überlieferungsgeschichtliche Marginalisierung des Werkes hierin ihren Hauptgrund haben könnte.

Was aber hätte Musik dieses Zuschnitts darüber hinaus zu leisten, um angesichts der Ansprüche erhabener Dichtung als Musik bestehen zu können? Um derartige Fragen zu beantworten, bedürfte es breiter angelegter Untersuchungen, die weit über dieses einzelne Werk Bergers hinausreichen müssten (und wohl auch der erneuten klanglichen Realisierung dieser Musik).[60]

Es bleibt also vorerst zu diskutieren, ob man Wilhelm Bergers hier vorgestellten Versuch der musikalischen Umsetzung eines prominenten Goethe-Gedichtes als kongeniale kompositorische Aneignung oder als bloße Illus-

---

60 Es stellte sich dann auch die Frage, ob und warum etwa Brahms dieser Bedrohung weniger ausgesetzt war. Victor Ravizza attestiert dessen *Gesang der Parzen* op. 89 zwar, tendenziell sicherlich zutreffend, vor dem Hintergrund eines Vergleichs mit Ferdinand Hillers *Es fürchte die Götter das Menschengeschlecht* op. 193 ein stärkeres Abweichen von »›einer damaligen chorsinfonischen ›Normalkomposition‹«, (Victor Ravizza, *Brahms. Spätzeitmusik. Die sinfonischen Chorwerke*, Schliengen 2008, S. 358). Eine entsprechende Norm ist allerdings, soweit ich sehe, bislang kaum hinreichend auf einer größeren Basis von Werken bestimmt worden.

tration betrachten will. Unbestreitbar ist, dass solch ›gewichtige‹ Dichtung seinerzeit gemeinsam mit der für eine breite Öffentlichkeit zugänglichen Besetzung bereits eine beträchtliche Resonanz von Bergers Musik verbürgte und dass sie damit in die Mitte einer Ästhetik traf, die dem Komponisten bis heute einen Rest von Nachruhm beschert.

Alexander Butz

Abbildung 1: Wilhelm Berger, *Gesang der Geister über den Wassern* op. 55, Titelblatt der Druckpartitur, Berlin 1893; Exemplar aus dem Nachlass Joseph Joachim, Universität der Künste Berlin, Universitätsbibliothek.

Notenbeispiel 1:
Berger op. 55, Motive *a* und *b*.

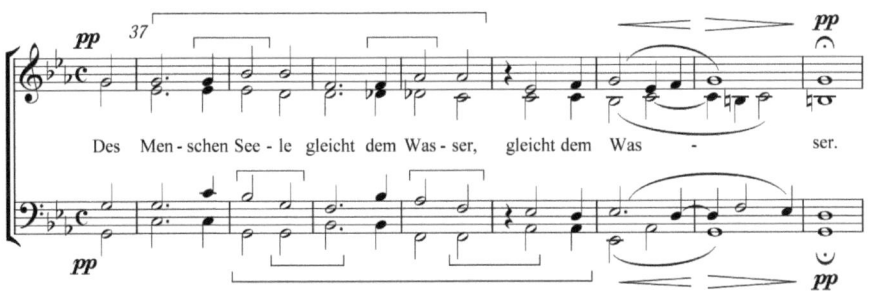

Notenbeispiel 2: Berger op. 55, Chor, T. 36–44.

Notenbeispiel 3:
Berger op. 55, Motiv b, Grundgestalt.

Notenbeispiel 4: Richard Wagner, *Parsifal*, I. Aufzug, T. 1137f., Auszug.

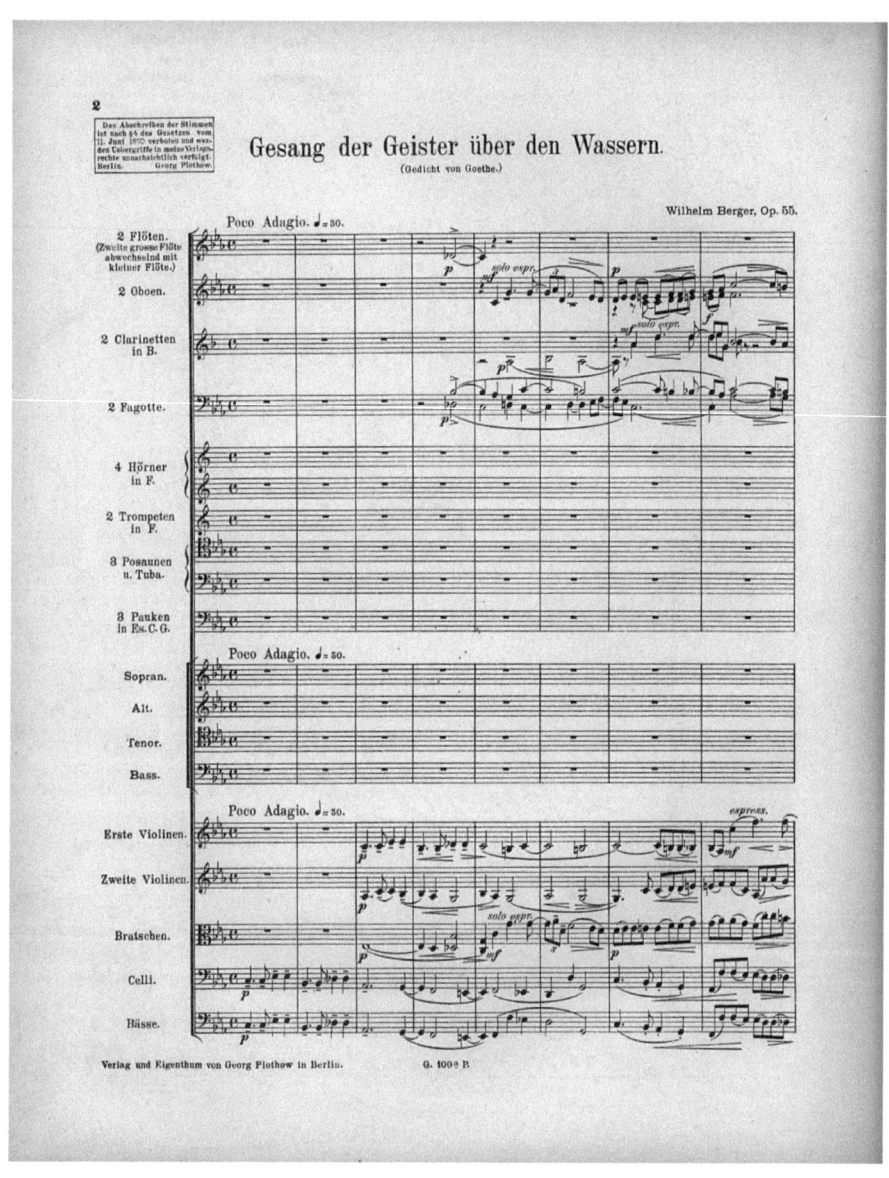

Notenbeispiel 5/1: Berger op. 55, T. 1–8, Partitur.

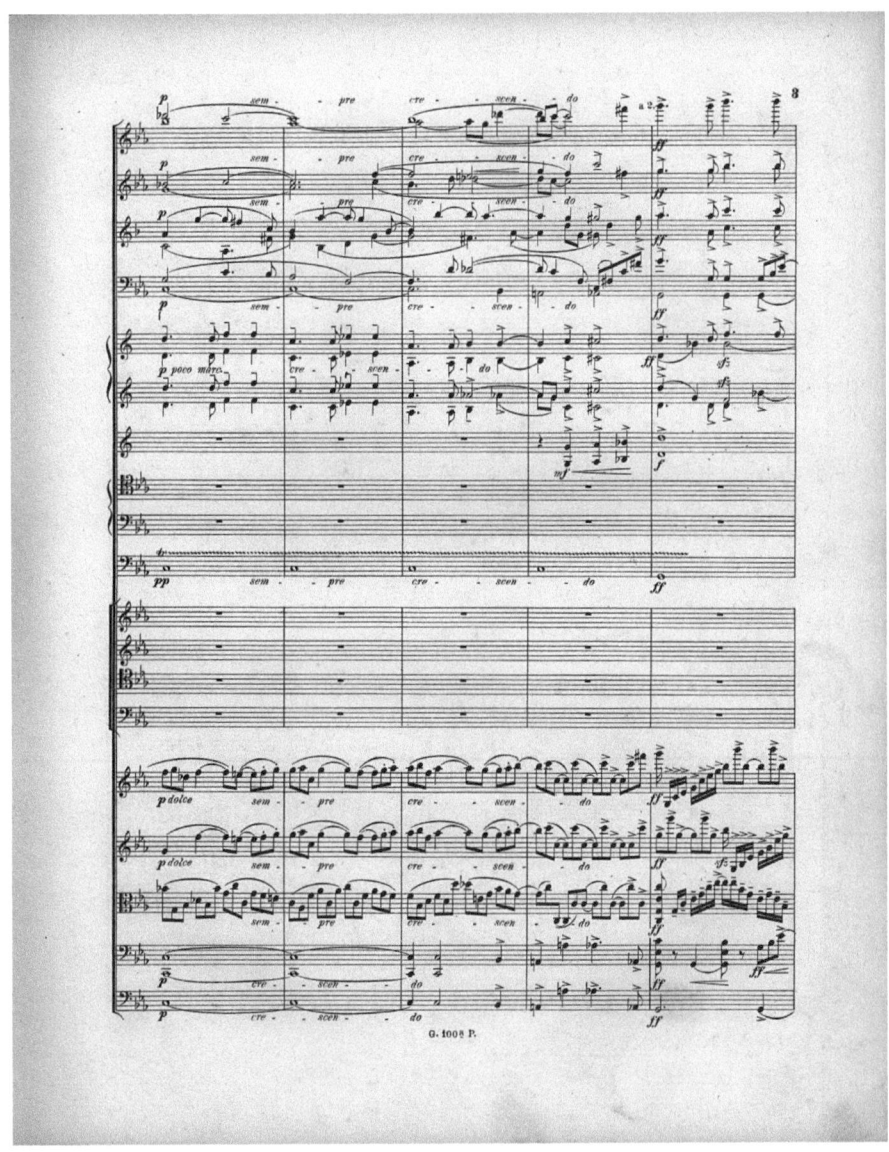

Notenbeispiel 5/2: Berger op. 55, T. 9–13, Partitur.

Notenbeispiel 6: Berger op. 55, T. 224–233, Klavierauszug.

Wilhelm Bergers »Gesang der Geister über den Wassern« op. 55

Notenbeispiel 7: Berger op. 55, Ableitung des Fugato-Themas ab Takt 224.

Notenbeispiel 8: Richard Wagner, Parsifal, I. Aufzug, T. 1172–1175, Klavierauszug.

Notenbeispiel 9: Berger op. 55, T. 109–115, Klavierauszug.

Notenbeispiel 10: Berger op. 55, Abhängigkeit des Fugenthemas von *a* und *b*.

Gesine Schröder
Kaiser Wilhelms Orient.
Zu den Männerchorsätzen von Wilhelm Berger

Dass Stücke für Männerchor einen – mehr vom kompositorischen Anspruch als von ihrer Anzahl her – gewichtigen Teil von Wilhelm Bergers Produktion ausmachen, ist typisch für Lebenswerke von Komponisten vom Ende des langen 19. Jahrhunderts. Neben seinen großformatigen Werken für Männerchor und Orchester, die hier nicht behandelt werden sollen, veröffentlichte Berger den aus vier Stücken bestehenden Männerchorzyklus op. 26, den aus drei Stücken bestehenden Zyklus op. 79 und das Einzelwerk op. 101. Hinzu kommen elf Sätze für das 1906 erschienene so genannte »Kaiserliederbuch« sowie weitere Gelegenheitskompositionen und Bearbeitungen.

Mit Bemerkungen zu den Nebenwerken werde ich beginnen. Bergers Beiträge zu dem »Kaiserliederbuch« – der offizielle Titel des zweibändigen Werks lautet bekanntlich *Volksliederbuch für Männerchor* – repräsentieren den um 1900 erreichten hohen kompositionstechnischen Standard: mit handwerklicher Gediegenheit und formaler Makellosigkeit ist zu rechnen. Die elf Liedsätze, welche Berger beisteuerte, seien zunächst namentlich aufgezählt (angegeben ist die Nummer der Bearbeitung im »Kaiserliederbuch«, der Titel, der Textanfang, die Namen des Dichters und des Komponisten sowie – dem »Kaiserliederbuch« folgend – das Jahr des Erstdrucks):

1. Band
Nr. 42. *Der Gottesacker*, »Wie sie so sanft ruhn« (Cornelius August Stockmann, nach Friedrich Burchard Beneken, 1787)
Nr. 98. *Neujahrslied*, »Des Jahres letzte Stunde« (Johann Heinrich Voss, Johann Abraham Peter Schulz, 1784)
Nr. 99. *Trost für mancherlei Tränen*, »Warum sind die Tränen unterm Mond so viel« (Christian Adolph Overbeck, Schulz, 1780)
Nr. 101. *Lied der Parzen*, »Es fürchte die Götter das Menschengeschlecht« (Johann Wolfgang von Goethe, Johann Friedrich Reichardt, vor 1809)
Nr. 126. *Frühlingsgruss an das Vaterland*, »Wie mir deine Freuden winken« (Max von Schenkendorf, Bernhard Klein, 1817)

2. Band
Nr. 333. *Rheinweinlied*, »Bekränzt mit Laub den lieben, vollen Becher« (Matthias Claudius, Johann André, 1776 und 1790)

Nr. 426 *Tageweise*, »Wach auf, mein Hort, vernimm mein Wort« (Volkslied, um 1530 aufgezeichnet, Reichardt, 1778)
Nr. 427. *Reiters Abschied*, »So wünsch ich dir ein gute Nacht« (Volklied, 1552 aufgez., Reichardt, 1778)
Nr. 428. *Wechsellied zum Tanze*, »Komm mit, o Schöne« (Goethe, Reichardt, 1793)
Nr. 429. *Die schöne Nacht*, »Nun verlass ich diese Hütte« (Goethe, Reichardt, 1809)
Nr. 610. *Jan Hinnerk up de Lammerstraat* [...], »Jan Hinnerk wahnt up de Lammer-Lammerstraat« (Niederdt. Volkslied, Volksweise aus Hamburg)

Mit einer auch unter den Vorzeichen des Historismus nicht selbstverständlichen Zurückhaltung gegenüber Werken der Vergangenheit, insbesondere der heroischen Geschichte Preußens, fügte Berger den aus der Zeit des Alten Fritz stammenden Vorlagen seiner Bearbeitungen nur wenig musikalisch Aktuelles hinzu. Zu solchen Vorlagen lassen sich unter den von Berger bearbeiteten die je ersten drei der beiden Bände zählen, während noch Reichardts erst um 1800 publizierte Lieder (hier die Nummern 101, 428 und 429) ästhetisch eng mit jenen verbunden bleiben. Lediglich die Vorlagen der je letzten Bearbeitungen aus den beiden Bänden gehören in einen anderen Kontext.

Zu den Bearbeitungen selbst: Beim ersten Durchspielen fand ich sie vor allem langweilig. Ja, satztechnisch okay, aber völlig unauffällig. Nur wenige Harmonisierungen erzeugen eine ästhetische Differenz zur Vorlage, und auch das zurückhaltend genug, eher als würde dem Bearbeiter Modernes nur unterlaufen. Originell sind die Sachen nicht. Gerade deshalb können Bergers Beiträge als Muster dafür dienen, welche Verfahren angewandt wurden, um ein gut hundert Jahre altes Klavierlied in einen romantischen Männerchorsatz zu verwandeln, der den anderen ästhetischen Forderungen des Genres standhält. Weil seine Bearbeitungen zu allererst Gebrauchswert haben, kann man sich mit der Frage nach bloßen Verfahren nicht daneben benehmen (s. zum Folgenden Notenbeispiel 1).

1. Nicht selten wird die Vorlage transponiert. Wenn Reichardts *Die schöne Nacht* bei Berger eine Quinte tiefer gesetzt ist, so belegt damit die Melodie – im Original für eine Altstimme mit dem Umfang *a–es"* , nun für Tenor 1 – innerhalb der Chorstimmen ein sehr viel höheres Register als zuvor (eine Quarte höher). Mit dem anderen Timbre ändert sich auch der Charakter.
2. Für Bearbeitungen dieser Art gilt prinzipiell, dass die Gesangsstimme des Klavierliedes zum 1. Tenor und der Klavierbass zum 2. Bass wird, soweit das möglich ist. Die Mittelstimmen sind gewöhnlich so einzurichten, dass die Harmonie weitgehend erhalten bleibt. Berger hat die Vorlage wahr-

scheinlich nicht selbst ausgesucht, sondern zugeteilt bekommen. Um für Chor bearbeitet zu werden, speziell für Männerchor, ist Reichardts Lied wenig geeignet, schon wegen des mit anderthalb Oktaven ziemlich großen Tonumfangs der Singstimme. Und die Melodie springt viel. So ist den Mittelstimmen das für sie Typische, nämlich den kleinsten Weg zu nehmen, oft unmöglich, es sei denn, man ließe zwei Stimmen sich in einem Ton treffen – was nicht selten geschieht. Sogar Stimmkreuzungen sind bei tief liegender Melodie schwer zu vermeiden (s. T. 5), denn nur begrenzt kann in die Tiefe ausgewichen werden. An derjenigen Stelle, wo Reichardts Melodie am weitesten hinabreicht, hat Berger sie denn auch geändert. In Takt 7 bleiben die ersten Tenöre auf ihrem drittletzten Melodieton hängen. Die achttaktige modulierende Periode des Beginns endet mit nunmehr geschwächter Kadenz in der Quintlage (T. 8).

3. Die Folge einer Umdisposition insbesondere des Basses gegenüber der Vorlage, zu der die sprunghafte und manchmal sehr tiefe Melodie zwingt, ist die gelegentliche Neuharmonisierung. So hätte, wollte man die originale Harmonie beibehalten, in Takt 10 auf Eins beispielsweise der originale Quartvorhalt der Melodie mit einem Sextvorhalt kombiniert werden müssen. Der Sextvorhalt läge aber über der Melodie, denn um ihn unter sie zu legen, hätte der Bass ebenfalls eine Oktave nach unten transponiert werden müssen (ein großes *Es* ist ihm an dieser formal transitorischen Stelle aber schlecht zuzumuten). Der Ausweg, den Berger findet: Er harmonisiert den Vorhalt der Liedmelodie neu als einen doppeldominantischen und damit harmonieeigenen Ton.

Die rhythmische Anlage des originalen Klaviersatzes vernäht Zäsuren der Melodieabschnitte und hält mit einer gewissen Mechanik die Bewegung in Gang. Einschnitte sind mit der homorhythmischen Anlage des Chorsatzes nicht gut überspielbar, und so wurden manche Stellen harmonisch geändert, oder die Bearbeitung lässt – nicht nur bei Übergängen – eine abstrakt gleich bleibende Harmonik anders wirken.

4. In Takt 10 würde die mit dem Folgenden verbindende, auf dem zweiten Viertel des originalen Klavierbasses eintretende Septime mit dem Phrasenschluss zusammen fallen. Im homophonen Chorsatz ist das von allzu kitschiger Wirkung. Also ändert Berger die Harmonie. Diesmal vereinfacht er sie. Nun ist der ganze Takt dominantisch. Dass die Bässe sich bei den Worten »Luna« und »Zephyr« (T. 8 und 10) für ein paar Töne zu einer Stimme vereinigen, produziert im Übrigen – schon wegen des Kontrasts der Drei- zur Vierstimmigkeit ihrer Umgebung – einen Anklang von Mittelteilartigem, der dem Original fehlte.

5. Auch in der Bearbeitung bleibt die Antizipation *as'* (T. 1, transponiert im Chorsatz *des'*) natürlich mit einer Harmonie unterlegt, die sie zum harmoniefremden Ton macht. Die Umwandlung von Reichardts simpler Klavierbegleitung in feste, regulär geführte Stimmen generiert eine andere Qualität des ursprünglich leicht Hingeworfenen vermöge der kassierten Differenz der Hervorbringungsart (nicht mehr Gesang versus Instrument, eines sogenannten Kurztoninstruments, sondern bloß noch Singen). Der Satz tendiert zum Gravitätischen.

Der Schluss insgesamt ist anders harmonisiert, wohl schon, weil Reichardts genialer großer Bogen des Basses sich mit Gesangsstimmen infolge von deren begrenztem Umfang nicht realisieren lässt. Berger wählt andere Umkehrungen der Akkorde als Reichardt. Daraus resultieren teils andere Folgeklänge. Auch treibt Berger Reichardts vor dem insgesamt schlichten Hintergrund so wunderbare Chromatisierung einen Schritt hervor, indem er erstens aus dem Mollsextakkord in Takt 12 (4. Zählzeit) durch das *f* in den ersten Bässen einen im Umfeld Reichardts eher seltenen französischen macht, welcher den dissonanten Eindruck erhöht, und indem er zweitens mit dem letzten Achtel von Takt 14 das subdominantische Des-Dur auf der folgenden Eins im Voraus eigens dominantisch stärkt.

6. Es handelt sich bei Bergers Bearbeitungen aus dem »Kaiserliederbuch« unzweifelhaft um Gelegenheitsarbeiten. Nur fragt sich, ob es zugleich Arbeiten sind, zu denen Berger wenig Lust hatte und in die er keine Fantasie investieren wollte. Oder bedeutet die Hintanstellung alles Eigenen eine Verneigung vor der glorreichen preußischen Geschichte, einer – in den Worten Kaiser Wilhelms des II. – »schöne[n], herrliche[n] und große[n] Zeit«?[1] Spätestens seit der Reichsgründung mochten sich die deutschen Kaiser als Vollender der friderizianischen Absichten gesehen haben.[2] Berger hat seine Arbeit ordentlich abgeliefert. Ein Werk wie das von Reichardt zu aktualisieren statt es bloß für eine andere Besetzung einzurichten, mag ihm als Anmaßung erschienen sein. Dass Bergers Bearbeitungen unvermeidlich in Konkurrenz traten zu direkt neben ihnen gedruckten, beispielsweise jenen von Richard Strauss, gerät ihnen nach Kaiser Wilhelms Abgang nicht mehr zum Vorteil. Sie waren politisch motiviert gewesen. Als Freiwild im Feld der Ästhetik haben sie es schwer.

---

1 Zitiert nach Lothar Schirmer, »Friedrich der Große als Theaterheld«, in: *Preußen. Dein Spree-Athen. Beiträge zu Literatur, Theater und Musik in Berlin*, hrsg. von Hellmut Kühn, (= Preußen. Versuch einer Bilanz, Eine Ausstellung der Berliner Festspiel GmbH 15. August bis 15. November 1981, Bd. 4), Reinbek bei Hamburg, August 1981, S. 229–249, hier S. 229.
2 Vgl. ebd., S. 232.

***

Wilhelm Bergers eigene Kompositionen zeigen, wie sich die Bewegungslosigkeit, in der viele Bereiche des gesellschaftlichen Lebens um 1900 verharrten, musikalisch manifestiert. Die Männerchorballade *Pharao*, sein op. 101, dessen Druck mit 1909 datiert ist, prägt eine spezifisch wilhelminische Version von Orientalismus aus, hier mit alttestamentarischem Sujet. Geschildert wird die Flucht aus Ägypten. Im Zentrum steht aber nicht das Volk Moses', sondern dessen Verfolger.[3]

Als Berger sich des Textes annahm, war die Ballade von Moritz Graf von Strachwitz bereits circa 60 Jahre alt. Seine Vertonung verwischt deren romantisch-schauerliches Klima durch die musikalische Vernachlässigung der lyrischen Fasson und nähert sie einem Abenteuer an, wie Karl May es seine *Deutsche[n] Helden* in Ägypten bestehen lässt. Bloß dass Berger mehr Stil hat als der Sachse (zu viel womöglich). Das geschilderte Geschehen scheint wenig geeignet, den Eindruck von Bewegungslosigkeit hervorzurufen. Berger nutzt bereit liegende musikalische Embleme. Zwar bilden sie getreu die Bewegung ab, von der im Text die Rede ist, lassen aber die Musik nicht selbst in Bewegung geraten. Die Komposition nimmt die aufgewühlte Atmosphäre des Gedichts auf als eine Art Tableau vivant, das es kostbar zu machen gilt. Dazu dienen inzwischen etablierte Mittel musikalischen Exotismus. Das Stück ist ein dunkel glänzendes Schmuckstück, das in der Manier einer Stilkopie ein imaginiertes Muster technisch vervollkommnet. Kompositorische Formeln fürs Fremdartige werden ohne Frage virtuos eingespannt. Wie auch bei seinen anderen Kompositionen spielt bereits die Wahl der Tonart eine wichtige Rolle. Die Ballade steht in b-Moll, und es gibt Abschnitte in Fes-Dur und in cis-Moll. Enharmonisch eingerichtet sind jene eng verwandt: als Paralleltonarten. Würde die Entfernung zu dem Ausgangspunkt b-Moll statt in den Markierungen des Quintenzirkels in denen eines Kleinterzzirkels gemessen, so stufte man sie sogar alle drei als nah ein, ja sogar als funktional gleich. Damit träte etwas

---

[3] Mir liegt die im Meininger Archiv aufbewahrte Ausgabe des *Pharao* vor. Nur bei zwei von den drei dort im Vorsatz zum Notendruck handschriftlich als Fehler im Text vermerkten Stellen handelt es sich tatsächlich um solche, wie die moderne online-Version des Gedichts (<http://gutenberg.spiegel.de/buch/1493/51>) zeigt: 1. Strophe, 4. Zeile: »hinten« statt (falsch) »hinter« (die Druckvorlage in Bergers Ausgabe stammt offenbar von einem Sachsen); 2. Strophe, letzte Zeile: »fehlte« statt (falsch) »flehte«. Das ebenfalls monierte Wort »vornen« in der 4. Strophe, 2. Zeile, scheint richtig zu sein. Außerdem ist die Zeilenanordnung der dritten Strophe, 2. und 3. Zeile, nicht korrekt: Natürlich sind diese Zeilen zu einer zusammen zu fassen (schon wegen der Anzahl der Hebungen).

von dem zutage, womit neuere Theorien der Harmonik die Charakteristik bekanntermaßen vornehmlich auf Liszt zurückgehender harmonischer Inventionen des Fin de Siècle zu fassen versucht haben.[4] Darauf wird zurückzukommen sein, denn die äquidistante Teilung der Oktave in den Kleinterzzirkel bestimmt neben den Verhältnissen der harmonischen Regionen zueinander auch die Progressionen einer zentralen Passage. Verglichen mit der Musik des nur drei Jahre jüngeren Richard Strauss bleibt Bergers Klanglichkeit bei aller harmonischen Modernität gesittet. Der Komponist vermeidet, das Prunkend-Grässliche der Vorlage in Klang umzusetzen.

Wo das wilde Temperament des orientalischen Herrschers das erste Mal direkt in Erscheinung tritt, tauchen plagale Klangfolgen auf: *des – Ces* (3. Strophe, S. 9 der Partitur oben) und *d*6/5 (VII3/4) *A* (S. 9 unten bei den Worten »Und Roß und Reiter war eitel Gold!«). Auch die 5. Strophe bietet Anlass zu plagalen Fortschreitungen. Bei »Und Juda kniet« (S. 13f.) wird mit fallenden großen Sekunden und zweimaligen Quintstiegen im Fundament [*Des –*] *es – Des – Ces –* [*Ges* + 3/4, *Des*] ein Religioso-Ton angeschlagen.

Typisch für die Spannungskurven vieler Stücke Bergers ist ein kurz vor dem Schluss liegender negativer Höhepunkt. Die musikalischen Embleme entnimmt Berger der Musik einer Zeit, aus der auch seine Textvorlagen stammen. Wo das erste Mal die Worte »und still ward's über der Glätte« gesungen werden (S. 14 der Partitur, T. 7ff., Notenbeispiel 5), wechselt die Harmonie nicht mehr, Es-Dur bleibt liegen. Es fällt schwer sich vorzustellen, dass die vielen Repetitionen nicht angelehnt seien an Franz Schuberts berühmte experimentelle Versionen des *Gesangs der Geister über den Wassern*, Vertonungen eines Textes, der – wie Bergers eigene Vertonung zeigt – mittlerweile als Bildungsgut gesichert war und schlecht noch zum Probieren taugte, wohl aber zum Rekapitulieren und Sichern des Erreichten. Die Stimmen sind bis zur Siebenstimmigkeit geteilt. Das macht den Klang füllig und weich und mindert die Sensibilität gegenüber der Intonation. Umgeben ist die statische Stelle von zwei Harmoniefolgen, die nicht nur durch den chromatischen Bass dem harmonischen Experiment aus der letzten Strophe von Schuberts *Wegweiser* ähneln. Die erste Folge gleicht für immerhin fünf Stationen der so genannten Teufelsmühle,[5] während Berger sich für

---

4   Sowohl Albert Simons Theorie der Tonfelder als auch die »Neo Riemannian Theory« und schon Ernö Lendvais Achsentheorie bieten entsprechende, die historische Dimension einbegreifende Untersuchungswerkzeuge an.

5   S. 14 der Partitur, 3. und 4. Takt: Gelesen ohne Rücksicht auf nötige enharmonische Verwechslungen in der jeweils nahe liegenden Akkordform: Dominantseptakkord, verminderter Septakkord, Moll-Quartsextakkord als Durchgangsklang sowie die für zwei Akkorde angegangene, eine kleine Terz aufwärts transponierte

die zweite, nicht konsequente Folge, bei der die Funktionen der Basstöne und die Akkordtypen unregelmäßig und nicht mehr sequenziell wechseln, offenbar die Aufgabe gestellt hat, die liegenbleibende I. Stufe in den ersten Tenören mit einem ab-, dann wieder aufwärts schreitenden teilchromatisierten Bass zu kombinieren. In dieser Ausführung kommt die Stelle der letzten, nur dreistimmigen Klangfolge im *Wegweiser* nahe. Klangfolgen, die die quintbasierte Tonalität verlassen, gehören nunmehr in die Requisitenkiste, aus der man sich bedient. Dass sich solche Folgen geklaut anhören, wird mit ihrer um sich greifenden Verwendung immer unwahrscheinlicher. Sie verlieren den Stempel ihrer Herkunft, eigentlich gibt es bloß noch anonyme tonale Readymades.

Berger schreibt höchst professionell für Chor. Sichtbar wird das nicht zuletzt an der Manier, in der er die Dauern von Schlusstönen (und folgenden Pausen) notiert, und zwar exakt so, wie die Töne gesungen werden sollen. Schlusstöne reichen oft mit einem übergebundenen Achtel in den erwarteten Pausenwert hinein: Sie nehmen der Pause ein Stückchen weg und überschreiten damit die von der Geltung her wirkliche Phrasenlänge des Tönenden.

Notenbeispiel 4 zeigt solche angehängten Achteln vor Achtelpausen. Wie bei einem so genannten weiblichen Schluss üblich füllt das Klingende von der metrischen Geltung her lediglich die erste Takthälfte. Doch neigt Berger dazu, die Notation zur möglichst exakten Ausführungsanweisung zu machen. Und die Ausführung solcher Stellen hatte sich wohl schon früher zum Verbundeneren hin verändert; dem folgt nun die Schreibweise.

Ähnlich am Beginn des *Pharao* (s. Notenbeispiel 2): Berger schreibt die Mitte des ersten Taktes für die Choristen, die hier nicht atmen sollen, ohne eine Pause. Gewiss soll auch keine synkopische Textur hörbar werden. Die variierte Sequenzierung einen Takt später bringt dann eine Achtelpause, so dass der Schlusston noch immer länger ist, als ein klassischer Komponist ihn notiert hätte. Diese Art der pragmatischen Notation, deren Vorgeschichte womöglich der Meininger Dirigiertradition entstammt und die gewissermaßen die metrische Orthographie vernachlässigt zugunsten einer Niederschrift dessen, was klingen soll, spiegelt eine allgemeine Tendenz der musikalischen Moderne wider: Man lässt die musikalische Exekution in die Schrift eindringen, nicht allein im Bereich der Dynamik oder der Temponahme, auch in dem der Tondauer.

Die Ballade beginnt, ohne dass irgendwelche Zweifel daran aufkommen könnten, wo man sich tonal befindet, diatonisch in b-Moll, einstimmig. Die Töne e – A in Takt 3 können tonalitätskonform zwar als Terzen dominantischer Akkorde gehört werden (der doppelten und der einfachen Dominante),

> Wiederholung des Modells. (Dass die Lagen der Oberstimmen sich bei der Sequenzierung gewöhnlich ändern, verdankt sich dem Prinzip des kürzesten Wegs.).

doch sind sie so angebracht, dass man sie direkt aufeinander bezieht. Die reine Quinte zwischen den Tönen tritt melodisch hervor, als solle man sich des tonalen Zentrums b-Moll nicht mehr sicher sein dürfen. Sie gewinnt mit dieser verselbstständigenden Verwendung ursprünglich an eine Funktion gebundener Töne neue Kraft auf etwas zu verweisen, hier auf das örtlich und zeitlich Ferne.

Berger vertont deklamatorisch bewundernswert flexibel und mit großer Rücksicht auf das, wovon gerade geredet wird. Natürlich gibt es Tonmalerei, so die wogenden verminderten Septakkorde bei »der See tief flutender Born«. Auch die wiederholten Sprünge in großen Septimen, die die zweiten Bässe in der 4. Strophe zu absolvieren haben, gehören hierher.[6] Liest man die Töne dieser Stimme in ein und derselben Oktavlage, so ergibt sich ein chromatischer Bass von *h* bis *f* (und sogar die drei vorausgehenden Töne sind schon chromatisch eingebunden, womit sich ein die Strophen übergreifender Zug zeigt, der über das bloß Abbildende hinaus in eine strukturelle Dimension reicht). Der Augenblick der Katastrophe – getreu den Forderungen der aristotelischen Dramentheorie am Ende der 4. Strophe – wird natürlich inszeniert (s. Notenbeispiel 3): durch die hohe Lage sämtlicher Stimmen, dynamisch durchs dreifache forte, harmonisch durch den dissonanten Akkord bei »[auf]brüll[ten die] Wo[gen]«. Gut gebrüllt, ihr großen Löwen, möchte man den Sängern zurufen.

Es ist äußerst effektiv, dass Berger den dissonanten Klang nicht beide Male gleich interpretiert: Beim ersten Mal (»-brüll-« der Außenstimmen) liegt der dissonante Ton (*b*) in den zweiten Bässen, beim zweiten Mal (»Wo-« in den Außenstimmen) haben zwei Oberstimmen Vorhalte (*as'* und *ces'* in Tenor 1 und Bass 1). Die enge Lage des Männerchorsatzes schärft den Dissonanzgrad: Bass 1 hält dem Ton von Bass 2 eine kleine Sekunde vor.

Eine bestimmte *Couleur locale* für Ägypten hat Berger zweifelsohne gefunden. Was fehlt im Vergleich zum französischen Orientalismus? Das Grässliche, aber auch das Laszive. Die Historikerin Ute Frevert hat angedeutet, wie sich das Gefühls-Tableau deutscher Männer im langen 19. Jahrhundert von dem französischer unterschied und unterscheiden sollte.[7] Um Erkenntnis nationaler Charakteristika, insbesondere um eine Abgrenzung deutscher von französischen Eigenheiten bemühte sich die nicht zufällig in der zweiten Hälfte des

---

6 S. 10f. der Partitur. An dieser Stelle sind in der mir vorliegenden aus dem Meininger Archiv stammenden Ausgabe sämtliche drei gedruckten Oberstimmen des Satzes überklebt und handschriftlich neu gefasst. Die Möglichkeit, diese Änderungen mit dem Gedruckten zu vergleichen, fehlt mir zum jetzigen Zeitpunkt, da mir kein zweites unverändert gebliebenes Exemplar der Komposition zugänglich ist.

7 Ute Frevert, »Gefühlvolle Männlichkeiten. Eine historische Skizze«, in: *Die Präsenz der Gefühle. Männlichkeit und Emotion in der Moderne*, hrsg. von Manuel Borutta und Nina Verheyen, Bielefeld 2010, S. 305–330, hier S. 321.

19. Jahrhunderts erfundene Völkerpsychologie. Das Stichwörter »Gemüt« und »Demut« spielten dabei eine wichtige Rolle. Noch Thomas Manns im Großen Krieg geschriebenes *Tagebuch eines Unpolitischen* zehrte von der konstruierten, im Verlauf der Jahre keineswegs mehr fiktiv bleibenden Polarität.

***

Die letzte Nummer aus Bergers ambitionierten Männerchören op. 26, die *Sommernacht*, kann mit dem Konzept der von Frevert so genannten »gefühlvollen Männlichkeiten«[8] analysiert werden. Mit Bergers motettischer Version von Versen des vielfach vertonten Robert Reinick[9], die eine Station der deutschen Emotionsgeschichte kompositorisch festhält, durften die Sänger dem Alltag entrinnen und von einem Stück Fremdheit im Abendland träumen, von einem anderen, wenngleich wilhelminisch gesitteten inneren Orient, keinem verruchten, wie man ihn in Flauberts Welt hätte entdecken können.[10] Dennoch: Der Kontrast zwischen den realen singenden Personen damals und dem, wovon sie sangen, blieb heftig. War nicht so ein Chor »ein Aufgebot von singenden Männern mit Bärten, Brillen und Bäuchen, [...] eine Schar von Rechnungsräten und Fabrikanten, die sich [...] zusammenfinden, um den Abendstern zu begrüßen, den Schöpfer zu loben oder zu beteuern, daß nur wer die Sehnsucht kennt, wissen könne, was jeder einzelne der Herren leidet«?[11] Nur manchmal, denn die Choristen rekrutierten sich aus sämtlichen Berufssparten und längst nicht immer gehörten sie zur besseren Gesellschaft. Aber einer Leitkultur, eben doch jener der Betuchten und Gebildeten, konnten oder wollten sich auch Arbeitersängerchöre nicht entziehen. Wer die Gefühlsnormen verletzte, musste – gleich ob Fabrikant oder Arbeiter – »mit Spott, Häme und sozialer Exklusion rechnen. [...] Gerade das 19. Jahrhundert feilt unablässig an [dem] geschlechterspezifischen Regelwerk und sorgt dafür, dass Zuwiderhandlungen mit fühlbaren Sanktionen geahndet werden«.[12] Es fragt sich aber, ob »nicht gerade der Kapitalismus von einer Gefühlsexplosion« lebt , weckt er doch »ungeahnte Begierden,

---

8 Siehe Frevert, ebd.
9 Robert Reinick, *Lieder*, Berlin 1844, S. 69f. (auch im Netz, siehe: <de.wikisource.org/wiki/Robert_Reinick>).
10 Vgl. zu diesem Themenkomplex Barbara Vinken, *Flaubert. Durchkreuzte Moderne*, Frankfurt a. M. 2009, sowie Andrea Polaschegg, *Der andere Orientalismus. Regeln deutsch-morgenländischer Imagination im 19. Jahrhundert*, Berlin 2005.
11 Karl Kraus zitiert nach Hellmut Kühn, »Ein Kunst-Corps für heilige Musik«. Von den Biedermännern der Berliner Singakademie«, in: *Preußen. Dein Spree-Athen*, S. 146–161, hier S. 155.
12 Frevert, S. 312f.

Lustempfindungen und Sehnsüchte, die er zugleich zu befriedigen verspricht«.[13] Der emotionale Exzess fand real zwar vornehmlich im Privaten, in kulturellen Nischen oder Außenseitermilieus statt,[14] doch spielte man die Sehnsüchte öffentlich und gemeinsam nach (und vor): Ihnen gehört die Kunst, eine – wie beim Männerchor – gemeinsam ausgeübte. Das Singen unterstützte »die Vorstellung von der Spontaneität, Individualität und Authentizität von Gefühlen« jedes einzelnen der singenden Herren, es bildete den Widerpart zu den »Normierungen und Regulierungen, die Gesellschaften oder soziale Gruppen anstreben und vornehmen«.[15] Das Erlesene in Gestalt von Anklängen an Wagner (das Samtige und die erpresste Noblesse) mag ein Aspekt sein, der die Werke dieses Vertreters der so genannten Berliner Akademiker, zu denen man Wilhelm Berger ja rechnete, weniger an die brahmssche Richtung bindet, als die handwerkliche Gediegenheit und biographische Momente es vermuten lassen.

Wie Berger überkommene Formeln miteinander verklebt, so wird der Traum zu einem Stück Wirklichkeit oder gar Leben: Die zweite Hälfte der 1. Strophe versieht er mit einer großartigen Steigerung (s. Notenbeispiel 6). Zunächst kombiniert Berger einen dekorierten diatonischen Septzug aufwärts (Tenor I *as* bis *ges'*) mit folgendem harmonischen Ablauf: Für die erste Hälfte dieser zweiten Hälfte gibt es parallel zum melodischen Zug stufenweise und zunächst taktweise aufsteigende Akkorde: *Des – es – F – [Ges]*, leicht miteinander verhakt durch intermittierende Zwischendominanten (das sogenannte Monte-Modell), zunächst mit Terzen im Bass, durch die ein chromatischer Bassgang entsteht, der die steigende 5-6-Folge geschmeidiger macht. Der Ges-Dur-Akkord gehört syntaktisch gesehen schon zu der zweiten Hälfte dieser zweiten Strophenhälfte, so dass abermals das harmonische Modell syntaktische Grenzen überspielt. Hier zunächst Quintfälle *[Des7/5] – Ges – Ces – Fes – Heses*(»7«), sämtlich in Dur. Damit wird in die Richtung der letztendlich doch verweigerten Variante geschritten: von fünf *b* bei Des-Dur zu den acht von des-Moll. Der letzte Akkord dieser Fonte-Folge wird als übermäßiger Quintsextakkord ausgebeutet (in der leittönigen Schreibweise des sogenannten Swiss Sixth, die mancher Romantiker bei der Auflösung in den Durquartsextakkord bevorzugt).

Wo die Folge aus dem Variantbereich in das ursprüngliche Des-Dur zurückgebogen wird, sind die Hauptstationen der Klangfolge schließlich zu einem steigenden Parallelismus sortiert, der sich mit dem letzten Modell des Fonte überlappt (*Fes – Heses – As – Des*). Das Mondlicht, von dem die Sänger schwärmen – delikates *pp* im entfernten Fes-Dur – scheint vermöge der sequenziellen

---

[13] Ebd., S. 316f.
[14] Vgl. ebd., S. 317.
[15] Ebd., S. 313.

Mechanik bis in die Wirklichkeit der wiedererlangten Grundtonart hinein, als solle es den Alltag durch das Weiterwirken der Erinnerung verzaubern. Gefühle und Stimmungen wurden im späten 19. Jahrhundert ja durchaus auch Männern zugestanden und von ihnen erwartet. Doch dass »diese Gefühle ein gewisses Maß halten mussten, verstand sich von selbst. Exzess war ebenso unmännlich wie Mangel unmenschlich.«[16] Maß und Haltung: das gesteht Berger seinen Sängern zu.

Was wirkt, ist die Atmosphäre so eines Chorsatzes insgesamt, die Stimmung. Statt diese zu paraphrasieren, will ich an zwei einzelnen Stellen zeigen, dass eine solche Stimmung »nie ganz unabhängig von den materiellen Komponenten« des Notentextes ist.[17] Exemplarisch greife ich zwei harmonisch aparte Wendungen heraus: erstens den Übergang zur zweiten Strophenhälfte (s. Notenbeispiel 7).

Dem halbschlüssigen Ende auf dem dominantischen Es-Dur folgt nach der von den ersten Bässen überspielten Zäsur ein dominantischer Orgelpunkt auf *c*. Nicht ungewöhnlich wird die eine Dominante durch die terzverwandte Dominante zur Paralleltonart ersetzt, bloß dass hier auch der zweite dominantische Klang ohne die charakterisierende Septime daherkommt, als wolle er seine Funktion für sich behalten und rein als Klang wirken. Anlass zu solch einer eher durch Reduktion als durch Aufwand erreichten mediantischen Wirkung gibt das Stichwort »Gebet«, nun aber mit geborgtem religiösen Nimbus, denn grammatikalisch uneindeutig bleibt, was sich im Gebet erhebt: das Herz, das Grüßen oder das sommernächtliche Liebesküssen – oder eine Mischung daraus: sakralisierte Erotik der Natur.

Die andere aparte Wendung (s. Notenbeispiel 8) findet sich bei der Rückmodulation von der dominantischen *As/f*-Region in die tonikale. Zu dem subdominantischen *Ges* im Bass 2 gibt es bei »[zum fernen] Liebsten« jeweils nur in anderen Stimmen oder sogar in anderer Oktavlage vorbereitete Vorhalte einer großen None im Bass 1 und einer Septime vor der Sext im Tenor 1. Wieder wird das Ereignis als geheimnisvoller negativer Höhepunkt im *piano dolce* inszeniert.

Und noch einmal, kurz vor Schluss, offeriert Berger den singenden Herren Gelegenheit zu solchem Sehnen: Die zweite Hälfte der Musik zur letzten, d. h. der 4. Textstrophe nimmt den Anfang gerafft wieder auf und führt mit geteilten Mittelstimmen und somit zeitweise erreichter Sechsstimmigkeit zu einem Schluss in leiser Pracht, der das versagt, davon er singt und sagt. Dafür war Berger Spezialist.

16 Vgl. ebd., S. 314f, Zitat S. 315.
17 Hans Ulrich Gumbrecht, *Stimmungen lesen. Über eine verdeckte Wirklichkeit der Literatur*, München 2011, S. 12.

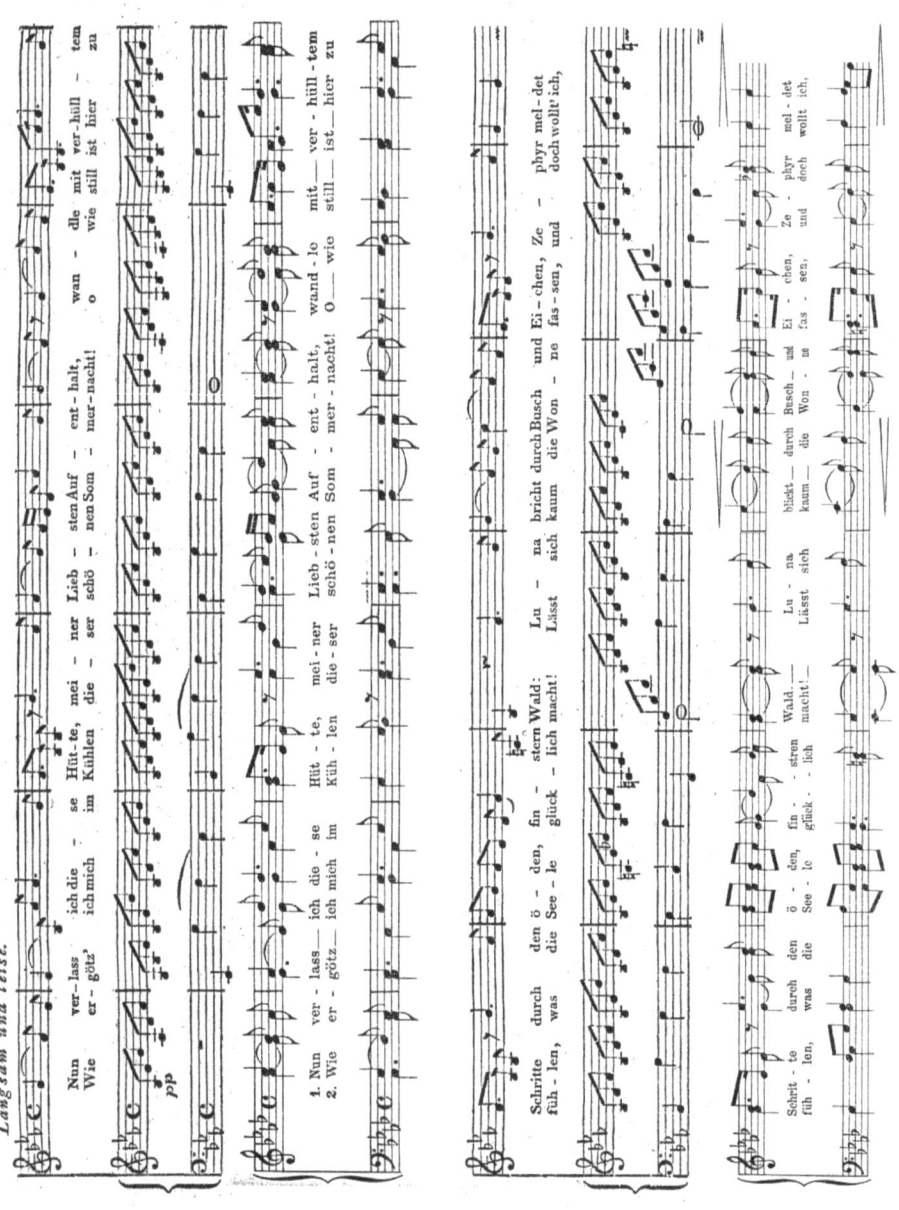

Kaiser Wilhelms Orient

Notenbeispiel 1: Johann Friedrich Reichardt, *Die schöne Nacht*, Original, und – synoptisch darunter – Wilhelm Bergers Bearbeitung

Notenbeispiel 2: *Pharao*, T. 1–4

Notenbeispiel 3: *Pharao*, S. 12 der Partitur, drittletzter bis letzter Takt.

Notenbeispiel 4: *Pharao*, S. 13 der Partitur.

Notenbeispiel 5: *Pharao*, letzte Seite (S. 14 der Partitur)

Notenbeispiel 6: *Sommernacht*, S. 3 der Partitur, 4. Takt bis Ende der Seite

Notenbeispiel 7: *Sommernacht*, S. 5 der Partitur, 2. Akkolade

Notenbeispiel 8: *Sommernacht*, S. 6 der Partitur, T. 1–4

Wolfgang Schult
Per aspera ad astra – durch Nacht zum Licht
Große Musik zu seltsamer Textauswahl.
Wilhelm Bergers Musik für gemischten Chor a cappella

Wilhelm Bergers Chormusik ist vermutlich bereits nach Drucklegung eher in den Archiven gelandet, als dass sie zum festen Bestand der häufiger aufgeführten Kompositionen zu zählen wäre. So ist sein Biograph Gustav Ernest 1931[1] wohl der Letzte gewesen, der eine kurze Beschreibung der wichtigsten Stücke formulierte. Seine Bemerkungen tragen denn auch zwischen den Zeilen lesend den Duktus: Eigentlich schade um diese Stücke, die es verdienten, erneut an die Öffentlichkeit zu kommen.

Sicher ist Bergers sehr zurückhaltende Art, sein die Öffentlichkeit scheuendes Auftreten kein Motor für eine weite Verbreitung der immerhin komplett gedruckt vorliegenden Chorwerke gewesen. Überhaupt bleibt ganz offen, wer sich dieser Werke annahm, welcher Chorleiter über eine so qualifizierte Besetzung verfügte, dass er das Wagnis wagen konnte, sie auf das Programm zu setzen. Im Wege steht sehr die Auswahl der verwendeten Texte, die einer Realisation zu bestimmten Anlässen wenig Ansatz bietet. In der Vorlage vieler dieser gereimten Texte tauchen Begriffe auf, die Ruhe, Dunkelheit, Vertrauen und Besonnenheit auf der einen Seite und Unwetter, Größe und Härte auf der anderen Seite assoziieren.

Die Nachforschung ergibt kaum Ansätze, Chorvereinigungen zu finden oder Programme, wo Bergers Werke genannt werden. Sicher belegbar ist sein Kontakt zum Philharmonischen Chor Berlin[2] unter Leitung von Siegfried Ochs,

[1] Ernest, Kapitel »Kleinere Chorwerke«, S. 142–147.
[2] *»Tradition ohne Schlendrian«. 100 Jahre Philharmonischer Chor Berlin*, im Auftrag des Philharmonischen Chors Berlin hrsg. von Marianne Buder und Dorette Gonschorek, Berlin 1982, S. 70: Konzertprogramm vom 5. Oktober 1914 mit Bergers *An die grossen Toten*. Richard Sternfeld, *Chronik des Philharmonischen Chors in Berlin zu seinem 25jährigen Bestehen ihm und seinem Dirigenten Siegfried Ochs gewidmet* [...], Berlin 1907, S. 37: »Berger stand seit der Entstehung des Vereins zu ihm und seinem Dirigenten in freundschaftlichem Verhältnis: seit dem ersten Konzert im Mai 1883 hatte er den Chor mit seinen Sympathien ebenso wie am Flügel begleitet.«

der führenden Chorvereinigung Berlins, gerade auf dem Sektor der Neukompositionen. Aber in den Programmen tauchen nur die oratorischen Werke mit Orchester auf, nie die A-cappella-Werke. Auch sein Kontakt zum Leiter der Berliner Singakademie[3] ist belegbar, jedoch ebenfalls nicht durch Aufführungen seiner Chormusik. Kontakte zu weiteren leistungsfähigen Chören namentlich in Berlin (Cäcilienverein unter Alexis Holländer)[4] sind zwar nicht durch Aufführungen zu belegen, jedoch wegen ihres gleichzeitigen Wirkens zu vermuten. Alles in allem bleibt die Frage, ob Berger jemals für einen bestimmten Chor oder ein langfristig geplantes Programm komponiert hat. Wahrscheinlicher war es ein persönlicher Kompositionsdrang und die Begeisterung für ihm vorliegende Poetik.

Auch heute sind diese späten Großwerke immer noch anspruchsvolle Chorliteratur, die bestenfalls von Chören professioneller Struktur aufführbar sind, aber wohl auch wegen der sehr zeitbedingten Poetik befremden.

Wenn man die Werke für gemischten Chor betrachtet, so ergibt sich ein klares Bild. Die frühen Opuszahlen 22 und 25 zeigen den konventionellen Note-gegen-Note-Satz, der harmonisch und melodisch als schlicht zu bezeichnen ist und in ähnlicher Art von Hunderten seiner Zeitgenossen vorliegt. Die zugrunde liegenden Dichtungen entstammen meist der Naturlyrik. Einzureihen wäre hier der ganz frühe *Nixenreigen* op. 10, der aber als einziges Werk für gemischten Chor eine vierhändige Begleitung benötigt.

    op. 22
    Titelblatt: »Gebet: | Herr, den ich tief im | Herzen trage | E. Geibel. | für gemischten Chor von | Wilhelm Berger | (Aus dem Nachlaß) | ...«
    Hildburghausen: F. W. Gadow & Sohn, VN: 14 (1913)
    Titel auf 1. Notenseite: »Gebet | von E. Geibel.«
    keine Widmung
    verwendetes Exemplar: D-B, DMS O. 43953[5]

---

3 *Sing-Akademie zu Berlin. Festschrift zum 175jährigen Bestehen*, hrsg. von Werner Bollert, Berlin 1966, S. 140-142: Verzeichnis der öffentlich aufgeführten Werke (Berger, Wilhelm: Der Totentanz).

4 Beatrix Borchard, *Stimme und Geige. Amalie und Joseph Joachim. Biographie und Interpretationsgeschichte*, (= Wiener Veröffentlichungen zur Musikgeschichte 5) Wien u. a. 2005, S. 402: »Der a capella-Chor der Hochschule unter Ad. Schulzes Leitung eröffnete die Feier mit dem von Wilh. Berger komponierten Sang ›Müde, des Lebens Boot weiter zu tragen‹«. (Bericht von der Trauerfeier für Amalie Joachim in: *Der Reichsbote* (Berlin) vom 9. Februar 1899)

5 Abegdruckt in: Reinhardt1, S 113-116. Wir danken Frank Ziegler, (Musikabteilung der Staatsbibliothek zu Berlin) für die detaillierte Titelaufnahme.

op. 25
Titelblatt. »Sechs | Gesänge | für | gemischten Chor a capella | oder mit Clavierbegleitung ad. libit. | componirt | von | Wilhelm Berger | ...«
Bremen: Praeger & Meier, VN: 1428a–f (1888)
Heft 1 (vierstimmig)
Nr. 1 »Wie nun Alles stirbt und endet«
T: Gottfried Keller
Nr. 2: »Leise rausch des Lebens Welle«
T.: Peter Johann Willatzen
Nr. 3: »Im Fliederbusch ein Vöglein saß«
T: Robert Reinick
Heft 2 (fünfstimmig)
Nr. 4: »Es schleicht um Busch und Halde«
T: Emanuel Geibel
Nr. 5: Ständchen. »Mach' auf, mach' auf! doch leise, mein Kind«
T: Ernst Schack
Nr. 6 Trost der Nacht. »Zur Erde kommst du, stille Nacht«
Text: Alfred Ritteshaus
»Herrn Professor Ad. Schulze | freundschaftlichst gewidmet.«
verwendetes Exemplar: D-B, DMS 6556

Die nächste Gruppe von Chorkompositionen umfasst die Opuszahlen 44, 45 und 48b.

op. 44
Titelblatt: »Drei Gesänge | für gemischten Chor | a | cappella | componirt | von | Wilhelm Berger. | ...«
Berlin: Carl Simon, VN: 1721–1723 (1891)
Nr. 1: »Ach, in diesen blauen Tagen«
T: Emanuel Geibel
Nr. 2: Lenzfahrt. »Gesang auf den Lippen, am Hütlein den Strauß«
T: Peter Johann Willatzen
Nr. 3 Niss Puck. Schleswig-Holstein'sche Volkssage »Da schlage denn doch das Wetter drein!«
T: Peter Johann Willatzen
verwendetes Exemplar: D-B, DMS O. 3930

op. 45
Titelblatt: »Drei | Gesänge | für gemischten Chor | (a cappella) | componirt | von | Wilhelm Berger. | ...«
Berlin: Georg Plothow, VN: 68–70 (1891)

Nr. 1 Gefangen »Wie mag ich wohl die Maienzeit verbringen«
Text: nach Hartmann von der Aue von Karl Stieler
Nr. 2: Früh am Tage. »Ging ein Mägdlein Blumen brechen«
T: Hans Schmidt
Nr. 3 »Zwei, die sich liebten«
Text: Hans Schmidt, aus dem Polnischen
keine Widmung
verwendetes Exemplar: D-B, DMS O. 49524

op. 48
Titelblatt: »Vier | Lieder | für | vierstimmigen | Frauenchor | (a capella) | mit hinzugefügter Clavierbegleitung | componirt von Wilhelm Berger. | ...«
Leipzig: F. E. C. Leuckart (Constantin Sander), VN: 4357 (1891)
Nr. 1: »Wenn eine Blume still verblüht«
T: Engelbert Albrecht
Nr. 2 Die erwachte Rose »Die Knospe träumte vom Sonnenschein«
Text: Friedrich von Sallet
Nr. 3: Wiegenlied. »Die Aehren nur noch nicken«
T: Heinrich Hoffmann von Fallersleben
Nr. 4: »Das Herz, das ist ein Eselchen«
T: Carmen Sylva
keine Widmung
verwendetes Exemplar: D-B, DMS O. 27276

Berger entwickelt seine Harmonik deutlicher: Alterationen, Chromatik und schroffe Rückungen werden neue Gestaltungsmittel. Die Textauswahl bezieht Komik und Scherz ein. Das sicher wichtigste Stück aus dieser Reihe ist *Niß Puck* op. 44, 3; kein sehr schwieriges Stück, aber äußerst wirkungsvoll und möglicherweise – ohne dass wir Spuren davon kennen – noch längere Zeit im Repertoire von Chören geblieben. Die Texte liefernden Dichter sind einige Male wie bei *Niß Puck* Personen aus seinem Bekanntenkreis. *Niß Puck* und andere Gedichte entstammen der Feder seines ehemaligen Lehrers Willatzen[6]. Höchst interessant ist die Tatsache, dass zwei weitere mehrfach vertonte Dichter selbst Komponisten waren. Theodor Souchay[7] war zu seinen Lebzeiten ein

---

6   Johann Peter Willatzen (1824–1898) war Bergers Gymnasialdirektor während seiner Schulzeit in Bremen; vgl. Reinhardt1, S. 27f.
7   Theodor Souchay (1833–1903); seine Texte waren auch Vorlage zur Vertonung für Bergers Zeitgenossen Arnold Krug. *Sigurd* [Textbuch], *comp. von Arnold Krug, Dichtung von Theodor Souchay*, Leipzig: Kistner [1883],

vielgefragter Poet, der sehr zeittypisches Pathos bot, aber von Berger vertont dann doch zu großer Wirkung kommt. Er ist auch als Komponist aufgetreten. Viel stärker verkörpert Hans Schmidt[8] diese Doppelbegabung. Er hat vielen Komponisten erstklassige Textvorlagen geliefert durch Übersetzungen polnischer und vor allem russischer Gedichte. Daneben war er im damaligen Baltikum eine musikalische Kapazität. Er stand in Kontakt mit Clara Schumann und Brahms (der immerhin seine *Sapphische Ode* vertonte) und lieferte Cui, Tschaikowski, Glinka und Grieg Textvorlagen.

Berger suchte nach solchen Texten, die ihm kompositorischen Raum und Ideen gaben, und sicher lagen diese Dichterkomponisten auf der richtigen Welle.

Mit op. 54 betritt Berger Neuland.
Titelblatt: »Vier | geistliche Lieder und Gesänge | für gemischten Chor | a cappella | componirt von | Wilhelm Berger. | ...«
Berlin & Posen: Ed. Bote & G. Bock, VN: 14045-14048 (1894)
Nr. 1: »Mitten wir im Leben sind« (vierstimmig)
T: Aus dem Lateinischen des Notker Labeo übersetzt von Martin Luther
Nr. 2: »Müde, das Lebensboot weiter zu steuern« (sechsstimmig)
T: Otto Baisch
Nr. 3: »Groß ist der Herr!« (sechsstimmig)
T: Aus einem Gedicht von Ewald Chr. von Kleist
Nr. 4: Gebet. »Laß mich dein sein und bleiben« (vierstimmig mit Sopran-Solo)
T: Nicolaus Selneccer
»Herrn Martin Levy gewidmet.«
verwendetes Exemplar: D-B, DMS O. 3486

Er nennt seine Chorwerke *Vier geistliche Lieder und Gesänge* aber keinesfalls Motetten und damit Werke für den liturgischen Rahmen. Es sind jedoch weltliche Werke für ernste und dem Kirchlichen nahe stehende Anlässe. Die Nr. 1 *Mitten wir im Leben sind* trägt geradezu modale Züge analog der Struktur des Cantus firmus. Was ihn gereizt hat an diesem Text wird entweder ein Anlass gewesen sein oder die anrufende Textzeile: »Heiliger Herre Gott, heiliger starker Gott [...]«, die Berger bei ihrem Auftreten in jeder Strophe bis zur Sie-

---

8 Hans Schmidt (1854-1923), aus dem Baltikum stammend, war Jahrzehnte eine der größten deutschbaltischen musikalischen Autoritäten. Er war gefeierter Komponist, stand in Kontakt zu Brahms und Clara Schumann; seine Übersetzungen wurden von Cesar Cui, Peter Tschaikowski, Frederic Chopin, Edvard Grieg und Michael Glinka vertont; eines seiner Gedichte von Johannes Brahms. Seine Kompositionen sind in Bibliotheken praktisch nicht mehr nachweisbar.

benstimmigkeit im Fortissimo führt, obwohl das ganze Stück nur vierstimmig gesetzt ist. Eine ähnliche Struktur hat das vierte Stück dieser Reihe, *Gebet* betitelt, obwohl ein altes Kirchenlied: *Lass mich dein sein und bleiben*. Berger komponiert eine neue Melodie zu einem Satz, der als Bach'sche Stilkopie dasteht. Dazu tritt hier eine freie Solosopranstimme.

Die Sätze op. 54, 2 und 3 gehen nun erstmalig ganz neue Wege. Die Chorbesetzung wird umfangreicher; die Sechsstimmigkeit wird das Maß. Bei Nr. 2 *Müde, das Lebensboot weiter zu steuern* haben wir noch durchgängige Homophonie, allerdings wird diese durch abwechselnde Verwendung von Hoch- und Tiefchor (Frauen- und Männerstimmen) aufgelockert und mündet textbezogen (Not und Leid) in die Vollstimmigkeit, die sich allmählich auflöst und imitatorischer Einsatzfolge Platz macht. Die reichlich tränenübersäte Textur gibt Raum für eine etwas diffusere Harmonik und oft verwendete Tritonussprünge in allen Stimmen. Wie ein Chorsänger damals mit der Notation in es-Moll und den vielen Vorzeichen umgegangen sein wird bleibt rätselhaft.

›Per aspera ad astra‹ habe ich diese Ausführungen betitelt. Anklänge daran wurden schon gestreift. Nun kommt mit op. 54, 3 *Groß ist der Herr* erstmals eine Chorkomposition zur Sprache, die diese Bezeichnung wirklich verdient, auch wenn es hier schon mit ›astra‹ startet.

Das Gottesbild der Textvorlage von Ewald Chr. von Kleist mit dem Titel »Hymne« passt inhaltlich gut in die wilhelminische Zeit:

Gross ist der Herr! Die Himmel ohne Zahl
sind Säle seiner Burg;
Sein Wagen Sturm und donnernde Gewölk'
Und Blitze sein Gespann.

Die Morgenröth' ist nur ein Wiederschein
Von seines Kleides Saum.
Und gegen seinen Glanz ist Dämmerung
Der Sonne flammend Licht.

Er sieht mit gnäd'gem Blick zur Erd' herab:
Sie grünet, blüht und lacht.
Er schilt: es fähret Feur von Felsen auf,
Und Meer und Himmel bebt.

Es folgen weitere 14 Strophen.[9]

---

9 Wiedergabe des Textes nach *Ewald Christian von Kleist's sämmtliche Werke nebst des Dichtes Leben aus seinen Briefen an Gleim*, herausgegeben von Wilhelm Körte. 2 Bde, Berlin 1803, hier: Bd. 2, S. 80–84, hier 80–81. (s. auch: <books.google.de>

Leicht zu vermuten, dass das von Berger mottohaft wiederholte »Gross ist der Herr« als homophoner Block erscheint; »Er schaut mit gnäd'gem Blick« als zarter Mittelsatz; »[...] es fähret Feur' [...] auf« als Fugato. Sturm und Blitze sind deutlich vernehmbar. Sicher ein Text am Rande der Banalität und theologisch überzogen. Aber Berger nutzt die Dramatik zu einem absoluten Meisterstück.

Diese Thematik: ›Gott im Sturm und Gewitter/Gott in der Natur‹ beschäftigt Berger nun gleich mehrfach in seinen späten Chorwerken.

op. 67
Titelblatt: »Vier Gesänge | für sechs- und achtstimmigen | gemischten Chor | (a cappella) | componirt von | Wilhelm Berger. | ...«
Berlin: Ed. Bote & G. Bock, VN: 14594–14597 (1897)
Nr. 1 »Die Träne fließt zum Staub« (sechsstimmig)
T: Otto Gildemeister
Nr. 2: Nachtgebet. »In Donnern und Blitzen, auf Bergesspitzen ist der Herr« (achtstimmig)
T: Maurice von Stern
Nr. 3: Morgenlied. »Sieh, wie der Hain erwacht« (achtstimmig)
T: Johann Georg Jacobi
Nr. 4 Verblüht. »Sag', wo sind die Veilchen hin« (achtstimmig)
T: Johann Georg Jacobi
»Herrn Siegfried Ochs | in Freundschaft gewidmet.«
verwendetes Exemplar: D-B, DMS O. 3487

Direkter Nachfolger ist das *Nachtgebet* op. 67, 2 auf einen Text des lettischen Dichters Maurice Reinhold von Stern:

In Donnern und Blitzen,
Auf Bergesspitzen
Ist der Herr.

Im Sonnenbrüten,
In schauernden Blüthen,
Im Sturmeswüthen
Ist der Herr.

In Wolken wohnt er,
Im Frühroth thront er,
im Regen rauscht seine Gnade durch's Land.
Die Erde bannt er,

das All umspannt er.
Du Unbekannter,
Herr Gott, ich befehl' mich in deine Hand!¹⁰

Ob die dichterische Qualität hier besser oder schlechter ist, spielt keine Rolle. Für Berger ist es ein idealer Text. Aus der Sechsstimmigkeit wird durchgehende Achtstimmigkeit und Textbezüge seiner Themen sind unschwer wahrzunehmen. Die formale Verzahnung der beiden vierstimmigen Chöre wird gerafft, aus der Verzahnung oder Frage-Antwort-Struktur wird Überlagerung. Damit betritt Berger ein Feld neuer harmonischer Spannungen. Noch lösen sich diese jeweils auf, aber die melodische Entwicklung greift häufiger zu ungewöhnlich großen Intervallen wie Septimen und Nonen. Der gesamte Schlussteil trägt textbedingt weichere Züge und endet versöhnlich.

Achtstimmig sind auch die Nr. 3 und 4 aus op. 67. Die Nr. 3 *Morgenlied* beschreibt das Erwachen der Natur. Auch hier stehen sich überlagernde Chorblöcke und extremere Intervalle im Zentrum, allerdings bietet der Text bis auf die vorletzte Zeile »[…] sie ruft […]« weniger Anlass für Fortissimostellen. In Nr. 4 *Verblüht* (»Sag, wo sind die Veilchen hin«) kehrt Berger zurück zum eher schlichten Satz. Bis zu den Schlusstakten wechseln sich Frauen und Männerchor ab, um dann im gemeinsamen: »[…] unser Leben flieht, auch der Sänger ist verblüht« auszuklingen. Das sechsstimmige Auftaktlied aus op. 67 *Die Träne fließt zum Staub* lebt von einem Septimenmotiv in allen Themen und einer davon bestimmten Harmonik.

Bergers letzte Chorwerke für gemischten Chor sind die drei Sätze op. 103.
Titelblatt: »Drei | Gesänge | für 6- und 8stimmigen Chor | (a capella) [1 p] | … | von | Wilhelm Berger. | …«
Berlin: Ed. Bote & G. Bock, VN: 17421–17423 (1910)
Nr. 1: Charfreitag. »Charfreitag liegt auf den Feldern so schwer« (6stimmig)
T: Christa Hoch
Nr. 2: Sturmesmythe. »Stumm und regungslos in sich verschlossen ruht die tiefe See dahingegossen« (8stimmig)
T: Nikolaus Lenau
Nr. 3: »Von ferne klingen Glocken« (6stimmig)
T: Theodor Souchay
Widmung: »An Professor Hugo Rüdel«
verwendetes Exemplar: D-B, DMS O. 37129

---

10   Siehe die Wiedergabe des Gedichts auf <http://www.utlib.ee/ekollekt/eeva/index.php?lang=de&do=tekst_detail&eid=39149&tid=3357>

Das sechsstimmige *Charfreitag* ist gekennzeichnet von einer wesentlich ausgeweiteten Harmonik mit an Debussy erinnernden Akkorden, die aber nie unaufgelöst bleiben; doch man sieht und hört, dass Berger die Grenzen der Tonalität erreicht hat.

Das zweite Werk unter dieser Opuszahl stellt die Krönung seiner Bemühungen um einen symphonischen Ansatz in der Chormusik dar. *Sturmesmythe* ist ein Gedicht von Nikolaus Lenau[11]. Dieses enthält fast alle in vorangegangenen Textvorlagen bereits gesuchten Bilder und dramatischen Ansätze. Es ist für zwei vierstimmige Chöre konzipiert, die allerdings in allen Stimmen häufig Stimmteilungen haben, so dass der komplette Satz bis zur 16-Stimmigkeit ausgeweitet wird. Es ist ein Musterbeispiel für ein Werk im Sinne von ›per aspera ad astra‹, denn es beginnt im ersten Abschnitt mit einem Orgelpunkt auf *es* über 16 Takte im zweiten Chor, der vom ersten Chor mit Akkorden voller alterierter Klänge in jedoch sehr ruhigem Charakter aufgefüllt wird. Beim Wort »Sonne« steht ein fahl leuchtendes C-Dur als Überraschung, das schnell verlassen wird zum Wort »Nacht« in wiederum tiefem Es-Dur-Klang. In den liegenden Akkord hinein, der sich zu einem D^V entwickelt, beginnt der Bass mit einem Fugenthema so voller rätselhafter Intervalle und einer nicht zu identifizierenden Harmonik, dass – wie die Praxis zeigt – dies bestenfalls von einem absolut hörenden Sänger zu bewältigen ist. Dieses Thema durchläuft alle acht Stimmen, wobei es zu markanten Dissonanzen kommt und eine tonikale Situation vermieden wird. Das Stichwort »Donnerklagen« leitet in den nächsten Abschnitt über, der mit Dissonanzen übersät ist und sich nach einem Abstieg Chor um Chor auf das Engste verwoben chromatisch mit sich überlagernden Klängen wieder nach oben schraubt zu einem übermäßigen Quintsextakkord auf einer Frage endend. Die Antwort »Nein, sie lebt« erscheint als stehender Block. Das folgende: »Mutter, Kinder« wird durch aufeinander prallende Akkorde in c-Moll und es-Moll dramatisiert. Das anschließende »tanzen freudenwild und singen« wird zum musikalischen Höhepunkt und tanzt regelrecht um eine tonale Sicherung herum. Nun folgt der Schlussteil: »ein Lied im Sturmeschor« endet nach übergangsweiser Chromatik in strahlendem Es-Dur,

---

[11] Nikolaus Lenau, eigentlich Nikolaus Franz Niembsch, Edler von Strehlenau (1802–1850). Sein Gedicht *Sturmesmythe* entstand im Zusammenhang mit einer Amerikareise, eine genauere Datierung ist jedoch Spekulation. Anton Schurz vermutete ausgehend von Lenaus Briefen die Beobachtung eines Sturms in der Nähe New Yorks als Anlass des Gedichts, allerdings lassen sich bereits in den Aufzeichnungen zur Überfahrt nach Amerika Beschreibungen eines Sturmes finden, die an die *Sturmesmythe* erinnern (Brief an Anton Schurz, 16. Oktober 1832). Nikolaus Lenau, *Sämtliche Werke, Briefe* hrsg. von Hermann Engelhard, Stuttgart 1959, S. 843ff.

wobei die Kadenz noch einmal Bergers an den Rand der Tonalität gehende Sprache aufbietet.

Bergers letztes Chorwerk op. 103, 3 *Von ferne klingen Glocken* ist sechsstimmig angelegt und bis auf ein kurzes Zwischenstück ganz homophon. Auch hier wird die überkommene Harmonik an ihre Grenzen geführt. Wohin hätte dies bei längerer Lebenszeit Bergers geführt?

Ein Nachwort zu einer hier ganz ungenannten Werkgruppe. Die 30 Kompositionen für drei- oder vierstimmigen Frauenchor dürften Bergers beste vokale Werke sein. Es bleibt unklar, warum es so viele Sätze gibt, für wen er sie verfasst hat und wo sie aufgeführt wurden. Schon Ernest[12] schreibt in seiner Biografie, dass zwar bei einigen Berger'schen Männerchören ein traditioneller Zug ins Sentimentale anzutreffen sei, nie aber bei den Frauenchören. Ich zitiere:

> Hier sind nur wenige, die nicht Beachtung verdienen, und wenn sie nicht bekannter geworden sind, so liegt das an zwei Gründen, erstens, daß der Frauenchorgesang überhaupt verhältnismäßig wenig gepflegt wird, und zweitens, daß die meisten der Gesänge ungewöhnliche Schwierigkeiten für Sänger und Begleiter bieten. Der letztere sieht sich bisweilen Aufgaben gegenüber, zu deren Überwindung ein ungewöhnlich reiches Können notwendig ist.[13]

Die Charakteristika der Werke für gemischten Chor treten hier zudem noch stärker in Erscheinung.

---

12 Ernest, S. 142.
13 Ebd., S. 142.

Hendrik Bräunlich
Wilhelm Bergers Lieder und Gesänge – Gedanken aus der Sicht eines Musikers und Lehrers

Wilhelm Berger schrieb ungefähr 200 Lieder, Gesänge und Duette in 40 Opera sowie bearbeitete Volkslieder, ein Sylter Lied sowie Holländische Lieder. Handschriftlich sind *Humoristische Lieder* sowie 5 Lieder erhalten.

Gerade im ersten halben Lebensabschnitt, also von 1886 bis 1898, komponierte er 122 Lieder, wohingegen er in seiner zweiten Lebenshälfte von 1898 bis 1911 nur noch 39 schuf. Diese Anzahl ist der Biografie von Gustav Ernest zu entnehmen, welche bei der Durchsicht und Erstbewertung der Lieder eine wichtige Hilfestellung leistete.[1]

Schon früh galt Berger als hochbegabt, seine pianistischen Fähigkeiten waren sehr gut und so machten ihm technische Aspekte des Klavierspiels keinerlei Schwierigkeiten. Und auch sein kompositorisches Talent war sehr ausgeprägt, anscheinend als Naturell in ihm vorhanden und wurde von seinen Eltern nach bestem Wissen gefördert. So verwundert es nicht, dass er, gerade einmal 5-jährig, die ersten Kompositionen für die kleinen Sänger des Kindergartens verfasste und dabei selbst am Klavier begleitete.

Wilhelm Berger hat gerade seine ersten Kompositionen dem Genre »Lied« gewidmet, anscheinend eine ihm sehr genehme und vertraute Äußerungsform. Auch sein Opus 1 umfasst vier Lieder, die er in Eigenregie im Jahr 1878, also 17-jährig, veröffentlichte. Das Lied ist eine kompositorische Form, die – allgemein gesprochen – konsequent musikalische Gedanken auf kleinem Raum entwickelt, verfolgt und zu Ende führt. Genau dafür hatte Berger ein gutes Gespür: einen durch den vorgegebenen Text ans Licht kommenden Gedanken beziehungsweise eine Stimmung in sich aufzunehmen, eine Idee daraus zu schöpfen und diese dann zu vertonen. Diese Liebe zur Vokalvertonung blieb zeitlebens bestehen, auch wenn er sich später größeren musikalischen Formen zuwandte und deshalb seltener Lieder schrieb. In den Liedern zeigt sich die Fülle seiner musikalischen Einfälle mannigfach: Kein Stoff, kein Text blieben ihm in einer Weise unverständlich, als dass er ihn nicht hätte in Töne fassen können. So erklärt sich die Vielzahl der Vertonungen von Texten sehr unterschiedlicher Dichter. Zwei seiner Lehrer an der Königlichen Hochschule für

---

[1] Vgl. Ernest, S. 110; siehe auch das Kapitel »Lieder und Gesänge« S. 148-157 und die Werkübersicht S. 180-184, bes. S. 182-183. Eine detailliertere Werkübersicht findet sich in Altmann.

Musik in Berlin, Prof. Adolf Schulze und Philipp Scharwenka, äußerten sich über das Lied *Es rauscht das rote Laub*, ein hochromantisches Lied nach Emanuel Geibel, sehr positiv. Schulze sagte, es sei »schön wie die schönsten Lieder von Brahms«[2] und Scharwenka: »[...] seit Schumann sei im Liede nichts Vollendeteres geschrieben worden als diese Lieder«.[3]

Bergers Credo, als Musiker tätig zu sein und den eigenen Platz zu finden in der Gesellschaft, kann man gut an einer Briefstelle an seine Braut Isabella Oppenheim erkennen:

> Es ist immer gut, wenn man sich ein leuchtendes Vorbild nimmt und danach strebt, es ihm gleich zu machen. Mein Vorbild ist Wagner, dieser Genialste aller Menschen, – die, – außer Bismarck – vielleicht je gelebt haben. Mag man als Musiker und Dichter viel an ihm aussetzen, das ist vielleicht am höchsten bei ihm anzuschlagen, daß er ohne auf die Menge zu hören, unbeirrt seinen Weg ging, durch seine einzig dastehende Energie! Deshalb wurde er was![4]

Im Ganzen kann man feststellen, dass sich Berger bei seinen Texten sehr oft deutscher romantischer Autoren oder den Nachfahren dieser Zeit, also den Dichtern der verlorenen Revolution von 1848 und später, bediente. Die Texte entstammen also hauptsächlich der Zeit zwischen 1800 und 1900. Und auch seine Kompositionen stehen ganz in der Tradition dieser Zeit. Selten geht er über die in seiner Zeit üblichen und genutzten Wendungen in Form, Harmonik und Modulation hinaus. Dies wird später noch zu untersuchen sein. Oft finden sich mehrteilige Formen, das heißt, dem ersten Teil folgen weitere, andersartig gestaltete Teile, denen dann der Anfangsteil sich wieder anschließt. Dieser ist entweder gleich dem Anfang oder nun variiert. Ein Beispiel: *Ich stand in dunkeln Träumen* op. 3 Nr. 3 auf den häufig vertonten Text von Heinrich Heine – dort wird die zweite Strophe mit neuer Idee behandelt, das erste Thema kommt in der dritten Strophe wieder und beschließt das Stück im Nachspiel.

Grundsätzlich sind folgende verschiedene Formen und Typen von Liedern zu finden:

1. Das einfach gehaltene, pianistisch nicht anspruchsvolle Lied romantischen Einschlags, fast einem Volksliede vergleichbar (z. B. *Lieder* op. 87).

2. Lieder mit einer ganz bestimmten, meist in der Natur zu suchenden Grundstimmung. Dort finden sich im Klavierpart tonmalerische Effekte, streng durchgehaltene Motiv- und Farbwahl. Eines sei kurz analysiert: *Am Meere* op. 50 Nr. 1 mit Text von Heinrich Leuthold (1827–1879) (vgl. Notenbeispiel 1).

---

2   nach Ernest, S. 36.
3   nach Ernest, S. 37.
4   Undatierter Brief von Wilhelm Berger an Isabella Oppenheim, zitiert nach: Ernest, S. 97.

Am Meere (1870)
Wie süß ist's, von wonnigen
Lüften umhaucht,
Den Blick in den sonnigen
Äther getaucht,

Entflohen dem eiligen,
Hastigen Tun,
Am Busen des heiligen
Meeres zu ruhn!

Das Herz, wie auf schaukelnden
Wellen der Kiel,
Hintreibend, den gaukelnden
Träumen ein Spiel;

Umkost, von unzähligen
Armen umschmiegt,
Umplätschert, in seligen
Frieden gewiegt.[5]

Dieses Stück ist typisch für Bergers Behandlung der romantisch verklärten Naturschilderung und ist als Idee mehrfach auch in anderen Gesängen zu finden. Das Lied hat ein 9-taktiges Vorspiel: Prägnanter Einfall ist ein 6/8tel Rhythmus, der wiegend und mit der Vortragsbezeichnung »piano, sehr weich« einstimmt auf die ersten Verszeilen des Gesanges »Wie süß ist's, von wonnigen Lüften umhaucht«. Das Motiv ist zweitaktig und wird dann ebenso zweitaktig weitergeführt in die Dominante, von dort an sequenziert die Musik von Takt 5 bis 8, um in Takt 9 eine kleine Überleitung zurück zur Tonika zu finden und den Beginn des Gesanges vorzubereiten. Mit der Gesangsstimme wird diese musikalische Idee, also das wiegende, weiche Schwingen, fortgesetzt und findet Entsprechung in den Worten »süß«, »wonnig« und »sonnigen Äther«. Erst in Takt 22 wird dieses Muster auf die Worte »am Busen des heiligen Meeres zu ruhn!« verändert. Nun wird, unter der seligen Kantilene des Gesanges, durch Sextgänge in Ober- und Mittelstimme in nur 3 Takten zurückmoduliert zur Tonika auf dem Wort »ruhn«. Es folgt die 3. Strophe, der Mittelteil des Liedes. Lag das Augenmerk bis dahin vor allem auf dem Klavierpart, übernimmt nun die Gesangsstimme die Führung und zeichnet die Worte »schaukelnden Wellen« und »gaukelnden Träumen« tonmalerisch nach. Das Klavier verbleibt in einer Klangfläche auf der Dominante über 9 Takte. Darauf hören wir das Kla-

---

5   Wiedergabe nach: Heinrich Leuthold, *Gedichte*, hrsg. v. Max Mendheim, Leipzig [1910].

viermotiv des Beginns wieder, nun aber eine Oktave höher gesetzt. Der Gesang bewegt sich auf den Höhepunkt des Gedichtes »in Frieden gewiegt« zu und wiederholt diese Worte 4 Mal in kleinen Variationen. Wie gesättigt davon streben die letzten 3 Takte des Klaviers in die höheren Lagen, quasi in den Himmel und beenden das Lied. (s. Notenbeispiel 1/3)

Als weitere Beispiele seien genannt *Haidenacht* [nach Altmann: Heidenacht] op. 41 Nr. 4 (Text: Hermann Ludwig Allmers 1821–1902) mit einer trüben Grundstimmung, sowie *Ich rath' euch, ihr Winde* op. 51 Nr. 2 (Text: August Daniel Ehrenfried Stöber 1808–1884) mit lebhaften 16-tel Figurationen im 9/8-tel Takt.

3. Es gibt größere Liedformen wie die Ballade oder auch das Orchesterlied, die einen deutlich anspruchsvolleren Gesangs- wie Klavierpart haben und sowohl vom Sänger wie vom Pianisten ein großes Maß an musikalischer Fantasie, handwerklichen Fähigkeiten und Überblick über die Gesamtform und -länge des Stückes verlangen. Ein Beispiel sind die *Drei Balladen für Bariton und Orchester oder Klavier* op. 96, mit der kleinen Einschränkung allerdings, dass sowohl deren Inhalte wie zeitliche Dauer schwer nachfühlbar und schon überdimensioniert erscheinen. Jede Ballade hat eine ungefähre Dauer von 8 Minuten und auch die Texte (»Oernulfs Klage« von Henrik Ibsen, »Der Mönch« von Gustav Renner und »Der Musikant« von Adalbert von Hanstein) sind sehr an ihre Entstehungszeit gebunden. Ein anderes Lied trägt den Namen *Lied des Corsaren* op. 34 Nr. 3 (Text von Emanuel Geibel). Dieses erinnert mit seinem Bolero-Rhythmus sehr an Robert Schumanns Lied *Der Hidalgo* op. 30 Nr. 3. Hier wie auch im Hidalgo erzählt das Gedicht von drei Dingen, die einem Piraten bzw. einem Adligen tiefstes Anliegen waren: der Kampf für Ruhm und Ehre für das Vaterland, Reichtümer und die Eroberung von Frauen. Dies beinhaltet auch das Spiel mit der Faszination der Furcht, sowohl im Kampf wie in der Liebe.

4. Eine gesonderte Erwähnung verdient der *Nixenreigen* op. 10 für 4-stimmigen Chor und vierhändiges Klavier. Denn dieses Stück, mit wirklich schönen Melodieeinfällen und ansprechendem Text von Theodor Souchay (1833–1903) kann sehr gut auch als Quartett aufgeführt werden und somit Eingang finden in die Konzertreihen unserer Zeit. Und eine musikalisch schöne, technisch nicht zu anspruchsvolle Aufgabe ist der Klaviersatz für 4 Hände, der den begleitenden Pianisten gefallen wird, weil es ausreichend viele Stellen gibt, in denen das Klavier allein, ohne den Gesang, zu hören ist. In diesem Zusammenhang sei auch auf die *Drei Duette für Sopran und Bariton* op. 38 verwiesen. Die Titel »Wie klang aus deinem Munde« (Text: Adalbert von Chamisso), »Deutsch« (Text: Emanuel Geibel) und »Hans und Grete« (Text: Ludwig Uhland) taugen

auch heute noch gut zu Aufführungen. Das Duett *Hans und Grete* hat für mich Vorbilder in Schumanns *Liebhabers Ständchen* op. 34 Nr. 2 oder auch in Johannes Brahms' *Der Jäger und sein Liebchen* op. 28 Nr. 4.

5. Die Zyklen: Berger komponierte einen Zyklus: *Eliland. Ein Cyklus von zehn Gesängen aus Carl Stielers [1842–1885] ›Eliland, ein Sang vom Chiemsee‹ für eine Baritonstimme mit Begleitung des Pianoforte* op. 35. Auf ihn wird weiter unten nochmals einmal näher einzugehen sein. Dieser Zyklus ist textlich so sehr mit der damaligen Zeit und Mode verhaftet, dass er meines Erachtens in unserer Zeit leider nur schwer zu vermitteln ist. Zu den Zyklen sind auch die *6 Lieder* op. 15 nach Friedrich Rückert, genannt *Liebesfrühling* (»Ich wohn' in meiner Liebsten Brust«, »Liebster, nur Dich sehen«, »Hast Du gestern Abend«, »Jene Stunden, die geschwunden«, »Schüre du, Sommer« und »Meine Lieben blicket an«) zu zählen. Diese Stücke hat er für seine Braut und spätere Ehefrau Isabella Oppenheim komponiert, und so gehören sie durch die durch den Titel vorgegebene Klammer aus meiner Sicht ebenfalls zu den Zyklen. Auch musikalisch gibt es diese Klammern, so verbindet zum Beispiel die Musik des Nachspiels des letzten Liedes und dessen Tempo-Vorgabe (Tempo des ersten Liedes) mit eben jener des ersten Liedes. Inhaltlich weisen sie immer Bezüge auf zur Liebe zwischen IHR (Isabella) und IHM (Wilhelm). Natürlich kennen wir den Clara- und Robert Schumannschen Liebesfrühling, der in ähnlicher Weise das Thema der Liebe musikalisch ausleuchtet. Und hier wie dort ist es schön zu hören, wie drei Komponisten den doch sehr persönlichen Bezug kompositorisch umsetzen!

6. Weiterhin gibt es einige in holländischer Sprache verfasste Stücke, von denen die *Vier Liederen voor eene Zangstem* (Vier Lieder für eine Singstimme) o. op. erwähnt seien. Diese sind sicherlich durch die Tatsache entstanden, dass seine Frau Isabella Oppenheim holländischer Abstammung war und sie eine Zeit lang in Amsterdam am dortigen Konservatorium lehrte und Wilhelm Berger sie dort besuchte, so oft es ging.

7. Hervorzuheben ist der Humor und dessen Umsetzung in Töne. Berger komponierte mehrfach heitere oder humorvolle Texte und fand immer eine gute Idee, nach welcher er diese vertonte. Genannt sei an dieser Stelle das *Lied des Todtengräbers* [nach Altmann: Totengräber] op. 11 Nr. 2 nach Ludwig Christoph Heinrich Hölty (1748–1776). Das in Franz Schuberts Vokalsatz bekanntere Lied (D 38 bzw. D 44) wird in beiden Lesarten nicht mit Schwermut, sondern eher augenzwinkerndem Humor genommen. Dabei verwendet Berger allerdings eine robuste 4/4-tel Bewegung des Klaviers, wohingegen Schubert es mit mehr Kantilene und Dynamik schafft, die Stimmung darzustellen. Dann, als weitere Beispiele: *Die Wurzel des Übels* op. 66 Nr. 5 (Text: Heinrich

Leuthold), *Das Huhn und der Karpfen* op. 66 Nr. 6 (Text: Heinrich Seidel, 1842–1906), schlussendlich die *Humoristischen Lieder* aus dem Nachlass. Diese Stücke überzeugen durch ihre heiteren, manchmal sogar scharfzüngigen Texte und deren fast couplethafte musikalische Umsetzung.

8. Außerdem finden sich *Zwei geistliche Lieder für Singstimme, Orgel oder Harmonium* op. 49 sowie 24 Volksliedbearbeitungen, als Duette gesetzt, und 8 Nordische Volkslieder als Duette (in gedruckter Fassung auf Deutsch, Schwedisch, Norwegisch vorliegend).

Die Dichter sollen nicht unerwähnt bleiben, waren sie doch die Inspirationsquelle des Komponisten. Deshalb nun einige Worte zu denen, deren Texte Berger auswählte und vertonte. Im Allgemeinen kann man feststellen, dass er vor allem auf den Inhalt, die Aussage oder auch die Gefühlsseligkeit eines Textes Wert legte. Er, als vielseitiger und sehr belesener Bildungsbürger, war dabei in seinem Urteil sicher immer kritisch. Dabei spielten bei ihm die ›wichtigen‹ oder ›bekannten‹ Dichtergrößen seiner beziehungsweise der vergangenen Zeiten keine Rolle, denn wir treffen sie nur am Rande an. Er vertonte also eine große Zahl (ca. 80) verschiedener Dichter. Dazu kommen noch die Volksliedtexte. Von den vielen, die hier nicht alle angesprochen werden können, seien zwei erwähnt: Emanuel Geibel und Karl Stieler. Warum nun diese beiden? Bei vielen, die er vertonte, spielte wahrscheinlich die momentane Eingebung durch die Beschäftigung mit deren Gedichten eine Rolle. Auf Geibel wie auch auf Stieler kam er aber immer wieder zurück. Emanuel Geibel ist auch uns bekannt, vor allem durch sein *Spanisches Liederbuch*, welches Hugo Wolf in Töne setzte. Er war vor allem in der zweiten Hälfte des 19. Jahrhunderts ein bekannter und geschätzter Dichter. Sein Hang zur vergangenen Romantik und in den Gedichten zur Formvollendung und der gestrenge Blick auf die Ästhetik waren immer wieder auch Anlass für spöttelnde Kommentare (zum Beispiel von Wilhelm Busch in seinem *Balduin Bählamm, der verhinderte Dichter* und durch Theodor Fontane in der Verwendung des Begriffs »Geibelei« für schöne, aber formal stereotype Lyrik). Der Begriff der »Goldschnittlyrik«[6] als Beschreibung für seine Gedichte scheint durchaus zutreffend. Er war und ist auch für uns im Rückblick wegen seiner großen Gefühlsseligkeit in den Versen eine wichtige und nicht zu übersehende Person in der Literaturgeschichte. Anders als Geibel ist uns Karl Stieler eher unbekannt. Er, der von 1842–1885 lebte, war unter anderem von Geibel in die Künstlervereinigung *Die Krokodile* einge-

---

6 Hans-Georg Werner u. a., *Deutschsprachige Literatur im Überblick* (= Reclams Universalbibliothek, Sprache und Literatur, Literaturgeschichte, Bd. 94), Leipzig 1965, S. 132.

führt worden, die auf Sprachschönheit und Form besonderen Wert legte. Sein Schaffen umfasste zuerst die bayerische Mundartdichtung, später dann auch Gedichte in Hochdeutsch. Daneben war er ein versierter und talentierter Reisebeschreiber, außerdem äußerte er sich als liberal denkender Mensch auch zu politischen Themen. Der Roman oder das Drama fehlen ganz in seinem Werk.

Wie hat nun Berger diese Verse in Musik gesetzt? Er hatte ein untrügliches Gespür für die romantischen deutschen Texte. Es lag ihm offenbar, Worten musikalisch eine Bedeutung zu verleihen. Vielleicht lag es an der Klarheit der Form des Mediums Gedicht.

Wie ist Bergers Stellung in der Musik damals und in der heutigen Zeit zu beurteilen? Spätestens ab Anfang des 20. Jahrhunderts geriet er wohl in einen Konflikt mit den neutönerischen Bestrebungen, die er als »eher die Schale als den Kern sich nehmen«[7] zugeordnet und wertend gegenüberstand. Denn sein Credo des künstlerischen Schaffens war die »Verbannung alles Flitters, Plastik, konzise Gedanken, absolute Musik«[8]. Im Jahr 1905 schrieb er in einem Brief: »Überhaupt die neue Musik!! Wer es unaufrichtig mit seiner Kunst meint, macht mit und erfreut sich dadurch einer gewissen Protektion, wer ehrlich bleibt, hat's sehr schwer, aber man hat dann doch das Gefühl der Ehrlichkeit!«[9] Auffallend war, neben seiner deutlichen Absage an sich anbiedernde Komponisten und damit verbunden die Frage nach der persönlichen Ehre, vor allem der erste Satz mit gleich zwei Ausrufezeichen. Dieses Thema muss ihn sehr beschäftigt haben, war er doch selbst in Gefühl und Geist durch und durch ein Kind der Romantik denn ein progressiver Komponist. Bestätigung finden wir in einem anderen Brief an Friedrich Gernsheim (dieser war Pianist, Komponist und Pädagoge): »Ich verstehe die ganze Strömung nicht mehr – auf der einen Seite Parole Bach, auf der anderen eine Kunst, die einen mit Trauer erfüllen kann.«[10] Dies zeigt, in welch klarer Weise er von den musikalischen Bestrebungen seiner Zeit wusste, aber auch, in welch hohem Maße er selbst absolut in der Tradition verblieb.

Und genau diese, Bergers persönliche Sichtweise ist in heutiger Zeit wieder interessant und sollte wiederentdeckt werden, weil sie beispielhaft für seine Zeit der romantischen Idee mit quasi klassischen Vorbildern ist. Und so kann Berger mit einigen seiner Lieder auch neben den uns sehr bekannten Größen

---

7   Ernest, S. 102.
8   Ernest, S. 104.
9   Notiz Wilhelm Bergers aus dem Jahr 1905, zitiert nach Ernest, S. 107.
10 Undatierter Brief von Wilhelm Berger an Friedrich Gernsheim, zitiert nach Ernest, S. 107.

wie Schumann, Brahms oder Wolf (um nur wenige mit einem hohen Anteil an Liedern im Gesamtschaffen zu nennen) bestehen.

Dies wird Zeit brauchen, aber es bestehen gute Chancen vor allem in der Handhabung seiner Werke bei der Ausbildung junger Musiker an Hochschulen, Konservatorien und Universitäten. Und natürlich in der Konzertszene selbst, wo Bergers Werk mindestens einen kleinen Teil der Programme ausmachen könnte. Jedoch dort kommt nun der einzelne Musiker, unter Umständen der Agent und dann auch die Veranstalter und Konzerthäuser selbst ins Spiel, denn sie alle müssen durch viel Enthusiasmus vermitteln, was der heutige Hörer Neues erleben kann durch die Begegnung mit Wilhelm Berger. Im besten Falle möchten wir einige repräsentative Lieder in einem Notenband zusammenfassen und veröffentlichen. Dies ist allerdings Zukunftsmusik, würde aber dem Talent und der Persönlichkeit dieses Komponisten, Dirigenten und Pianisten gerecht werden!

Epilog

Für die Unterstützung in der Vorbereitung danke ich Frau Dr. Maren Goltz, Kustodin der Sammlung Musikgeschichte der Meininger Museen, die mir den Einblick in die Gesamtausgabe fast aller Lieder und die beiden Biografien ermöglichte, außerdem Frau Dr. Barbara Wiermann, Leiterin der Bibliothek der Hochschule für Musik und Theater Leipzig, welche mir großzügig, in Kooperation mit den Meininger Museen, Notenkopien bestellte. Mein besonderer Dank gilt meiner Frau Katrin, die mich bei der Arbeit der Auflistung der Lieder unterstützte.

Notenbeispiel 1/1: Wilhelm Berger, *Am Meere* op. 50, 1, T. 1-21.

Notenbeispiel 1/2: Wilhelm Berger, *Am Meere* op. 50, 1, T. 22-38.

Notenbeispiel 1/3: Wilhelm Berger, *Am Meere* op. 50, 1, T. 39–57.

Nikolaus Müller
Wilhelm Berger als Dirigent der Meininger Hofkapelle

Ich habe endlich ein Feld meiner Wirksamkeit und weiß, daß ich meine Kräfte nicht zwecklos vergeude, wie so häufig in Berlin. Endlich kann ich mich mal künstlerisch befriedigt fühlen. [...] ich habe das Gefühl, daß die Kapelle sehr gerne unter mir spielt, es ist eine prachtvolle Aufgabe für mich, dieses intime Studieren, und zu sehen, wie alle Musiker für mich ihr Bestes geben – sie sind mit großer Liebe bei der Sache, das fühle ich.[1]

So euphorisch berichtet der 42-jährige Wilhelm Berger seiner Mutter in einem Brief als er im Herbst 1903 das Amt als Hofkapellmeister in Meiningen antrat. Berger hatte sich nach seinem Studium an der von Joseph Joachim geleiteten Berliner Akademischen Hochschule für Musik u. a. bei Friedrich Kiel, der in dieser Zeit als Komponist eine Brahms nahezu ebenbürtige Wertschätzung erfuhr, sowohl als Komponist wie auch als exzellenter Pianist einen Namen gemacht und einen festen Platz im Berliner Musikleben der Jahrhundertwende erworben. Seine Sinfonien wurden von Fritz Steinbach und Felix Weingartner ur- bzw. erstaufgeführt, auch Gustav Mahler setzte sich für die weitere Verbreitung seiner Werke ein. Als Lehrer des Scharwenka-Konservatoriums hatte er sich einen vorzüglichen Ruf erarbeitet: Otto Klemperer spricht von Berger als einem ausgezeichneten Lehrer für Partiturspiel.[2] Schließlich hatte er in der Nachfolge Heinrich von Herzogenbergs seit 1899 die Leitung des Oratorienchors der »Musikalischen Gesellschaft« inne. Trotz aller Erfolge war er in einigen Bewerbungsverfahren für Festanstellungen leer ausgegangen und bestritt seinen Lebensunterhalt zum großen Teil durch Klavierunterricht und Konzerttätigkeit. Nicht allein die Festanstellung am Meininger Hof ist verheißungsvoll, auch lässt die Qualität des Ensembles, dessen Leitung ihm anvertraut sein wird, ein musikalisches Gestalten zu, welches dem hochsensiblen Musiker Berger endlich die Gelegenheit gibt, seine Vorstellungen umzusetzen. Als Orchesterdirigent und vor allem als künstlerischer Leiter eines solchen Ensembles hatte er zum damaligen Zeitpunkt allerdings verhältnismäßig wenig

---

1 Brief an unbekannt zitiert nach Ernest, S. 81.
2 Otto Klemperer, Skizzen einer Autobiographie (1960), in: Otto Klemperer, »Anwalt guter Musik«. Texte aus dem Arbeitsalltag eines Musikers, hrsg. von Stephan Stompor, Berlin 1993, S. 16.

Erfahrung. Ein schwerwiegendes Faktum, betrachtet man sein Wirken in Meiningen.

Die Kommentare über Bergers Tätigkeit als Hofkapellmeister sind durchaus unterschiedlich, doch konstatieren sie vor allem Eines – Bergers letztendliches Scheitern an der Aufgabe der Führung der Kapelle. Gustav Ernest beschreibt in seiner Biographie eine wachsende Desillusionierung und Resignation Bergers gegenüber seiner Aufgabe.[3] Herta Müller spricht von einem nach ersten Erfolgen glücklos arbeitenden Kapellmeister – teils aufgrund von Miss- und Un-verständnis, teils aber auch selbstverschuldet.[4] Vernichtend fällt das Urteil von Hannelore Schneider und Alfred Erck aus: »Als Komponist leistete er Herausragendes. Doch als Dirigent und Orchesterchef – und eben darauf war es Georg eigentlich angekommen – bildete Berger wohl doch nur Mittelmaß.«[5]

Eine objektive Beurteilung der künstlerischen Arbeit Bergers scheint schwierig – der Zeit geschuldet fehlen Tondokumente, auch sind bislang kaum ernst zu nehmende Berichte über seine tägliche musikalische Arbeit mit den Kapellmitgliedern zu finden.

I. Meininger Hofkapellmeister

Um die Wahrnehmung des Scheiterns Bergers als Hofkapellmeister in Meiningen zu verstehen, ist es wichtig zu sehen, in welchem Kontext er in dieser Position wirkte. Das »schwere Erbe« Wilhelm Bergers, wie es Herta Müller formuliert,[6] liegt vor allem in der Nachfolge zweier Persönlichkeiten, die in Meiningen ihr Lebenswerk im wahrsten Sinne des Wortes inszeniert hatten: Hans von Bülow und Fritz Steinbach. Der vormalige Adlatus Richard Wagners, Hans von Bülow, hatte mit seiner überreichen musikalischen Erfahrung in Meiningen zu einem Format gefunden, welches es ihm erlaubte, das Orchester binnen kürzester Zeit durch detaillierte und inhaltsvolle Arbeit zu einem europäischen Elite-Ensemble zu gestalten. Unkompliziert war die Zusammenarbeit mit ihm allerdings nie: »Er ist derart exzentrisch, daß stündlich ein Bruch

---

3 Ernest, S. 85ff.
4 Herta Müller, »Die ›Musikalischen‹ Meininger auf Reisen«, in: *Die Meininger kommen! Hoftheater und Hofkapelle zwischen 1874 und 1914 unterwegs in Deutschland und Europa*, hrsg. von Volker Kern, Meiningen 1999, S. 76.
5 Alfred Erck und Hannelore Schneider, *Georg II. von Sachsen-Meiningen. Ein Leben zwischen ererbter Macht und künstlerischer Freiheit*, Zella-Mehlis 1997, S. 507.
6 Herta Müller, S. 60f.

möglich ist«, klagt Georg II.[7], der Meininger Herzog und Dienstherr Bülows. Allerdings erfüllte er die Forderung des Herzogs, exemplarische Interpretationen großer Meisterwerke zu präsentieren, aufs beste und entsprach damit ganz seinem künstlerischen Credo. Nach einem kurzen Intermezzo des ebenso jungen wie genialen Richard Strauss, dessen Selbstbewusstsein dem Herzog zwar imponierte, den er aber doch nicht in Meiningen halten mochte – »Man regiert nicht ungestraft mit 22 Jahren«[8] – trat der 31-jährige Fritz Steinbach die nicht unkomplizierte Nachfolge Bülows an. Steinbachs Beginn in Meiningen missglückte zunächst – auf seinen ersten Gastspielen, die an die Erfolge Bülows anknüpfen sollten, erlitt er empfindliche Einnahmeverluste[9]. So zog er sich in den ersten Jahren in Meiningen zurück und begann mit der Präzision und Akribie eines Uhrmachermeisters, sein »Uhrwerk« – die Meininger Hofkapelle – neu aufzustellen. Steinbach konnte nicht auf die umfangreiche musikalische Erfahrung, wie sie ein Hans von Bülow hatte, zurückgreifen, auch waren Bülows programmatisch konzipierte »historische« Konzerte in dieser Weise nicht zu übertreffen – und schließlich musste er mit einer, im Vergleich zu jener Bülows, personell eingeschränkten Kapelle vorlieb nehmen (dies war, nebenbei bemerkt, der Kündigungsgrund für den jungen Strauss)[10]. Geschickt verstand er es, diese Einschränkungen zu seinem Vorteil auszunutzen. Zwei grundlegende Entscheidungen waren für den sich wenige Jahre später einstellenden Erfolg maßgeblich. Zum einen legte Steinbach großes Gewicht auf die Entwicklung des Chorwesens im gesamten Herzogtum. Mit exemplarischen Aufführungen großer Chorsymphonik gelang es ihm, auf eigene Weise an die programmatischen Großtaten Bülows anzuknüpfen. Auch politisch war diese Überlegung wohl außerordentlich klug, sensibilisierte er doch durch die Arbeit mit den Chorvereinigungen eine ganze Region für das musikalische Geschehen um die Meininger Hofkapelle. Überdies erfüllte er wahrscheinlich unbewusst einen Wunsch Georgs II., der vielleicht als Ausgangspunkt seiner musikalischen Ambitionen am Hofe bezeichnet werden kann: der Kunstausübung als Kult bzw. Kunstausübung im Kult. Ausgehend von einem intensiven Gedankenaustausch mit dem Salzunger Kirchenmusiker Bernhard Müller, versuchte der Herzog bereits in den 60er und 70er Jahren »die protestantische Liturgie und das christliche Gemeindeleben durch den Kirchengesang in seinem Herzogtum zu erneuern.«[11] Mit dem Hofkapellmeister Emil Büchner und

---

7   Brief von Herzog Georg II an Karl Werder vom 12. Dezember 1881 (Thüringisches Staatsarchiv Meiningen, Hausarchiv, 394), zitiert nach Erck/Schneider, S. 428f.
8   Ebd., S. 435.
9   Herta Müller, S. 54.
10 Herta Müller, S. 52.
11 Erck/Schneider, S. 413f.

Müller zusammen versuchte er schon damals, seine Ideen von »historischen Konzerten« und exemplarischen Aufführungen Realität werden zu lassen – allerdings vorerst vergeblich. Die andere wegweisende Entscheidung Steinbachs war, die »Brahms-Mission« der Hofkapelle auszubauen. Er intensivierte die Zusammenarbeit mit dem großen Komponisten, der den jungen Mann sehr zu schätzen schien[12]. Er studierte Brahms' Kompositionen genauestens und verpasste keine Gelegenheit, den Komponisten in seiner Arbeit mit dem Orchester zu beobachten. Was Bülow ihm bei seinem Amtsantritt an musikalischer Erfahrung voraus hatte, konnte er sich so mit Hilfe seines »persönlichen musikalischen Gottes«, Johannes Brahms, aneignen. Der Erfolg, den er als Prophet des Brahms'schen Werkes und als Dirigent der Meininger Hofkapelle in den folgenden Jahren erlangte, war durchschlagend.

Vor diesem Hintergrund trat Wilhelm Berger 1903 sein Amt an – an Bülow und Steinbach musste er sich messen lassen. Wie bereits zu Anfang dargestellt, war Berger, als er 42-jährig seinen Dienst in Meiningen antrat, eine gestandene Musikerpersönlichkeit, die erfahren genug war, jeden Eingriff in seine musikalische Eigenständigkeit abzuwehren. Zwei gravierende Unterschiede zwischen der musikalischen Persönlichkeit Bergers und derer Bülows und Steinbachs geben den Schlüssel zum Verständnis der Situation. Sowohl Bülow als auch Steinbach begannen ihre musikalische Karriere als Komponisten, beide beschlossen, diese Tätigkeit zugunsten der nachschaffenden Tätigkeit als Dirigent zurückzustellen – und nahmen ihre Unterordnung gegenüber dem Komponisten in Kauf. Wohlgemerkt – erst Bülow und Steinbach machten die Position des Dirigenten zu dem, was wir heute als Pultvirtuose bezeichnen. Ebenfalls sammelten beide ihre musikalischen Grunderfahrungen als Kapellmeister im damaligen Opernbetrieb: Bülow vor allem als der Kapellmeister Wagners, Steinbach als 2. Kapellmeister in Mainz. Berger hat weder Ambitionen gehabt, das Komponieren anderen zu überlassen und sich vor allem als Dirigent zu profilieren, noch hatte er sich in den Untiefen des Theateralltags das diplomatische Handwerkszeug und die Kenntnis von Machtstrukturen aneignen können.

II. Von Herzogs Gnaden

Herta Müller berichtet über den Beginn Wilhelm Bergers in Meiningen:

> Am 3. März 1903 dirigierte Berger sein Antrittskonzert in Meiningen und stellte sich da mit seiner 1. Sinfonie auch als Komponist vor. Hier wie auch in seinen ersten Konzerten im Herbst nach seinem offiziellen Amtsantritt gestaltete er Programme,

---

12 Vgl. Max Kalbeck, *Johannes Brahms*, Berlin 1915, Bd. IV/I S. 81.

in denen er Bekanntes aus der Steinbach- und Bülow-Zeit mit neuen Akzenten kombinierte. [...] In seiner Konzerttätigkeit mit der Hofkapelle beschränkte er sich vorerst auf jene Orte, in denen die Hofkapelle seit Steinbach zu regelmäßiger Abonnements-Bespielung eingeladen war: Hildburghausen, Eisenach, Sonneberg, Gotha. [...] Doch schon in seiner zweiten Saison 1904/05, vom 25.–30. November, fuhr Berger mit der Kapelle zu drei Konzerten in die Reichshauptstadt und schloß auf der Heimreise Konzerte in Halle, Jena und Erfurt an. Berlin war für Berger in doppelter Weise wichtig: zum einen verlangte ja der Herzog generell den ersten Auswärtsauftritt in Berlin, sodann mag auch Berger ehrgeizige Wünsche mit dieser Reise verbunden haben, wollte er doch an jener Stätte als Künstler ehrenvoll bestehen, die zuvor sein Wirkungsfeld war, ihm und seiner Familie aber kein gesichertes Auskommen bieten konnte. Aber es war auch ein heikles Unterfangen, nachdem Steinbach hier 24mal musikalische Siege und Triumphe feiern konnte, die den Berlinern noch in lebhafter Erinnerung waren.[13]

Obwohl er in der Programmzusammenstellung auf Bekanntes der Programme seiner beiden Vorgänger zurückgriff, sich selbst, wie ehedem Bülow, als Pianist präsentierte und berühmte Solisten wie Joseph Joachim und die Sängerin Lili Lehmann an seiner Seite hatte, schien er damit keinen außerordentlichen Erfolg verzeichnen zu können. Der Herzog untersagte weitere Auftritte in Berlin:

> Es hat keine Berechtigung, die Kapelle in Berlin gastiren zu lassen. Um Ihnen damit ein Vergnügen zu bereiten, kann ich von meiner Anschauung nicht abgehen; denn man würde mich schließlich dafür verantwortlich machen, daß ich ohne triftigen Grund mir herausnehme, meine Kapelle nach Berlin zu schicken. Zu Steinbach's Zeiten war's etwas anderes, da dieser als intimer Freund von Brahms in dessen Musik ganz u gar eingeweiht war u. den Berlinern dieselbe gewissermaßen gebracht hat. So vollfuhre die Kapelle eine Mission – Die Berl. Orchester dürften hinter meiner Kapelle nicht zurück stehen [...] Wenn andere Städte meine Kapelle hören wollen, habe ich nichts dagegen, wenn diese sie besucht.[14]

Ob diese Reaktion des Herzogs angemessen war, sei dahingestellt. Die Konzerte stießen beim Berliner Publikum durchaus auf eine positive Resonanz und die Kritik bewegte sich, wie man es in Berlin gewohnt war, zwischen Anerkennung und Gehässigkeiten. Allerdings verstand es Berger nicht bzw. lehnte es vehement ab, sich selbst zu vermarkten und sich somit neben den großen Dirigentenpersönlichkeiten Berlins, Felix Weingartner und Arthur Nikisch, zu positionieren. Auch ließ der Andrang zu den Konzerten im Vergleich zu den Sensationen unter Bülow und Steinbach durchaus zu wünschen übrig. Berger beklagt sich bereits 1906 in einem Brief an seine Mutter: »Er [der Herzog] verschließt mir alle großen Städte und läßt mir die Dörfer zum Bereisen übrig!

---

13 Herta Müller, S. 61f.
14 Reinhardt3, S. 148.

Nichts um mein Renommée zu stärken!«[15] Man vermutet eher eine persönliche Missstimmung zwischen dem Fürsten und seinem musikalischen Angestellten denn ein künstlerisches Ungenügen Bergers.

Ein Seitenblick in den Briefwechsel Georgs mit Bergers Nachfolger, Max Reger, offenbart vieles, was bei der Betrachtung der Korrespondenz Bergers im Dunkeln bleibt. Als der Herzog Reger gleich zu Beginn seiner Amtszeit aufforderte, die in den vergangenen Jahren vernachlässigte Konzerttätigkeit der Hofkapelle wieder aufzunehmen, lehnt sich dieser gegen Georgs Verdikt auf, die Auswärtsgastspiele in Berlin zu beginnen und führt ihm die veränderte Situation in Berlin vor Augen. Als es dann doch bereits im Frühjahr 1912 zu einem Gastspiel in der Reichshauptstadt kommt, berichtet Reger in einem Brief vom 21. März an den Herzog ausführlich von den Konzerten, nicht ohne sogleich die zu erwartenden schlechten Kritiken vorwegzunehmen und inhaltlich zu demontieren[16]. Gerade im Umgang mit einem der Kerngeschäfte der Hofkapelle – der Reisetätigkeit – zeigen sich die unterschiedlichen Persönlichkeiten Steinbachs, Bergers und Regers. Steinbach begibt sich nach anfänglichen Schwierigkeiten sozusagen in Klausur und es gelingt ihm, mit Brahms dem Herzog ein neues Konzept zu präsentieren und zum Erfolg zu führen. Berger möchte seine Leistung als Künstler anerkannt wissen und ist nicht bereit, sich als Schuljunge maßregeln zu lassen. Reger wiederum gelingt es, den Herzog in einer Weise für sich einzunehmen, die nahezu jeden Widerspruch entschärft. So schreibt Georg seiner Frau bereits nach seiner ersten Begegnung mit Reger: »Ich hatte den Eindruck, einen eminenten Mann vor mir zu haben. Ich glaube, seine Wahl war die glücklichste.«[17] Daran sollte sich nicht viel ändern. Währenddessen macht er aus seinen Antipathien Berger gegenüber keinerlei Hehl. »Er war mir unsympathisch. Deshalb kannte ich ihn wenig, auffallend war mir nur sehr, seine wirklich große Meinung von sich selbst. Wenn er eine Größe war, hatte er nicht unrecht, groß von sich zu denken, – aber war er eine ›Größe‹?«,[18] schrieb er am 26. März 1912 an Max Reger. Reger gelingt es, in seinen Briefen an den Herzog sowohl einen standesgemäßen Ton anzuschlagen als auch diesen humorvoll zu überzeichnen und die Distanz fast auf joviale Art und Weise zu beseitigen oder gar so umzukehren, dass sich Georg geschmei-

---

15 Brief Bergers an seine Mutter, zitiert nach Ernest, S. 85.
16 Vgl. Brief Regers an Georg II vom 21. März 1912, zitiert nach: Hedwig Mueller von Asow und Ernst Hermann Mueller von Asow (Hrsg.), *Max Reger, Briefwechsel mit Herzog Georg II. von Sachsen*, Weimar 1949, S. 170–172.
17 Brief Georgs II an Helene von Heldburg vom 19. Juni 1911 (Thüringisches Staatsarchiv Meiningen, Hauptabteilung, 330), zitiert nach Erck/Schneider, S. 549.
18 Asow/Asow, S. 176.

chelt fühlen musste, während Bergers Korrespondenz mit Georg II. eher den Eindruck einer Pflicht hinterlässt, die er wohl oder übel erfüllen muss.

Gerade im Umgang mit Konventionen zeigen sich die unterschiedlichen Persönlichkeiten Regers und Bergers. So beginnt Reger seine Briefe an den Herzog mit »Durchlauchtigster Herzog, Gnädigst regierender Herzog und Herr!«[19], während Berger seine Schreiben wesentlich sparsamer mit »Euerer Hoheit«[20] an Georg II. richtet. Wie verschieden die persönliche Position der beiden Kapellmeister ist, machen die folgenden Kommentare deutlich. »Berger nennt ihn [den Herzog] einen prachtvollen Kerl und erwähnt, daß er ihn in seinen Briefen mit ›Lieber Berger‹ anredet und sich ›Ihr treuer Georg‹ unterschreibt.«[21] – An Fritz Stein[22] schreibt Max Reger: »Wenn der Herzog an dich herzlich schreibt (Ihr treuer Georg*) etc., so lasse Dich nicht verblüffen; Du wirst sonst dieselben Enttäuschungen erleben wie ich; solche Worte schreibt er an jeden. Wenn Du aber 1 Pfennig Geld haben willst, ist Schluß!«[23]

Es ist schon erstaunlich, wie sehr sich Berger und Reger trotz ihrer ähnlichen Voraussetzungen – beide versuchten weiterhin sich vor allem als Komponist zu profilieren, beide hatten ihr Handwerk als Dirigent nicht der Kapellmeisterschule zu verdanken – in dem, was sie mit der Meininger Hofkapelle erreichten, unterscheiden.

Berger erfährt in seiner Zeit als Meininger Hofkapellmeister vielfältig Eingriffe seines Dienstherrn, die er als Affront gegen seine Person und seine Position empfinden und durch die er sich bevormundet fühlen muss. So weist der Herzog ihn an, dass die Streicher der Kapelle um der besseren Qualität willen im Stehen zu spielen haben, da dies bereits unter Bülow zum Erfolg geführt habe. Weiterhin gestaltet sich die Programmplanung mit dem Herzog als schwierig: wirklich Neues zu bringen scheint nahezu unmöglich – ein Konzert bei welchem statt einer von Georg favorisierten Brahms-Sinfonie eine von Bruckner, den er kaum kennt, gespielt werden soll, verlangt er, lieber abzusagen. Seine eigenen Werke darf Berger auswärts kaum spielen[24]. Zum Eklat kommt es schließlich im Jahre 1909, als ein Teil der Kapelle unter Steinbachs Leitung beim Brahmsfest in München auftreten soll und Berger vom Herzog aufgefordert wird, die Konzerte zu besuchen, um die Brahms'schen Werke

---

19 Vgl. Regers Briefe an den Herzog, in: Asow/Asow, 1949.
20 Vgl. Bergers Briefe an den Herzog, in: Reinhardt3.
21 Ernest, S. 81–82.
22 Fritz Stein war als Nachfolger Regers in Meiningen vorgesehen, trat die Stellung jedoch infolge der Auflösung der Kapelle nicht an.
23 Brief von Max Reger an Fritz Stein, Anfang Juni 1914, in: Max Reger, *Briefe an Fritz Stein*, hrsg. von Susanne Popp, Bonn 1982, S. 168.
24 Herta Müller, S. 64.

unter einem Dirigenten zu hören, »den der Meister selbst in seine Intentionen eingeweiht hatte.«[25] Diesen Vorschlag wies er »überzeugungstreu, aber undiplomatisch, wie das seine Art war«[26] zurück. Auch hier zeigt ein Vergleich mit Reger, der mit ähnlichen Einflussnahmen des Herzogs zu kämpfen hatte, dass dieser mehr Fortune hatte im Umgang mit ihm.

Berger ließ sich als Hofkapellmeister immer mehr zum Sprachrohr für höhere Gehaltsforderungen der Musiker machen, was Georg zusätzlich verärgerte und ihn vollends an der Stärke und Durchsetzungsfähigkeit seines Untergebenen zweifeln ließ. Es ließen sich noch viele weitere Beispiele und Zitate anführen, die Bergers Amtszeit in Meiningen beleuchten – was an dieser Stelle zu weit führen würde.

Am schwersten wiegt aber vielleicht, dass es Wilhelm Berger aufgrund der Umstände und wohl auch aufgrund seiner Persönlichkeitsstruktur nicht gelang, in Meiningen eine persönliche Handschrift herauszuarbeiten und ein Alleinstellungsmerkmal dem Herzog gegenüber zu etablieren. Auch Regers Ära lässt solches vermissen, doch hatte er, wie bereits deutlich gemacht, den Herzog anderweitig für sich einnehmen können. Was die Kritiken der Auswärtskonzerte anbelangt, so finden sich auch da immer wieder Stimmen, die, ähnlich wie bei Berger, Regers Langatmigkeit als Dirigent monieren.

III. Der Dirigent Wilhelm Berger

Für ein Verständnis des Dirigenten Wilhelm Berger ist eine Auseinandersetzung mit dem noch relativ jungen Berufsstand des Dirigenten aufschlussreich. Gerade im Jahr 2011 fällt ins Auge, dass Gustav Mahler und Wilhelm Berger nicht nur Kollegen waren, sondern auch in exakt dem gleichen Zeitraum wirkten. Vergleicht man beide Lebensläufe, so springt auch bei Mahler die frühe Tätigkeit als Kapellmeister an verschiedenen Opernhäusern ins Auge – besonders Mahlers Auseinandersetzung mit Arthur Nikisch in Leipzig hat ihn sowohl als Komponisten wie auch als Dirigenten nachhaltig geprägt. Seinerzeit mehr als Kapellmeister denn als Komponist wahrgenommen, wird besonders in seiner Wiener Zeit erkennbar, mit welchem ungeheuren Willen er seine Ideale durchsetzte. Wilhelm Berger scheint in dieser Hinsicht einer anderen Zeit zu entstammen. Im Geiste Schumanns und Mendelssohns im Dunstkreis der sogenannten Berliner Akademiker musikalisch beheimatet, war ihm das Äußerliche fremd. Bei Gustav Ernest lesen wir über jene, die den musikalischen Aufruhr scheuen: »Sie sind die treuesten Diener ihrer Kunst. Sie blenden und

---

25 Ernest, S. 85.
26 Ebd.

verblüffen nicht wie jene, still gehen sie ihren Weg, nur inneren Impulsen in ihrem Schaffen gehorchend, nur aus inneren Quellen dabei schöpfend, glücklich, wenn ihr Werk den freudigen Beifall des Publikums findet, aber nicht um ihn buhlend und zu stolz, ihn durch Konzessionen zu erkaufen. Zu diesen gehört Wilhelm Berger.«[27] Nicht zufällig, so scheint es, ist Berger der einzige unter den Meininger Hofkapellmeistern, der als aktiver Kammermusiker mit seinen Kapellisten nicht nur in Meiningen auftrat sondern mit dem Solocellisten Karl Piening und dem Soloklarinettisten Richard Mühlfeld das »Meininger Trio« gründete und mit ihnen in ganz Europa enthusiastisch gefeiert wurde.[28] Hier konnte er wohl mit Musikern, mit denen ihn ein besonderes musikalisches Verständnis verband, in einer sensiblen und intimen Weise musizieren, wie er es mit einem großen Orchesterapparat vielleicht so nicht umzusetzen vermochte. Es ist möglich, dass sich Bergers Größe nur im intimen Rahmen voll entfalten konnte. Vielleicht ist auch Georgs Kommentar über Berger in dieser Weise zu verstehen: »Berger hatte wenig Anhang, die aber, die ihn verehrten, hielten ungeheure Stücke von ihm.«[29]

Mit Mahler, Strauss, Zemlinsky und Pfitzner geht die Ära der dirigierenden Komponisten zu Ende – bei allen genannten bildet ihre Arbeit als Opernkapellmeister ein stabiles Rückgrat ihrer Karriere und beeinflusste ihre Arbeit als Komponist maßgeblich. Sie sind das Verbindungsglied zu den »Pultvirtuosen« des 20. Jahrhunderts. Jene Spezialisten drängten mit aller Macht in den Vordergrund, sie beherrschten vor allem eines – die perfekte Umsetzung und Inszenierung des Kunstwerks. Norman Lebrecht benennt in seinem ebenso umstrittenen wie polemischen Buch »Der Mythos vom Maestro« Hans von Bülow als Ursprung und Prototyp des Dirigenten, wie er im 20. Jahrhundert seinen Aufstieg feiern sollte. »Abwechselnd unterwürfig und herrisch, bescheiden und hochmütig, sentimental und sadistisch, verkörperte er den Widerstreit zweier Seelen und damit das Dilemma aller zukünftigen Dirigenten. Ihre kollektive Unsicherheit und ein Großteil der mythischen Aura sind bereits in Bülows widersprüchlichem, bärbeißigem Charakter angelegt.«[30] So überzogen Lebrechts Charakterisierung ist, so legt er doch den Finger in eine Wunde, die für die Entwicklung des Musikbetriebs des vergangenen Jahrhunderts ein wesentlicher Ausgangspunkt ist. Bülows Ideal der perfekten Unterordnung des Dirigenten unter den Komponisten als Schöpfer konnte der Dirigent

---

27 Ernest, S. 9.
28 Vgl. Müller, S. 62, bzw. Erck/Schneider, S. 507.
29 Brief von Georg II an Max Reger vom 2. März 1912, Müller von Asow, S. 135–137, hier 136.
30 Norman Lebrecht, *Der Mythos vom Maestro*, Zürich 1992, S. 26.

schließlich selbst nicht mehr gerecht werden. Und so ist von Bülows Bruch mit Johannes Brahms und die sich daraus ergebende Kündigung seiner Stellung in Meiningen ein Fanal, welches in gleicher Weise wie ein Sündenfall als auch wie eine Emanzipation anmutet, eine Emanzipation von der universellen Autorität des Komponisten. Bülows Telegramm an den Herzog lautete: »Da ich diesen Brahms'schen Leierkasten nicht länger kurbeln kann, bitte ich Eure Hoheit ehrfürchtigst, meine Abdankung anzunehmen.«[31]

Eine Grundbedingung für die Tätigkeit als Dirigent ist die Fähigkeit, eine Gruppe musikalisch anzuführen – Macht auszuüben. »Es gibt keinen anschaulicheren Ausdruck für Macht als die Tätigkeit des Dirigenten. Jede Einzelheit seines öffentlichen Verhaltens ist bezeichnend, was immer er tut, wirft Licht auf die Natur der Macht. Wer nichts über sie wüsste, könnte ihre Eigenschaften eine nach der andern aus einer aufmerksamen Betrachtung des Dirigenten ableiten.«[32] Elias Canettis Feststellung zeigt, wie stark dieses außermusikalische Element in der Wahrnehmung der Funktion des Dirigenten verankert ist. Dass diese Macht den Zuhörer – und Zuschauer – mit einbezieht, stellt Theodor W. Adorno heraus: »Während der Dirigent als Bändiger des Orchesters agiert, meint er das Publikum, nach einem Verschiebungs-mechanismus, der auch der politischen Demagogie nicht fremd ist.«[33] Wie groß die Gefahr der Korrumpierbarkeit und des Opportunismus dabei ist – und wie stark oftmals die Verdrängung des essentiell Musikalischen ist, hat das letzte Jahrhundert Dirigiergeschichte gezeigt. Dass es allerdings gruppenpsychologisch notwendig ist, sich als Dirigent in dieses Spannungsfeld zu begeben, ist evident. Erinnert man sich an Bergers Euphorie zu Beginn der Meininger Tätigkeit und seine Freude »zu sehen, wie alle Musiker für mich ihr Bestes geben«,[34] gewinnt man den Eindruck, dass sich Berger auf die Rolle des Führers in diesem Sinne weder einlassen wollte noch konnte.

---

31 Zitiert nach Lebrecht, S. 33.
32 Elias Canetti, *Masse und Macht*, Hamburg 1960, S. 468.
33 Theodor W. Adorno, *Gesammelte Schriften in 20 Bänden*, Bd. 14: *Dissonanzen. Einleitung in die Musiksoziologie*, Frankfurt a. M. 2003, S. 294.
34 Ernest, S. 81.

Register

Adorno, Theodor W. 198
Afa-Verlag Berlin (Afa's Musikverlag Hans Dünnebeil Berlin) 29f.
Albrecht, Engelbert 170
Allmers, Hermann Ludwig 180
Altmann, Wilhelm 122
André, Johann 149
Angelroth, Doris 28
Angelroth, Elisabeth 28
Arlberg, Hjalmar 27

Bach, Johann Sebastian 18, 40, 180
Bahr, Hermann 126
Baisch, Otto 171
Bargiel, Woldemar 7, 12, 130
Baußnern, Waldemar von 7, 13
    Champagner (Konzert-Ouvertüre) 26
Becker, Hugo 26, 27
Beethoven, Ludwig van 18, 30, 40f., 112, 139
    Trio op. 11 82
    Eroica-Variationen op. 35 107f.
    Diabelli-Variationen op. 120 114
    9. Sinfonie op. 125 40
Beneken, Friedrich Burchard 149
Berger, Alwine (geb. Backhaus) 189, 193
Berger, Ernst 31
Berger, Isabella (geb. Oppenheim) 13, 22, 27, 32, 37, 127, 178, 181
Berger, Wilhelm
    Vier Lieder op. 1 8, 177
    Vier Gesänge op. 3
    Ich stand in dunkeln Träumen op. 3,3 178
    Sonate für Violine und Klavier op. 7 77
    Nixenreigen op. 10 34, 180
    Lieder op. 11
    Es rauscht das rote Laub op. 11, Nr. 1 178
    Lied des Todtengräbers op. 11 Nr. 2 181
    Lenznacht op. 11, Nr. 4 34
    Liebesfrühling. Sechs Lieder op. 15 181
    Fantasiestück op. 20 103
    Klavierquartett op. 21 103
    Gebet op. 22 168
    Klavierstücke (Bagatellen) op. 23 103
    Bergnacht op. 24, 1a 27
    Sechs Gesänge für gemischten Chor op. 25 104, 169
    Wie nun alles stirbt und endet 169
    Leise rauscht des Lebens Welle 169
    Im Fliederbusch ein Vöglein saß 169
    Es schleicht um Busch und Halde 169
    Ständchen 169
    Trost der Nacht 169
    Vier Männerchöre op. 26 149
    Sommernacht op. 26, Nr. 4 34, 157, 164–165
    Sonate für Violoncello und Klavier op. 28 28, 29, 103
    Sonate für Violine und Klavier op. 29 77, 103
    Neun Lieder und Gesänge op. 34
    Lied des Corsaren op. 34, Nr. 3 180
    Eliland. Ein Cyklus von zehn Gesängen op. 35 181
    Drei Duette op. 38 180
    Wie klang aus deinem Munde Deutsch 108, 180
    Hans und Grete 180
    Fünf Lieder op. 41
    Haidenacht op. 41, Nr. 4 180
    Drei Gesänge für gemischten Chor op. 44 169
    Ach, in diesen blauen Tagen 169
    Lenzfahrt 169
    Niss Puck 169f.
    Introduktion und Fuge op. 42 104
    Konzertstück für Klavier und Orchester op. 43 29, 31
    Drei Gesänge für gemischten Chor op. 45 169
    Gefangen 170
    Früh am Tage 170
    Zwei, die sich liebten 170
    Vier Lieder für vierstimmigen Frauenchor op. 48
    Wenn eine Blume still verblüht 170
    Die erwachte Rose 34, 170
    Wiegenlied 170

Das Herz, das ist ein Eselchen 170
Zwei geistliche Lieder op. 49   182
Zwei Lieder op. 50
  Am Meere op. 50, Nr. 1   178-180, 185-187
Lieder und Gesänge op. 51
  Ich rath' euch, ihr Winde op. 51, Nr. 4   180
Vier geistliche Lieder und Gesänge op. 54   171
  Mitten wir im Leben sind   171
  Müde, das Lebensboot weiter zu steuern   27, 34, 36, 168, 171f.
  Groß ist der Herr!   35, 36, 171f.
  Gebet   171, 172
Gesang der Geister über den Wassern op. 55   9, 35, 80, 103, 121, 123, 125, 127, 132-140, 142-148
Variationen über ein eigenes Thema op. 61   9, 104, 105, 110
Sechs Lieder op. 66
  Die Wurzel des Übels op. 66, Nr. 5   181
  Das Huhn und der Karpfen op. 66, Nr. 6   181
Vier Gesänge op. 67   173
  Die Träne fließt zum Staub   173
  Nachtgebet   173f.
  Morgenlied   173f.
  Verblüht   173f.
Streichtrio op. 69   12, 31, 33, 78, 84
Sonate für Violine und Klavier op. 70   12, 33, 77
1. Sinfonie op. 71   8f., 12f., 24, 27, 32, 37-41, 44-47, 50-57, 77, 87, 192
Meine Göttin op. 72   8, 35, 125
Christnacht op. 73, Nr. 2   27
Euphorion. Szene aus Goethe's Faust II. Teil op. 74   35, 125
Streichquintett op. 75   8, 31, 33, 77f.
Sonate op. 76   9, 33, 104, 110-114, 119-120
Ich liebe Dich op. 77, Nr. 5   27
Drei Lieder für vierst. Männerchor op. 79   149
2. Sinfonie op. 80   9, 12, 32, 37-43, 47-49, 58-75
Im Sturm op. 81, Nr. 3   27
Die Tauben op. 83   35, 125

Vier Lieder für drei Frauenstimmen op. 84   125
Dämmrung senkte sich von oben op. 84, Nr. 1   125
An die großen Toten op. 85   28, 35, 126, 167
Der Totentanz op. 86   35, 126, 168
Neun einfache Weisen op. 87   178
Eisblumen op. 88, Nr. 2   27
Es war op. 88, Nr. 3   27
Dämmerung op. 90, Nr. 5   27
Opferschale op. 90, Nr. 4   27
Variationen und Fuge op. 91   9, 33, 90, 104, 106-110, 116-118
Schneewittchen in der Wiege op. 92, Nr. 1   27, 35
Es ging ein Duft durch die Frühlingsnacht op. 92, Nr. 4   27, 35
Trio für Klavier, Klarinette und Violoncello op. 94   9, 33, 34, 78-84, 86, 88, 94-98
Klavierquintett op. 95   9, 27, 34, 78, 79, 85-89, 101-102
Drei Balladen op. 96   180
  Oernulfs Klage   180
  Der Mönch   36, 180
  Der Musikant   36, 180
Variationen und Fuge für Orchester op. 97   8, 17, 23, 27, 32, 78
Vier Lieder für Frauenchor op. 98   125
Klavierquartett op. 100   28, 34, 78
Pharao op. 101   153-157, 162-163
Serenade für 12 Blasinstrumente op. 102   28f., 78
Drei Gesänge op. 103   10, 174
  Charfreitag   174f.
  Sturmesmythe   174f.
  Von ferne klingen Glocken   174, 176
Sonnenhymnus op. 106   7, 28, 31f., 125

Werke o. op.
Trio für Klavier, Violine und Violoncello   28f.
Dramatische Tondichtung für Orchester   28f.
Huldigungsmarsch für großes Orchester   28f., 31, 33
Klavierkonzert   28

Klaviersonate   103
Gesang der Erinnyen   125, 127
Heldenklage   29, 125
Scherzo aus einer unvollendete Sonate
  für Violoncello und Klavier   30
Gevallen de slapen   28
Vier Liederen voor eene
  Zangstem   181
Humoristische Lieder   177, 181

Bearbeitungen
  Beiträge zum Volksliederbuch
  für Männerchor (»Kaiserlieder-
  buch«)   149, 150
    Die schöne Nacht   150-152
  24 Volkslieder (Duette)   182
    Die Blümelein sie schlafen   28
    *Der Jäger längst dem Weiher
      ging*   27, 36
  8 Nordische Volkslieder   182
Berger, Wilhelm jun.   32
Berger, Johann Wilhelm   130
Berlioz, Hector   40
Boln, Franz von   13
Bose, Fritz von   27
Böhmisches Streichquartett   85
Bote & Bock   171, 173f.
Brahms, Johannes   8-11, 16, 18, 24, 25,
    30, 37-43, 77, 79, 82, 85, 90, 114,
    121, 123, 139f., 158, 171, 178, 183,
    189, 192, 194, 198
  Klaviersonaten op. 1, op. 2,
    op. 5   111
  Serenade Nr. 1 op. 11   25
  Händel-Variationen op. 24   107, 109
  Der Jäger und sein Liebchen op. 28,
    Nr. 4   180
  Klavierquintett op. 34   79, 84-89,
    99-102
  Paganini-Variation op. 35   110, 116
  Alt-Rhapsodie op. 53   123
  Schicksalslied op. 54   123
  Haydn-Variationen op. 56   109
  Tragische Ouvertüre op. 81   25
  Nänie op. 82   123
  Streichquintett op. 88   84
  Gesang der Parzen op. 89   140
  3. Sinfonie op. 90   25, 43
  Sapphische Ode op. 95,
    Nr. 4   171
  4. Sinfonie op. 97   87-89

Klarinettentrio op. 114   79-84,
  91-93
Klarinettenquintett op. 115   79-81
Klarinetten-Sonaten op. 120   79f.
Breitkopf & Härtel   30
Bruch, Max   42
Bruckner, Anton   9, 26, 37, 40-43, 195
  2. Sinfonie   40
  4. Sinfonie   26, 40
  5. Sinfonie   40
  7. Sinfonie   40
  8. Sinfonie   40, 43
  9. Sinfonie   40
Büchner, Emil   191
Bülow, Hans von   11, 15, 18, 24f., 103,
  190-193, 195, 197f.
Bülow, Fürst Bernhard von   28
Busch, Wilhelm   182
Busoni, Ferruccio   110
Canetti, Elias   198
Chamisso, Adalbert von   180
Chausson, Ernest   85
Chopin, Frederic   171
Chronegk, Ludwig   17
Claudius, Matthias   149
CuI, César   171

Dahlhaus, Carl   37, 138, 139
D'Albert, Eugen   12, 24, 106
Debussy, Claude   175
Dette, Arthur   28-30
Diabelli, Anton   114
D'Indy, Vincent   85
Dukas, Paul
  Der Zauberlehrling   26
Dünnebeil, Hans   30
Dvorak, Antonin   40, 85
  7. Sinfonie op. 70   39

Eldering, Bram   12, 26
Erck, Alfred   190
Ernest, Gustav   30, 38, 40, 82f., 103,
  106f., 112, 121f., 127, 130, 137,
  177, 190, 196
Eschment, Maria   27

Finscher, Ludwig   8, 79, 83, 104, 137
Flaubert, Gustave   157
Flesch, Carl   85
Fontane, Theodor   182
Forberg, Otto   110

Franck, César
   Klavierquintett   85
Frevert, Ute   156f.
Friedrich August, König von Sachsen   28
Fuchs, Albert   28
Furtwängler, Wilhelm   44

Gadow & Sohn   168
Geibel, Emanuel   168f., 178, 180, 182
Georg II., Herzog von Sachsen-Meiningen   9, 11, 14–26, 28, 31f., 90, 190, 191, 193–197
Gernsheim, Friedrich   42, 84, 183
   Klavierquintett   85
Geuther, Adolf   27f.
Giger, Christian   7
Gildemeister, Otto   173
Glinka, Michael   171
Goethe, Johann Wolfgang von   18, 122, 123, 125, 126, 127, 129, 130, 131, 132, 133, 150
   Gesang der Geister über den Wassern   130-133, 138, 140
   Lied der Parzen   149
Göchhausen, Louise von   131
Götze, Marie   26
Goltz, General Colmar von der   28
Greif, Julius   31
Grieg, Edvard   171
Grümmer, Paul   30
Güntzel, Ottomar   30f.

Haase, Herr von (Oskar von Hase?)   13
Haase, Frau von (Johanna von Hase?)   13
Händel, Georg Friedrich   24
Hagen, Adolf   8
Hallwachs-Zerny, Frieda   27
Hanslick, Eduard   80
Hanstein, Adalbert von   180
Hartmann von der Aue   170
Haydn, Joseph   112
Heidegger, Martin   43
Heine, Heinrich   178
Helene Freifrau von Heldburg (= Franz, Ellen) (= Herzogin von Sachsen-Meiningen)   12, 15, 17f., 20
Herder, Johann Gottfried   131
Herrmann, Hugo   26
Herzogenberg, Heinrich von   7f., 78, 82, 111, 128, 189
Heß, Ludwig   26

Hesse-Verlag   30
Hiller, Ferdinand   126f.
   Gesang der Geister op. 36   127
   Es fürchte die Götter das Menschengeschlecht op. 193   126, 140
Hoch, Christa   174
Hoffmann von Fallersleben, Heinrich   170
Holländer, Alexis   168
Holländer, Gustav   12
Höhn, Alfred   27
Hohn, Charlotte   26
Hölty, Christoph Friedrich   181

Ibsen, Henrik   180
Jacobi, Johann Georg   173
Joachim, Amalie   168
Joachim, Joseph   77, 80, 128, 193
Joachim Quintett   77

Kahl, Willi   41, 123
Kahn, Robert   12, 42
Kahnt, Verleger   77, 106
Keller, Gottfried   169
Kiel, Friedrich   7f., 12, 77, 82, 85, 111, 189
Kienzle, Ulrike   136
Kirkendale, Warren   84
Kleist, Ewald Christian von   171f.
Kleist, Heinrich   18
Klemperer, Otto   189
Klengel, Julius   26
Knüpfer, Paul   27
Koch, Friedrich Ernst   28
Kraus, Karl   157
Krause, Emil   122, 125
Krug, Arnold   170
Krummacher, Friedhelm   132

Lachner, Franz   85
Lamping, Wilhelm   13
La Porte-Stolzenberg, Clara   26
Lauterbach & Kuhn   22
Lebrecht, Norman   197
Lehmann, Lili   193
Lenau, Nikolaus   174f.
Lendvai, Ernö   154
Lessing, Gotthold Ephraim   18
Lessmann, Otto   13, 129, 139
Leuckart   171
Leuthold, Heinrich   178, 181
Levy, Martin   171
Lienau   26

Register

Liszt, Franz   12, 106, 154
Loewe, Carl   127
   Gesang der Geister über den Wassern   127
Lorenz, Karl Adolf   12
Luther, Martin   171

Mahler, Gustav   9, 37, 126, 189, 196
   Sinfonie Nr. 2   37
   Sinfonie Nr. 3   9, 37
   Sinfonie Nr. 4   9, 37
   Sinfonie Nr. 8   126
Mann, Thomas
   Tagebuch eines Unpolitischen   157
Maria Elisabeth von Sachsen-Meiningen   15f., 18, 20
Marteau, Henri   27, 77
May, Karl   153
Mendelssohn Bartholdy, Felix   40, 196
Menzel, Adolf (Oberförster und Kritiker in Meiningen)   20
Michaels, Jost   80
Mikorey, Franz   28
Mozart, Wolfgang Amadeus   112
   Trio KV 498   82
   Klarinetten-Quintett KV 581   80, 81
   Klarinette-Konzert KV 622   80
Mühlfeld, Christian   15f., 19f., 77, 79f.
Mühlfeld, Richard   15f., 20, 23f., 77, 79–82, 85, 197
Mühlfeld, Wilhelm   26
Müller, Bernhard   191
Müller, Herta   190, 192f.

Neitzel, Otto   26, 28
Niemann, Walter   41
Nietzsche, Freidrich   138
Nikisch, Arthur   7f., 28, 128, 193, 196
Norman-Neruda, Wilma   26
Nowowiejski, Felix   28

Oberborbeck, Felix   30
Ochs, Siegfried   7, 28, 125, 128, 167, 173
Ochs, Traugott   13
Oechsle, Siegfried   139
Overbeck, Christian Adolph   149

Pauer, Max   27
Perozi, Marziano   28
Pfitzner, Hans   197
Piening, Karl   12, 16, 23, 24, 27, 79, 197

Plothow, Georg   127, 169
Praeger & Meier   77, 127
Prasch, Rolf   31
Puchelt, Gerhard   104–106, 110, 114

Radetzky von Radetz, Olga   27
Ravizza, Viktor   84, 140
Reed, Terence James   132
Reger, Elsa   19f.
Reger, Max   7–9, 11, 15–24, 27, 30, 194–196
   Sinfonietta op. 90   22
   Symphonischer Prolog zu einer Tragödie op. 108   22
   Variationen und Fuge auf ein Thema von J. A. Hiller op. 100   22
   Eine Lustspielouvertüre op. 120   22
   Konzert im alten Stil op. 123   22
   Nachtmusik (Eine romantische Suite) op. 125   22
Reichardt, Johann Friedrich   149f., 152, 160f.
Reinecke, Carl
   Klavierquintett op. 83   85
Reinick, Robert   157, 169
Renner, Gustav   180
Rheinberger, Josef   82
   Klavierquintett op. 114   85
Ries, Ferdinand
   Trio op. 28   82
Riethmüller, Albrecht   130
Risler, Édouard   110
Ritteshaus, Alfred   169
Rubinstein, Anton
   Klavierquintett op. 99   85
Rudorff, Ernst   7, 12, 130
Rückert, Friedrich   181
Rüdel, Hugo   174

Sallet, Friedrich von   170
Schack, Ernst   169
Scharwenka, Philipp   42, 178
Scharwenka, Xaver   26, 31
Scheidt, Selma vom   27
Scheinpflug, Paul   28
Schenkendorf, Max von   149
Scherliess, Volker   82
Schiller, Friedrich   18, 127
   Kraniche des Ibykus   127
Schleinitz, Leo von   14
Schmidt, Hans   170f.

Schmidt, Dr. Leopold   20, 21
Schneider, Hannelore   190
Schubert, Franz   16, 127
   Totengräberlied D 38/D 44   181
   Gesang der Geister über den Wassern
      D484, D 538, D 705, D 714   127, 154
   Oktett D 803   12
   Der Wegweiser D 911, Nr. 20   154f.
Schubert, Kurt   31
Schulz, Johann Abraham Peter   149
Schulze, Adolf   168f., 178
Schumann, Clara   171, 181
Schumann, Georg   12, 42
Schumann, Robert   10, 126, 178, 181, 183, 196
   Der Hidalgo op. 30 Nr. 3   180
   Liebhabers Ständchen op. 34, Nr. 3   180
   Klavierquintett op. 44   85
   Album für die Jugend op. 68   110, 118
   Requiem für Mignon op. 98b   126
   Manfred op. 115   129
   Szenen aus Goethes Faust WoO 3   126
Schurz, Anton   175
Schütte, Anna   27
Seidel, Heinrich   181
Selneccer, Nicolaus   171
Simon, Albert   154
Simon, Carl   159
Smallman, Basil   85
Souchay, Theodor   170, 174, 180
Spangenberg, Paul   31
Spohr, Louis   24
Stanford, Charles Villiers   12
Stein, Charlotte von   131
Stein, Fritz   195
Steinbach, Clara   13
Steinbach, Emil sen.   13
Steinbach, Emil jun.   13
Steinbach, Frau (Emil)   13
Steinbach, Fritz   7f., 12f., 15f., 18, 24, 25, 77f., 189–194
Steiner, Stefanie   127
Stern, Maurice von   173
Stieler, Karl   170, 181–183
Stockmann, Cornelius August   149
Strachwitz, Moritz Graf von   153

Strauss, Richard   12, 15, 41, 126, 152, 154, 191
   Sonate op. 5   111
   Bläser-Serenade für 13 Blasinstrumente op. 7   26
   Wandrers Sturmlied op. 14   126
   Aus Italien op. 16   26
   Don Juan op. 20   26
   Don Quixote op. 35   41
Sylva, Carmen   170

Thierfelder, Albert   28
Thrun, Martin   17f.
Treichler, Hans   15f., 23f., 27
Tschaikowsky, Peter   171

Uhland, Ludwig   180
Vierne, Louis   85
Volbach, Fritz   12
Voss, Johann Heinrich   149

Wagner, Richard   9, 11, 18, 24, 30, 42f., 82, 130, 138f., 158, 178, 190, 192
   Parsifal   42, 130, 133f., 136f., 143, 147
   Götterdämmerung   43
   Faust-Ouvertüre   129
Weinbaum, Paula   27
Weingartner, Felix   7, 28, 189, 193
Wendel, Ernst   7, 28
Widor, Charles-Marie
   5. Orgelsymphonie (Toccata)   110, 117
Wilhelm II., Kaiser   152
Willatzen, Peter Johann   169
Wolf, Hugo   183
   Spanisches Liederbuch   182
Wolzogen, Hans von   133

Zemlinsky, Alexander von   197
Ziegler, Dr. Hans Severus   30
Zielke, Elise   27